Psy Pute Curé

Les Pérégrines : un mot au féminin pluriel pour évoquer nos féminismes ; un nom en hommage au roman éponyme de Jeanne Bourin, grand-mère et figure d'inspiration d'Aude Chevrillon, la directrice de la maison.
Notre ambition : vous proposer un voyage intellectuel en publiant des textes toujours pertinents, souvent impertinents, qui, par des voix fortes et hardies, des plumes belles et singulières, observent le monde par différentes fenêtres, nous amènent à faire un pas de côté, nous poussent à mieux appréhender l'autre, l'étrangeté, la diversité, nous livrent des trajectoires inspirantes pour dessiner une société plus humaine.

Couverture : Élodie Campo
Mise en page : Audrey Desanti

Éditions Les Pérégrines
21, rue Trousseau 75011 Paris
www.editionslesperegrines.fr

Antoine Guénin

Psy Pute Curé

Trois pratiques de la relation intime

Éditions Les Pérégrines

Merci infini à Séverine.

Le façonnage des psychismes se fait
seulement par une force de relation.
Patanjali, *Yoga Sūtra, IV.4*

Tant qu'il y aura quelqu'un de haï,
de méconnu, d'ignoré dans la vie, il y aura
quelque chose à faire : s'approcher de lui.
Cesare Pavese, *Le métier de vivre*

Si vous avez la réputation de savoir écouter
les autres, cela peut détruire votre vie.
Vous commencez par vous prendre
pour la putain du village, ou, pire, pour un prêtre.
Hanif Kureishi, *Quelque chose à te dire*

Introduction

Le divan est-il le chaînon manquant entre le confessionnal et le lit ? Le lien entre les métiers de psy et de prêtre a déjà fait l'objet de nombreuses réflexions. Aujourd'hui, des hommes exercent ces deux professions en même temps. Quel rapport avec la pute ? Y a-t-il du sens à comparer la confidence sur l'oreiller et l'aveu à l'oreille du confesseur ou du psy ? Avant de développer les raisons contemporaines pour lesquelles je crois ces rapprochements pertinents, quelques éléments contextuels éclairent la période à laquelle les frontières entre ces trois professions perdent en netteté : la fin du XIXe siècle.

Les nombreuses transformations sociétales de la France au XIXe siècle, sa sécularisation au premier plan, ont contribué au remplacement progressif des curés, en particulier dans leur fonction de confesseur, par les psys. En quoi le curé, et le psy à sa suite, ont-ils pu avoir pour les femmes – qui constituent alors leur principal public – une fonction similaire à celle de la pute pour les hommes ? La psychanalyse naissante à la fin de ce siècle a-t-elle été le moyen pour les femmes de se libérer d'un carcan social, parfois au prix d'un diagnostic d'hystérie[1], là où les hommes sollicitaient des putes ?

Au cours du XIXe siècle, la gent masculine se détourne de plus en plus de la pratique confessionnelle, notamment à la suite de la Révolution française, « le grand accélérateur de la féminisation du catholicisme en France, sinon la cause primitive[2] », selon Ralph Gibson. Les femmes constituaient une telle proportion des fidèles de l'Église que l'historien qualifie le phénomène de « dimorphisme sexuel ».

En raison de la faiblesse démographique de la France par rapport à l'Allemagne à cette époque guerrière, le dernier tiers du XIXe siècle est marqué par une politique nataliste. Par ailleurs, l'extension des pratiques de contraception contribue à l'effondrement de la natalité. L'Église est donc priée de mettre au pas les pratiques sexuelles des couples, afin que ceux-ci procréent davantage[3]. Or les couples refusent l'injonction à procréer, et n'apprécient pas que leur confesseur questionne leurs comportements sexuels. Aussi bien pour des raisons de contrôle des naissances que de protection contre la transmission de maladies vénériennes, les couples comme les bordels n'ont aucune raison de renoncer aux moyens contraceptifs, qu'il s'agisse de dispositifs techniques ou de pratiques.

Dans le domaine de la direction de conscience – qui, à l'instar de la psychanalyse, concerne à l'origine surtout les

---

1. Diagnostic d'hystérie dont la connotation sexuelle n'est que trop célèbre. Rappelons que le terme renvoie à l'utérus, par son étymologie grecque (hysteria).
2. Ralph Gibson, « Le catholicisme et les femmes en France au XIXe siècle », *Revue d'histoire de l'Église de France*, vol. 79, n° 202, 1993.
3. Voir Caroline Muller, *La direction de conscience au XIXe siècle (France, 1850-1914). Contribution à l'histoire du genre et du fait religieux*, thèse de doctorat en histoire contemporaine, Université Lumière Lyon 2, sous la direction de Bruno Dumons, soutenue le 29 septembre 2017.

milieux bourgeois et aristocratiques –, l'historienne Caroline Muller montre à quel point l'Église du XIXe siècle enjoint ses ouailles à suivre non un chemin de liberté, mais un modèle auquel se conformer, un « modèle identique », de moins en moins accepté :

> La direction de conscience est un espace dans lequel se noue une tension entre le récit de l'expérience intime, qui se donne pour individuelle et singulière, et la parole du directeur, qui relaie un modèle identique pour tous. Ce modèle est étroitement lié au genre : les directeurs proposent aux femmes une morale du sacrifice de soi et de la maternité, aux hommes une morale du travail et de l'honneur[1].

Le XIXe siècle est marqué par l'essor des pratiques autonomes de réflexivité à travers l'écriture (tels les journaux intimes). Caroline Muller révèle dans sa thèse de doctorat, qui s'appuie sur ces récits de soi par des femmes, l'écart croissant entre les attentes de celles-ci et ce que leurs confesseurs pouvaient leur offrir : « Du côté des directeurs, le projet reste tourné vers le façonnage et le contrôle de la vie intime, alors que du côté des dirigé·es le récit de soi est mis au service du souci de soi, du soin psychologique, dans le sillage des nouvelles pratiques médicales. » Ces femmes se plaignaient largement de « l'incapacité du confesseur à bien comprendre son interlocutrice[2] ». Progressivement, la confession change de nature et devient « un espace de liberté

---

1. Caroline Muller, « Scènes de l'intime. Confession et direction de conscience au XIXe siècle », *Sensibilités. Histoire, critique et sciences sociales*, n° 6 : « Les paradoxes de l'intime », Anamosa, 2019.
2. Caroline Muller, « Ce que confessent les journaux intimes : un nouveau regard sur la confession (France, XIXe siècle) », *Circé. Histoire, savoirs, sociétés*, n° 4, 2014.

dont les femmes catholiques du second XIXe siècle s'emparent, faisant de l'échange avec le confesseur un moment privilégié de confidence qui dépasse l'horizon traditionnel de l'aveu des péchés ». Avec l'avènement de l'individualisme, qui reconnaît la singularité refusée par les directeurs de conscience, ces femmes ont l'occasion d'envisager et de construire une façon de penser, de vivre, différente de celle prônée par les systèmes de pouvoir en place. Dès lors, le terrain était prêt pour accueillir cette sorte de curé séculier qu'est le psy, qui bénéficie de la déshérence, tout au long du XIXe siècle, de la pratique confessionnelle.

Caroline Muller souligne l'apparition de discours concurrentiels à celui de l'Église, en particulier à propos de la sexualité, discours qui « retirent aux seules autorités médicales et religieuses leur monopole en matière d'édiction des normes. [...] De nouveaux acteurs s'en mêlent désormais, signe parmi d'autres de la sécularisation qui se produit en matière de régulation des comportements sexuels ». Parmi ces acteurs, les psys. Sigmund Freud surtout qui, avec l'invention de la psychanalyse, donne une place centrale à la sexualité. Susan Baur, psychiatre et psychothérapeute, explique dans son ouvrage *Les relations sexuelles entre psys et patients* (2004) :

> En cent ans, la psychothérapie a déjà souffert de plusieurs réorganisations importantes [et] la nature de la population des patients détermine dans une large mesure ce que seront les thérapeutes. Pour les femmes riches et hystériques qui venaient se faire soigner au début du [XXe] siècle, un thérapeute paternaliste et attirant semblait être le bon choix. Socialement, ces femmes se sentaient plus à l'aise en se confiant à des professionnels respectés, et, émotionnellement, elles semblaient plus à même de prendre conscience de leurs sentiments sexuels refoulés avec un thérapeute homme.

Venons-en au parallèle avec la pute. Si depuis le milieu du XXe siècle les putes racontent leur expérience, ce n'était pas le cas au XIXe siècle. De nombreux livres sur la pratique prostitutionnelle, des fictions prenant généralement la forme fallacieuse de mémoires ou journaux prétextes à la pornographie, sont alors écrits par des hommes. Dans un article intitulé « Les prostituées du XIXe siècle et le "vaste effort du néant" », Alain Corbin signale l'absence de documents permettant à l'historien de mener sa recherche : « Le discours sur la prostitution est masculin. Les filles publiques ne rédigent pas leurs mémoires, ne crient pas leur malheur, encore moins leur plaisir ; il faut, pour cela, attendre l'entre-deux-guerres. La putain ignore l'écriture de soi. »

Lorsque la littérature du XIXe siècle concernant la prostitution est le fait de femmes, c'est pour s'y opposer. Certaines s'inquiètent d'une prostitution provoquée par les misérables rémunérations accordées aux ouvrières, celles-ci cherchant dans le sexe tarifé un complément de revenu[1], tandis que d'autres, des femmes moralistes, bourgeoises, posent leur regard sur ces « femmes déchues ». Quand, dans la première moitié du XXe siècle, les femmes passées par la prostitution commencent à écrire, leurs témoignages se présentent sous forme de romans.

Les hommes profitent abondamment de la prostitution au cours de cet « âge d'or de la vénalité sexuelle » qu'est le XIXe siècle, selon l'expression d'Alain Corbin. Ils devaient avoir une situation économique assurée avant de proposer le mariage à une femme, laquelle devait être vierge pour sa nuit de noces. « La prostitution soulage la temporaire

1. Voir par exemple Christiane Schönfeld à propos du prolétariat allemand à la fin du XIXe siècle dans *Commodities of Desire. The prostitute in modern German literature*, Camden House, 2000.

misère sexuelle de ces ghettos de célibataires que commis de boutique, voyageurs de commerce, étudiants et, plus encore, ouvriers temporaires constituent au centre des grandes villes. » La fréquentation des prostituées pouvait continuer après le mariage, pour des raisons tenant de l'expertise de ces dernières ou de la limitation des risques de féconder l'épouse trop souvent. Alain Corbin relève que ce phénomène a pu mener les hommes à introduire des pratiques dans leur ménage : « Les contemporains [considéraient] le milieu prostitutionnel comme le laboratoire et le lieu d'apprentissage de conduites érotiques, détachées de la visée reproductrice. » Le chercheur révèle néanmoins la tension inhérente à cette situation où les pratiques se diffusaient tout en étant marquées du « sceau de l'infamie ».

Reformulons l'hypothèse soutenant le parallèle entre certaines fonctions de psy et de pute : les premiers psys ont-ils été le pendant des putes, celles-ci pour les hommes, ceux-là pour les femmes, l'un comme l'autre permettant la décharge – plus que ne le pouvait le soulagement de l'absolution confessionnelle – tout en évitant la culpabilisation, le jugement, voire la pénitence ? Corsetées par les institutions de tous ordres, les femmes ont-elles trouvé, d'abord chez leur confesseur ou directeur de conscience[1], puis surtout auprès de leur psy, un moyen d'évacuer leur trop-plein pulsionnel ?

Cette asymétrie de genre m'a incité à développer l'intuition selon laquelle les professions de psy, pute et curé ont plus en commun que ce qu'une certaine morale a fait croire. Plus

1. La fonction de directeur de conscience ne porte plus ce nom. Son contenu a probablement aussi évolué. Le terme actuel est « accompagnateur spirituel », après être passé par « directeur spirituel ».

qu'à travers l'histoire, j'ai choisi de les comparer dans leur modernité, avec des catégories actuelles : l'étude des processus de formation, d'acquisition de compétences, le statut socio-professionnel, le rôle de la technique dans la pratique, ou les risques psycho-sociaux. Je me suis appuyé sur les discours tenus par des professionnel·les, par leur voix propre ou par le biais des institutions les représentant (le Strass – Syndicat du travail sexuel – pour les putes, le Vatican pour les curés), et sur les travaux de philosophes, anthropologues, historiens, psys, sociologues…

Parler de *professionnel·le* pose une première question. Les fonctions assurées par le psy, la pute comme le curé relèvent des « plus vieux métiers du monde ». Si le terme « métier » est aisément admis à notre époque pour les psys, son utilisation reste problématique pour la pute et le curé. Les individus faisant aujourd'hui le choix de se prostituer ont en effet des difficultés considérables à faire reconnaître que leur pratique est un métier. Au contraire, le curé a tendance à rejeter ce terme, lui préférant ceux de vocation, de sacerdoce. Pourtant, d'un côté comme de l'autre, la professionnalisation croissante et sa revendication rendent légitime l'utilisation du mot « métier ». Dans un article de 2006 consacré aux « jeunes prêtres », Céline Béraud, sociologue, affirme que « l'une des évolutions les plus marquantes concernant le ministère du prêtre au cours des quarante dernières années réside indéniablement dans la banalisation de son statut [et dans une modification du] mode d'exercice de la prêtrise en le rapprochant grandement des modèles professionnels profanes[1] ».

1. Céline Béraud, « Prêtres de la génération Jean-Paul II : recomposition de l'idéal sacerdotal et accomplissement de soi », *Archives de sciences sociales des religions*, n° 133, 2006.

Les représentations associées à la pute et au curé sont opposées, notamment sur le plan moral. Je crois d'autant plus intéressant de comparer le psy à ces deux extrêmes, ne serait-ce que parce que tous trois me semblent être, avant tout, des professionnel·les de la relation. D'une relation prenant place dans un cadre intime, d'où le sous-titre du présent essai, « Trois pratiques de la relation intime ». Pour Alain Blanchet, psychologue, il n'y a « au fond rien de nouveau sous le soleil de la psychothérapie » :

> Et ce serait bien vanité de croire aujourd'hui que nos pratiques actuelles aient une quelconque supériorité sur celles de nos ancêtres et de nos voisins. La forme psychothérapeutique s'établit autour du lien si particulier qui se noue entre le thérapeute et le patient et s'établit par le type de transmission qui est engagé dans cette relation[1].

La pute et le curé sont les « voisins » auxquels j'ai souhaité comparer le psy, et je prêterai attention au « type de transmission » propre à chacune de ces pratiques relationnelles. La psychologue Marie-Louise von Franz propose également, dans *Psychothérapie* (2001), une comparaison historique attestant de l'ancienneté de la tradition thérapeutique :

> En remontant plus loin dans le passé, on voit s'estomper la distinction typiquement chrétienne entre la religion et la médecine, et nous retrouvons la personnalité du prêtre-médecin tel qu'il officiait entre autres dans les sanctuaires grecs [...], variante

1. Alain Blanchet, « Analyse critique des psychothérapies », *in* Serban Ionescu et Alain Blanchet, *Psychologie clinique, psychopathologie et psychothérapie*, PUF, 2009.

du personnage archétypique de l'homme-médecine ou chaman répandu dans le monde entier.

Il existerait un lien fondamental, historique, entre les fonctions des curés et celles des psys. Céline Béraud en atteste, dans les deux directions. Dans *Le métier de prêtre. Approche sociologique* (2006), elle confirme que « c'est en miroir, par rapport au ministère sacerdotal et à l'idéal vocationnel qui lui est étroitement associé, que se sont développées les activités occupationnelles liées à l'éducation, au soin et au travail social ». Le psy aurait pris modèle sur le curé, mais la réciproque a également du sens :

> En dépit de l'affirmation première de l'irréductibilité de la vocation ecclésiale aux modèles séculiers de la profession et du métier, les clercs acceptent le plus souvent, dans un second temps, de comparer la prêtrise à d'autres activités occupationnelles. Ils disent se sentir proches des médecins, des infirmières, des assistantes sociales et des éducateurs.

Quel est actuellement le discours du Vatican ? L'ouvrage *Le prêtre ministre de la miséricorde divine*, sous-titré « Éléments pour aider les confesseurs et les directeurs spirituels » (et que je nommerai par la suite *Éléments pour aider les confesseurs*), indique : « Le confesseur est pasteur, père, maître, éducateur, juge spirituel et même médecin qui discerne et propose sa cure. » Notons que parmi les attributions du curé – liste qui trahit un penchant pour la toute-puissance –, celui-ci est qualifié de médecin. Enfin, parmi les sept sacrements de l'Église, deux sont appelés « sacrements de guérison » : le sacrement de pénitence et de réconciliation – autre nom pour la confession – et l'onction des malades.

Légitimant plus encore la comparaison entreprise ici, Céline Béraud repère l'évolution de la pratique de la confession sur plusieurs aspects : le face-à-face plutôt que le dispositif traditionnel du confessionnal, le titre d'accompagnateur spirituel plutôt que celui de confesseur, et l'accent porté sur les notions d'accompagnement et d'écoute. Ceci la mène à affirmer que « les frontières entre spiritualité et psychologie sont poreuses ». Le journal *Libération* rapportait, le 26 mars 2005, l'analyse suivante de Robert Scholtus, supérieur de l'Institut catholique de Paris : « L'Église a intégré le besoin de parler qui se manifeste chez les gens, parfois avec un problème de frontière : est-ce qu'on est dans un acte thérapeutique ou dans un acte religieux ? » En effet, insiste Céline Béraud, « la culpabilité perçue comme un échec dans la réalisation de soi est beaucoup moins liée au péché, notion devenue très floue ». Conclusion ?

> La problématique actuelle ne réside pas tant dans l'éviction du religieux que dans la mouvance de ses frontières avec le non-religieux. [...] Les prêtres font partie des professionnels de l'écoute, pratique qui s'est développée dans le champ religieux comme ailleurs.

La question des spécificités de l'Église quant à cette activité d'accompagnement est d'autant plus vive lorsqu'on sait à quel point le manque de curés implique le recours à des ressources non cléricales (diacres, religieux·ses, et surtout femmes et hommes laïques). En quoi les pratiques d'un·e psy ouvert·e à la spiritualité et d'un accompagnateur spirituel laïc diffèrent-elles ? « Si la pratique de la confession (monopole canonique du prêtre) ne concerne qu'une minorité de catholiques, celle de l'accompagnement, principalement fondée sur l'écoute, s'est développée, voire généralisée», poursuit Céline Béraud. Dans mon expérience, certain·es patient·es utilisent parfois le vocabulaire de la confession pour introduire un moment d'aveu, point commun aux deux dispositifs. Par conséquent, pour ce qui concerne le curé, je mêlerai dans ce travail aussi bien des éléments relevant de la confession que de l'accompagnement spirituel. Peut-on étendre l'utilisation de ce terme? Accompagnateur spirituel, accompagnateur psychologique, accompagnateur… sexuel? Le sens premier d'escorter n'est-il pas *accompagner*?

J'en arrive aux raisons de comparer le psy avec la pute, parfois appelée «escort». La première fois que le métier de psy m'a inspiré ce rapprochement remonte à mes débuts, en 2010, lors de ma découverte de sites internet de consultation en ligne alignant les profils de psys avec pour chacun·e une photo, les prestations et le tarif à la minute. Sans oublier la note attribuée par les client·es y ayant eu affaire. Cette imagerie webmarchande m'avait évoqué le tapin, les putes dans les vitrines à Bruxelles. Arpenter les trottoirs du web en espérant lever un·e client·e est à l'opposé de ma conception du travail, quel qu'il soit. C'est donc à partir de l'expression métaphorique «faire la pute», désignant un asservissement, une soumission au désir de l'autre, que je me suis intéressé à la pute proprement dite. Comme d'autres formules exprimant le contraire de la réalité, une pute ne fait pas nécessairement la pute.

Mettre «pute» en couverture de ce livre avait pour intention initiale, je le confesse, d'attirer par un titre accrocheur. Je pourrais n'utiliser que le terme de prostituée, plus politiquement correct, mais je veux garder celui de pute, sans lui attribuer une connotation différente qu'à «psy» et «curé».

Si ce livre était en anglais, je n'hésiterais pas à utiliser le mot *shrink* pour le psy. Le verbe *shrink* signifie « réduire, rétrécir », et cette appellation ferait référence aux « réducteurs de tête », les Shuars (ces Amérindiens appelés Jivaros par les envahisseurs espagnols). Elle donne du psy l'image inverse de celle à laquelle je crois, mais je ne me sens pas attaqué par ce terme. En utilisant le terme de pute, je souhaite soutenir le Strass, qui veut « combattre le stigmate de putain qui entrave les libertés de toutes les femmes, en se réappropriant l'insulte en fierté afin d'en casser le sens initial[1] ». Dans *Fières d'être putes* (2007), Maîtresse Nikita et Thierry Schafhauser développent ainsi :

> Alors qu'il s'agit pour la plupart des gens d'une activité, nous en parlons aussi comme d'une identité. Pourquoi ? Tout simplement à cause du stigmate qui accompagne ce métier. [...] Faisons en sorte que cette identité soit une identité politique de résistance face aux normes sexistes.

Sans intention de m'approprier le combat des travailleuses du sexe, j'espère, en utilisant le terme « pute » sur le même plan que ceux de « psy » et « curé », participer à sa normalisation. Est-ce naïveté de ma part ? Conscient de mon impossibilité à connaître ce dont je n'ai fait l'expérience, je garderai en tête ces mots de Grisélidis Réal, écrivaine, peintre et prostituée, à son dernier éditeur français, Yves Pagès : « Nous [les prostituées] sommes féroces, vous savez, on ne se pardonne rien, ni à nous, ni aux autres... Trop blessées peut-être. La

1. Cinquième point du manifeste « Nous ne sommes pas que belles, ou le féminisme pute en 15 points » publié en 2009.

désinvolture ne nous convient pas[1]. » J'espère, dans ces lignes, éviter la désinvolture.

François Tosquelles, considéré comme un des inventeurs de la psychiatrie institutionnelle, a permis à différentes professions de travailler ensemble. En pleine guerre d'Espagne, il donne une fonction de soignant·e à des gens qui ne l'ont jamais exercée, notamment des prostituées, « à condition de ne pas coucher avec les malades ». Ainsi s'exprime-t-il dans le film *François Tosquelles : une politique de la folie* (1989) :

> Certaines de ces putains se sont converties en infirmières du tonnerre de Dieu. [...] Et comme, par leur pratique des hommes, elles savaient que tout le monde est fou – même les hommes qui vont chez les putains –, leur formation professionnelle était rapide. En un mois, une putain, un avocat ou un curé devenait quelqu'un d'extraordinaire.

Pour quelle raison ? Peut-être parce que, précisément, les uns et les autres devenaient sensibles à cette écoute au sujet de laquelle Maurice Bellet, prêtre et psychanalyste, philosophe et théologien, écrit : « La relation d'écoute est une relation qui échappe au rapport de forces tel que le pose le schéma de la guerre si prégnant en Occident[2]. » L'écoute apparaît en filigrane de ces témoignages de professionnelles, extraits de « "La prostitution est un métier." Paroles croisées[3] » :

---

1. Grâce au travail d'Yves Pagès, quelques lettres de Grisélidis Réal sont consultables à l'adresse http://www.archyves.net/html/Documents/correspondancereal.pdf. Il s'agit ici de la lettre du 5 octobre 2004.
2. Maurice Bellet, *L'écoute*, Desclée de Brouwer, 1989.
3. Christine Delory-Momberger, « "La prostitution est un métier." Paroles croisées », *Sociétés*, vol. 1, n° 99, 2008.

«Il s'agit pour une grande part de connaissance physique, les messieurs viennent pour cela et c'est à nous de savoir leur donner du plaisir. Mais il y a aussi une grande part de connaissance psychologique. [...] Beaucoup viennent chez moi pour me parler de leurs problèmes sexuels.» (Claudette Plumey[1])

«Je peux dire que j'aime mes clients. Je prends soin d'eux, de leur corps mais aussi de leur âme. Ils viennent pour le sexe mais pour autre chose aussi. Nous, les putes, on remplit des tas de rôles, on comble les manques que les hommes peuvent avoir. On est des psys, des assistants sociaux, on est des sociologues.» (Sonia Verstappen)

Les putes disent que leur parole est discréditée lorsqu'elles prétendent avoir une fonction psy, alors que certaines d'entre elles sont également thérapeutes. Parmi les exemples cités dans cet article, Camille Cabral a une formation de médecin dermatologue et Maîtresse Nikita est thérapeute en médecine chinoise. Elles ne sont certes pas psys, mais sont formées à des métiers de soin.

Vigilance malgré tout. Comparons ce qui est comparable: le rapport sexuel, charnel, fait partie de la prestation vendue par la pute, même s'il n'a pas systématiquement lieu. Sous prétexte que les «relations intimes» sous-entendent «sexuelles», faudrait-il en déduire qu'il n'y a rien de plus intime que le sexe? Assurément pas.

La notion d'intimité a fait en 2020 l'objet d'un livre de l'anthropologue François Laplantine. Dans *Penser l'intime*,

1. Claudette Plumey est «membre d'ASPASIE à Genève, une association de défense des droits des personnes dans le travail du sexe [...] créée en 1981 sous l'impulsion de Grisélidis Réal» (*ibid.*).

celui-ci dénonce « cette attitude paresseuse consistant à enfermer une expérience d'intimité dans l'idéologie du mystère, de l'indicible et du secret ». Sans s'y réduire, les dispositifs relationnels étudiés ici sont imprégnés de ces trois éléments « idéologiques ». Attentif à ces réserves, je me référerai à plusieurs caractéristiques attribuées par l'anthropologue à l'intime : « toujours une expérience de familiarité », il « ne regarde que ceux qui sont inclus dans une relation », la confiance en est « une condition de possibilité », la sincérité « en est la condition première et l'une des composantes ».

Le patient peut livrer au psy, comme à la pute ou au curé, ce qu'il n'a jamais dit et ne dira à personne d'autre. Mais le degré d'intimité et de dévoilement de soi peuvent atteindre un pic dans une relation qui n'est pas sexuelle. De là pourrait naître le transfert érotique, c'est-à-dire, pour simplifier, lorsqu'un·e patient·e tombe amoureux·se de sa ou son psy. Eduardo Prado de Oliveira, psychanalyste, raconte à Daniel Friedmann qu'un de ses confrères a eu une patiente qui, lors des premières séances sur le divan, se déshabillait, se masturbait… jusqu'au jour où il lui a dit, en substance : « Je suis votre analyste, mais avant d'être un analyste, je suis un homme. […] Si vous gardez ce genre de comportement, nous allons peut-être faire l'amour. […] Vous aurez gagné un amant de plus, mais vous aurez perdu votre analyste[1]. » La patiente a continué la thérapie, sans jamais reproduire ses comportements sexualisés.

Toute relation sexuelle est proscrite dans la relation psychothérapeutique. Le passage à l'acte en fait exploser le cadre à tout jamais. Il peut en outre aggraver l'état du patient ou de

1. *Être psy*, réalisé par Daniel Friedmann et Jérôme Blumberg, Éditions Montparnasse, 2009.

la patiente. Malheureusement, dans l'exercice des métiers de psy comme de prêtre, des abus ont été et sont encore commis. Ce n'est pas le sujet de mon étude, mais quelques chiffres donnent une idée de l'étendue du problème. Concernant l'attirance sexuelle dans le champ psy, Susan Baur rapportait à la fin des années 1990 qu'aux États-Unis, « sur l'ensemble des psychologues cliniciens, 3 à 12 % d'entre eux *au moins* avaient, à un moment ou un autre de leur carrière, cédé à son emprise ». Elle relève que ces histoires – le plus souvent entre un psy et une patiente – sont largement passées sous silence. Dans l'Église, les chiffres disponibles relatifs aux abus sexuels – cette fois concernant en général des mineur·es – font état, toujours aux États-Unis, de 2 à 5 % des prêtres concernés[1]. Il est communément admis que les chiffres relatifs aux psys et aux curés sont sous-évalués.

Susan Baur analyse l'évolution des relations sexuelles entre psys et patient·es au cours du XXe siècle. Certaines sont célèbres : Carl Gustav Jung et Sabina Spielrein, Anaïs Nin avec René Allendy et Otto Rank. La psychiatre rapporte des histoires, très rares, précise-t-elle, qui finissent par un mariage entre patient·e et thérapeute. Surtout, elle questionne la place de l'amour – ce qui ne veut pas fatalement dire sexe – dans la thérapie et conclut : « Il est bien gênant pour une société à la technologie sophistiquée de découvrir qu'une certaine forme d'intimité, proche de l'amour et étroitement liée au désir, peut être l'élément central de notre capacité à venir en aide aux autres. »

1. Selon l'étude de l'archidiocèse catholique de Chicago au début des années 1990, sur les quarante années précédentes, et le *John Jay Report* (2004) qui porte sur les années 1950 à 2002.

Quelle place peut avoir l'amour dans notre société, en particulier dans les pratiques que je veux comparer ? Est-ce un de leurs points communs, malgré les différences apparentes ? Prenons le point de vue de l'usager[1], qui va « voir quelqu'un », dans le cadre d'une relation intime, afin de se soulager de « quelque chose », en échange d'une rémunération. Une proposition de définition commune plus étoffée serait : l'usager de la prestation confessionnelle, psychothérapeutique ou sexuelle s'engage dans une relation tarifée[2] et intime, plus ou moins régulière et fréquente, par laquelle il peut soulager sa culpabilité, sa honte, sa souffrance, décharger sa pulsion, ou encore trouver du réconfort face à son sentiment de solitude, l'absence de sens dans sa vie, voire l'angoisse devant la mort.

Plusieurs questions ressortent de cette perspective, centrée sur la relation, ses caractéristiques, ses conditions, ses objectifs. De quel type de relation s'agit-il ? Quelle y est la place de l'amour, ou plutôt de quel type d'amour s'agit-il ? Quelle y est la place de l'autorité ? Les rapports y sont-ils, par exemple,

---

1. Note méthodologique : le public de chacun·e de ces professionnel·les n'est habituellement pas le même. Je limiterai la perspective à l'usager adulte. Ensuite, le psy peut recevoir un homme ou une femme, le curé aussi. Mais la pute ? Sa clientèle est masculine. Afin d'établir une comparaison valide au niveau logique, il faudrait me placer soit en tant qu'usager face à une prêtresse (aujourd'hui, l'Église catholique se pose encore la question d'autoriser les femmes à devenir prêtresses), une psy et une pute, soit réciproquement comme femme – ce que je ne suis pas – face à un curé, un psy et un travailleur du sexe (là, ce sont les femmes payant pour un rapport sexuel qui semblent rares, les travailleurs du sexe, rares eux aussi, ayant en général des clients masculins). J'entreprends la comparaison entre ces trois métiers malgré ces inconvénients. Enfin, j'utiliserai « usager » comme terme commun aux publics de ces trois professionnel·les : le client pour la pute, le patient pour le psy, le pénitent pour le curé.

2. Je reviendrai sur la place de l'argent dans la confession, à mon sens présentée à tort comme gratuite.

d'obéissance, de service ? Ces trois professionnels ne sont-ils que des prestataires soumis au bon vouloir de l'usager ? Ou sont-ils au contraire, par la nature de demandeur de l'usager, en position de le dominer ? À moins que puissent exister des rapports d'égalité ? Il faut également questionner le cadre dans lequel ces relations peuvent prendre place, se déployer le plus librement possible. Comment est-il construit ? Quelles sont ses fonctions ?

Pour terminer cette introduction, une précaution : j'ai des préjugés liés à mon sexe, mon âge, mon milieu, mon hétérosexualité… peut-être même dans le choix de comparer ces métiers. Mais c'est avant tout depuis ma place de psy que j'entreprends cette exploration.

1

Quel·le psy ? Quelle pute ? Quel curé ?

Le psy

Le psy[1] considéré ici est le travailleur de la psyché indépendant, qui reçoit et prend en charge le patient en souffrance psychique dans l'intimité et le secret de son cabinet.

De cette optique sont en particulier exclus les psys exerçant en institution ou en équipe pluridisciplinaire. Je n'entrerai pas dans la distinction entre les titres de psychologue, psychothérapeute, psychanalyste… En revanche, doté d'une formation universitaire de psychologue clinicien, je ne me positionne pas du côté de la psychologie expérimentale, qui conduit à des méthodes thérapeutiques appliquant des protocoles standardisés à des étiquettes diagnostiques déterminées par

---

1. Comme j'ai commencé à le faire, je continuerai à utiliser l'écriture inclusive de façon non systématique. Ici, la forme masculine ne se réfère évidemment pas seulement aux psys hommes. Par ailleurs, l'emploi de l'article défini singulier relève de l'intention d'analyser les trois métiers en tant que groupes, mais en aucun cas de dire que tous les individus pratiquant ces métiers seraient identiques.

des outils statistiques… sans parler des enjeux pharmaceutiques. La psychologie clinique, au contraire, se définit par son intérêt pour l'individu, unique, singulier : travaillé par des questions universelles, chacun a sa propre façon de les vivre, de les traverser. Je travaille « à mains nues », c'est-à-dire sans autre outil que la parole.

La vision du psy développée ici est conditionnée par celle de ma propre pratique[1] et des références qui m'aident à la construire. J'ai été profondément influencé par la psychologie analytique de Carl Gustav Jung, à travers un parcours analytique conséquent. J'ai des affinités avec la thérapie existentielle d'Irvin Yalom, l'ethnopsychiatrie de Georges Devereux et Tobie Nathan, l'approche humaniste de Carl Rogers. Deux éléments font l'unanimité chez tous ces psys : « On soigne avec ce qu'on est » et « Il faut[2] aimer nos patients ». Dans la relation d'influence entre patient et psy, l'ouverture réciproque est le ferment de la transformation.

La pute

La pute est la travailleuse[3] du sexe indépendante, qui reçoit et prend en charge le client en souffrance sexuelle dans l'intimité et le secret de sa chambre.

---

1. Dans mon premier essai, *Le psy est-il un cannibale comme les autres ?* (2015, inédit), j'ai tenté de clarifier ma pratique en construction. Cette « psychologie sans cannibalisme » interroge les modalités relationnelles entre psy et patient, au regard des rapports de domination prégnants dans notre société : au sein de l'espace thérapeutique, comment sortir de l'alternative « bouffer l'autre » ou « se faire bouffer » ?
2. Un « Il faut » à entendre non comme injonction mais comme nécessité, un aspect de la relation sans lequel la thérapie fonctionne difficilement.
3. Il existe aussi des travailleurs du sexe, mais ils sont très minoritaires. J'utiliserai donc plutôt la forme féminine.

Cette définition ne concerne pas les femmes mises en esclavage sexuel, séquestrées, violentées. Les situations de prostitution sont fort diverses. Le débat est tel que, au sein même du féminisme, les positions les plus opposées existent. Dans *Prostitution et dignité* (2008), le philosophe Norbert Campagna caractérise cette divergence :

> Là où certains condamnent la prostitution sous prétexte qu'elle constitue une violation flagrante de la dignité humaine, d'autres affirment au contraire que la prostitution constitue l'un des rares lieux où les femmes peuvent pleinement affirmer leur dignité.

Dans le *Dictionnaire critique du féminisme* (2000), « Prostitution » est le seul mot pour lequel il existe deux entrées. Claudine Legardinier, journaliste, y pose la prostitution comme « l'organisation lucrative, nationale et internationale, de l'exploitation sexuelle d'autrui », organisation patriarcale opprimant les femmes : « Placées en situation d'objet, et donc assujetties à la violence, les femmes sont réifiées au service de la sexualité déresponsabilisée des hommes. » Dans cette optique abolitionniste, les femmes, prostituées de surcroît, ne peuvent être que des victimes à qui l'autodétermination est proscrite. La prostitution doit être interdite, éliminée.

L'autre position est défendue par Gail Pheterson, chercheuse, enseignante et psychothérapeute. Celle-ci ne fait pas de la prostitution une catégorie à part : en analysant les échanges économiques qui parcourent la société à travers « le prisme de la prostitution », la chercheuse considère qu'ils sont tous plus ou moins sexualisés. Sa conclusion est radicalement inverse de celle des mouvements abolitionnistes : « La prohibition […] ne signifie donc pas pour les femmes un arrêt de la violence mais bien un accroissement du contrôle social et policier, du harcèlement physique et des privations économiques. »

Je parlerai ici uniquement des femmes affirmant choisir ce métier. Celles qui, à l'instar de Claire Carthonnet interviewée par la sociologue François Gil, sont revendicatrices : « Au risque de faire hurler, j'ajoute qu'à la dépendance économique et affective d'une femme mariée sans emploi, je choisis encore la prostitution. Même si elle est transgressive et subversive, j'y ai trouvé ma place[1]. » Qui peut juger si ces femmes se trompent en se croyant libres de leur choix, si elles ne font pas que répondre à un conditionnement sociétal, un système patriarcal visant à perpétuer la domination des hommes sur les femmes ? La pute libre développe ses capacités d'action, d'indépendance et d'autonomie. *Empowerment* est le terme, venu des États-Unis, qui désigne ce processus. Dans la perspective développée par Françoise Gil, « ce qui dérange le plus dans la prostitution, c'est sans doute l'indépendance, la mobilité des femmes qui subvertissent ainsi un ordre socio-sexuel, en ne dépendant pas d'un homme financièrement, affectivement et géographiquement ». Il ne s'agit pas non plus de « faire l'apologie de ce métier » puisque, comme Sonia Verstappen le confie à Françoise Gil, « il est souvent terrible, douloureux, destructeur. Mais des femmes ont fait ce choix. Laissez-les faire ce métier dans des conditions qui leur permettent de l'exercer dans le respect de soi ».

À aucun moment de ce livre le terme de pute ne désignera l'esclave sexuel·le. L'expression « travailleur·euse du sexe » tente de supprimer la confusion avec les esclaves sexuel·les. Tou·tes sont actuellement regroupé·es sous le terme de prostitution.

1. Françoise Gil, *Prostitution : fantasmes et réalités*, ESF éditeur, 2012.

Pourquoi cette confusion linguistique perdure-t-elle? Plus globalement, affirme Gail Pheterson, à cause du « stigmate de putain », celui qui « bien que visant explicitement les femmes prostituées, contrôle implicitement toutes les femmes ». Le système désigne d'un terme unique celles qui dévient de ses normes. Celles qui dérangent et que l'on traite de putains sont celles auxquelles on reproche leur liberté, construite sur le modèle associé aux hommes. Eux gagnent au contraire du respect à « l'autonomie sexuelle, la mobilité géographique, l'initiative économique et la prise de risque physique ».

Celle qui est qualifiée de pute l'est souvent par une autre femme, une de ces « femmes honorables », poursuit la chercheuse, pour qui « la fonction la plus insidieuse du stigmate de la putain [est] la division des femmes ». Plus encore, « le stigmate de putain est un instrument tout prêt d'attaque sexiste contre les femmes jugées trop autonomes, qu'il s'agisse de se défendre ou simplement de s'exprimer ». Ces femmes sont-elles condamnées par la société parce qu'elles « vendent leurs corps » ? Cette expression reste couramment utilisée, signe de la difficulté à intégrer que la pute ne vend pas son corps. Comme le précise la « catin révolutionnaire » Grisélidis Réal : « Ce que je vends, c'est mon temps et ma technique[1]. » Plus concrètement ? « Nous ne vendons pas notre corps : nous nous en servons afin de rendre un service sexuel. Ce que nous vendons en réalité est du plaisir sexuel que nous procurons grâce, en partie, à notre corps, mais surtout grâce à notre cerveau[2]. »

En 1984, le sociologue Claude Fossé-Poliak entreprend de définir la prostitution, éclairant des débats toujours actuels. Il

1. « Grisélidis Réal : un autre regard sur la prostitution », entretien avec Jocelyne Clerc, *La femme d'aujourd'hui*, n° 28, 1990.
2. Maîtresse Nikita et Thierry Schafhauser, *Fières d'être putes*, L'Altiplano, 2007.

revient sur les nombreuses définitions ayant eu cours à travers les siècles, avec pour point de départ l'Église catholique au XVIe siècle. Pour celle-ci, le terme de putain concernait toute femme vouant sa vie au plaisir sexuel. Définition très large, qui, relève le chercheur, imprègne encore les mentalités et en fait le fondement du processus de stigmatisation :

> Si cette acception de la notion de « prostitution » étendue à toute pratique sexuelle, hors celles qu'autorise « le lien de mariage », peut sembler désuète à des contemporains de « la libération sexuelle », [rappelons] que pour ceux qui traitent de « putain » la femme adultère et assimilent implicitement de ce fait l'adultère à la prostitution, pour ceux qui traitent de « putain » une jeune femme au prétexte de ses relations sexuelles prémaritales et assimilent implicitement de ce fait les relations sexuelles prémaritales à la prostitution, etc., la stigmatisation procède encore de ces définitions inscrites dans la lignée de la notion théologique de « fornication »[1].

Le sociologue souligne la prédominance des critères sociaux, des opinions subjectives, voire politiques, pour définir la prostitution. Écartant l'écueil de la position anarchiste qui considère que toute forme de travail est prostitution (position conduisant à dire par exemple qu'un artiste se prostitue quand il accepte un contrat à l'opposé de ses valeurs), tout comme celui de la position bourgeoise qui refuse de considérer que le « mariage de convenance » soit intégré à la définition de la prostitution, Claude Fossé-Poliak aboutit à une définition a minima : « toute pratique sexuelle vénale ». Il

1. Claude Fossé-Poliak, « La notion de prostitution. Une "définition préalable" », *Déviance et société*, vol. 8, n° 3, 1984.

exclut par cette définition de réduire la prostitution à ce qui relève d'une professionnalisation. Pour ma part, en vue de la démarche comparative envisagée, j'adopterai une perspective restreinte aux travailleur·euses du sexe, celles et ceux qui revendiquent leur liberté d'exercice.

Après cette longue introduction dédiée à préciser dans quelle optique j'envisage la question du travail du sexe, sujet sensible, je ferai mienne la précaution du sociologue Lilian Mathieu :

> Si l'image de la personne engagée librement dans la prostitution et l'exerçant sans dommage ni contrainte n'est pas pure spéculation, elle ne représente qu'une infime minorité de la population des personnes vivant de cette activité et ne peut être à même de l'éclairer[1].

Le curé

Venons-en au troisième des personnages de ce livre : le prêtre dans la religion catholique, souvent surnommé curé[2]. J'entrevois dans la confession une analogie possible avec ce qui peut advenir dans la séance avec le psy ou dans la passe avec la pute. La définition pourrait donc être : lors de l'acte de confession, le curé reçoit et prend en charge le pécheur en souffrance spirituelle dans l'intimité et le secret du confessionnal.

Cette confession, dont la dénomination officielle est maintenant « sacrement de pénitence et de réconciliation », comprend des phases successives : l'examen de conscience

1. Lilian Mathieu, *La condition prostituée*, Textuel, 2007.

2. Remarquons la proximité entre le terme de curé et celui de cure. Le premier vient de *cura animarum* (« charge d'âmes »). Le second est d'usage en psychanalyse.

accompagné de repentir, la confession des péchés, l'absolution par le prêtre et, pour finir, la satisfaction ou la pénitence. Aujourd'hui, l'accent communicationnel, marketing dirais-je presque, amène la terminologie usuelle à se limiter à l'expression « sacrement de réconciliation », occultant la référence à la pénitence ou la culpabilité. Céline Béraud repère les tendances sous-jacentes à cette évolution :

> Comme d'autres institutions, l'Église catholique se doit de composer avec ce qu'Alain Ehrenberg qualifie d'« évangile de l'épanouissement personnel ». Elle se trouve également sollicitée pour répondre aux problèmes généralisés de « structuration de soi ». Dès lors, la confession en tant que « sacrement de l'acceptation de soi » (selon l'expression de Nicolas de Brémond d'Ars) devrait être promise à un bel avenir.

Si je prends pour l'analyse du métier de psy la perspective dans laquelle je travaille et pour celle de la pute les discours tenus par celles qui revendiquent le droit d'exercer librement ce métier ainsi que leurs soutiens, de quel curé s'agira-t-il ? Le présent fait coexister des pratiques diverses (sans parler de leur évolution à travers les siècles). Qu'y a-t-il de commun entre une confession auprès d'un prêtre en col romain dans un confessionnal traditionnel et une confession en face-à-face avec un curé habillé en civil ?

Fait rarissime, quarante prêtres ont accepté de parler de leur pratique de la confession privée. Leurs paroles ont été recueillies par Vincent Mongaillard, journaliste expert des questions de religion au *Parisien*, et publiées début 2021 dans un livre intitulé *Je vous pardonne tous vos péchés. 40 prêtres dévoilent les petits et grands secrets de la confession*. Bien sûr, le caractère secret de la confession est de la plus haute importance. Le pénitent ne se confierait pas s'il n'était garanti. Le curé enfreignant la règle risque, selon le droit canonique, « l'excommunication, immédiate, sans appel et sans procès ». Vincent Mongaillard a donc pris les plus grandes précautions pour assurer le respect de l'anonymat de ses sources et des pénitents. Cependant, le fait même que les prêtres cités se soient livrés sur ce sujet interroge quant à leur profil. Ils ont probablement une certaine indépendance vis-à-vis de leur institution – d'autant que, même si le prêtre fait partie de l'Église, institution hiérarchique, il exerce seul l'activité de confession dans la paroisse où il officie. Par leur diversité, au-delà de leur formation et des prescriptions institutionnelles, les témoignages des pères Francis, Daniel, Gérard, etc. manifestent leur autonomie, leur liberté dans la pratique du sacrement de pénitence et réconciliation, certains tirant volontairement un trait sur le premier de ces deux termes, quand d'autres traitent leurs pénitents comme des enfants.

Perceptions sociales

Que ce soit pour le psy, la pute ou le curé, mon approche ne vise aucunement l'exhaustivité. Elle est plutôt sous-tendue par un idéal, qui en appelle à ce que je prends pour le meilleur de l'être humain : sa sensibilité à l'autre.

Ces premières définitions sont sommaires afin d'envisager ce qu'elles peuvent avoir de commun. Elles révèlent les objectifs généraux de chacun de ces métiers et mènent à s'intéresser aux compétences à acquérir, aux moyens à mettre en œuvre, aux résultats attendus, voire inattendus. Elles font apparaître les raisons pour lesquelles psy, pute et curé sont sollicité·es, ainsi que l'importance des cadres, y compris statutaires, dans lesquels ces relations se produisent. Elles interrogent aussi leur place dans la société.

Les perceptions sociales liées à chacun de ces métiers sont lourdes, chargées d'histoire. L'injonction, jusqu'à une période récente, à se confesser donne au curé le rôle d'intermédiaire entre Dieu et les hommes, et un immense pouvoir sur la société.

À l'opposé : l'opprobre associé à la fréquentation de la pute, contestation d'un ordre social par son existence même. Dans *Stigmate et métier. Une approche sociologique de la prostitution de rue* (1999), Stéphanie Pryen, sociologue, identifie les soubassements de cette situation : « Trois tensions participent à construire la place sociale de la prostitution, celle qui articule de manière ambiguë le domaine public et le domaine privé ; celle qui oscille entre mal et nécessité ; et enfin, celle qui situe la personne prostituée entre sujet et objet. » La fonction remplie par la pute est intolérable pour une certaine morale. Sa présence serait dangereuse pour la société. L'expression « plus vieux métier du monde » attribuée à la prostitution est souvent utilisée par ceux qui n'osent la nommer. Elle peut pourtant être entendue comme une justification à sa pérennisation, car elle condense le tabou et l'impossibilité de le dépasser.

Enfin, entre le curé et la pute, entre l'obligation et l'infamie, l'injonction et l'interdiction, se trouve le psy. Si, dans certains milieux, on parle aussi facilement de son psy que de son coiffeur, ce n'est pas le cas pour la majorité : le psy reste souvent associé à la honte, voire à la folie, et il est lui-même « contaminé » par ce sentiment. En effet, comme le souligne la psychiatre et psychanalyste Monique Selz, « traiter de la honte, c'est toucher à l'indifférencié, au cloacal, à l'excrémentiel, au profond de l'intime, et il est inconvenant de s'en approcher, surtout s'il s'agit de rendre cette approche publique. Celui qui le fait sera considéré comme identifié à la chose elle-même, il sera lui aussi réprouvé[1] ».

Alors, dans quelle mesure ces professions sont-elles frappées d'une forme de tabou, ainsi cantonnées aux marges de la société ? Psy, pute et curé ne produisent rien. Ils peuvent être associés à des sentiments tels que la fascination, la crainte, le mépris. On recourt à leurs services, souvent en cachette, lorsque l'on n'a plus d'alternative. Pour autant, ils ne sont pas complètement exclus de la société. Être en marge répond à une nécessité, en leur permettant d'être le témoin, le réceptacle, de ce qu'il se passe dans le système. La société a besoin d'évacuer certaines « choses » – à défaut de terme plus précis – dans certains endroits, auprès de certaines personnes. Mais ces personnes et ces lieux doivent être tenus à l'écart. Parfois au risque de la violence, au prix de l'isolement.

Cependant, cette place en marge permet au psy, à la pute, au curé, de proposer un mode relationnel rare, en raison de la possibilité de mise à nu de soi, de mise en suspens des conventions sociales habituelles. Pour l'usager, se montrer tel que l'on est, dans une vérité pas toujours belle à voir, à un·e professionnel·le dont une des fonctions est de l'accepter, peut procurer un soulagement. Au professionnel de digérer les suites émotionnelles d'avoir été témoin d'actes verbaux et non verbaux – voire, pour la pute, la participante à des actes sexuels. Dans *King Kong théorie* (2006), Virginie Despentes, écrivaine et réalisatrice, raconte avoir été violée dans son adolescence et avoir, en réaction, traversé une phase de prostitution. Elle exprime une grande sollicitude au sujet des clients :

---

1. Monique Selz, « Être ou avoir la honte ? », *Dialogue*, vol. 4, n° 190, 2010.

> Ça n'était pas leur agressivité qui était difficile à côtoyer, ni leur mépris, ni rien de ce qu'ils aimaient, mais plutôt leurs solitudes, leurs tristesses, leurs peaux blanches, leur timidité malheureuse, ce qu'ils montraient de faille, sans fard, ce qu'ils montraient de leurs faiblesses. [...] Les clients étaient lourds d'humanité, de fragilité, de détresse. Et ça restait, ensuite, collé comme un remords. [...] L'écœurement corporel ne me posait pas problème. C'était affaire de charité, même tarifée.

Charité. Comme le curé, la pute qu'a été Virginie Despentes considère que son travail relève de la *charis*, une des formes les plus élevées d'amour chez les Grecs.

Leur statut selon l'INSEE

Développée par l'INSEE, la nomenclature d'activités française (NAF) vise à « faciliter l'organisation de l'information économique et sociale[1] », à travers le code APE (activité principale exercée). Derrière celui-ci existe un niveau d'analyse supplémentaire, la classification des produits française (CPF).

En commençant à exercer l'activité de psychologue, j'ai dû m'enregistrer sous le code APE 86.90F. Je ne m'étais jusqu'à ce livre jamais penché sur sa teneur, mais son libellé m'avait toujours paru suspect : « activités de santé humaine non classées ailleurs ». Son contenu est édifiant, lorsque je pense aux batailles de ces dernières années autour du titre de psychothérapeute (aussi vite protégé que contourné par la propagation de l'appellation « psychopraticien »). En effet, cette catégorie regroupe les activités des praticien·nes relevant

1. https://www.insee.fr/fr/information/2406147

des domaines de la psychothérapie et de la psychanalyse, des psychologues à vocation thérapeutique, des praticien·nes exerçant dans les domaines de l'acupuncture, de l'homéopathie, etc., et enfin les guérisseurs, rebouteux... Cela a du sens car ce sont tou·tes des thérapeutes. Je doute toutefois que les plus scientifiques des psychologues (versant TCC – thérapies cognitivo-comportementales – et neurosciences) apprécient de se voir rangés dans la même catégorie que les rebouteux[1].

Dans le cadre de la comparaison effectuée ici, la surprise vient du code 96.09Z : « autres services personnels non classés ailleurs ». Celui-ci inclut d'autres activités de psychologues : les « activités des psychologues auprès des particuliers, hors conseil à vocation thérapeutique ». Certains psychologues ne sont pas thérapeutes et consacrent leurs activités à des tests, des bilans[2]... Dans ce code, on trouve aussi « les activités liées à la vie sociale, par exemple les activités des hôtesses, des agences de rencontres et des agences matrimoniales ». Plus précisément, la sous-catégorie 96.09.12 de la CPF comprend les « services des prostituées ». Autrement dit, le code 96.09Z inclut certaines activités de psys et celles des putes. La conclusion n'est pas que psy et pute font le même métier au sens de la NAF. Pour se convaincre de l'absurdité d'une telle conclusion à partir de ce seul critère, il suffit de regarder d'autres activités incluses dans ce code APE : « les activités des astrologues et des spirites », « les services pour animaux de compagnie »

1. Plus précisément, les services des psychologues à vocation thérapeutique, ainsi que la psychothérapie et la psychanalyse, sont classés dans la CPF sous le code 86.90.18, intitulé « Services de soins psychiatriques » ! Là, ce sont les psychiatres qui n'apprécieraient probablement pas.

2. Il existe encore une autre catégorie pour certaines activités du psychologue : le recrutement de personnel, objet du code 78.10Z, « activités des agences de placement de main-d'œuvre ».

ou encore « l'exploitation de machines de services personnels fonctionnant avec des pièces de monnaie ».

En revanche, une conclusion m'apparaît : la NAF n'a pas de catégorie dédiée à ces métiers. Après avoir fini de classer tout ce qui pouvait l'être selon certains critères, l'INSEE a mis le reste dans des catégories dont l'intitulé se termine par « non classé ailleurs ». Une catégorie fourre-tout pour ceux qui ne peuvent être rangés dans aucune catégorie. La catégorie des rebuts ? Ce statut n'est-il pas l'écho du regard que la société porte parfois sur le psy et la pute ?

Le cas de la confession est un peu différent. Il n'est pas recensé en tant que tel, l'acte de confession ne pouvant être isolé du reste des activités du prêtre, qui a un rôle d'animateur de communauté. Le code 94.91Z est dédié aux « services fournis par des organisations religieuses ». C'est une catégorie à part entière. À part.

Néanmoins, dans la classification des catégories socioprofessionnelles (CSP) de l'INSEE, le clergé est inclus dans les « professions intermédiaires de l'enseignement, de la santé, de la fonction publique et assimilés ». Céline Béraud souligne la pertinence du « regroupement avec les professions relevant du soin, de l'aide, de l'accompagnement, fonctionnant sur les relations interpersonnelles et s'occupant des conduites de vie ». Décidément proche du psy, comme le montre l'existence de prêtres-psys, le curé accepterait-il le rapprochement avec la pute ? En faisant « ce "sale boulot" [qui] participe de la cohésion sociale », dixit Stéphanie Pryen, la pute aussi revendique des dimensions d'éducation, de soin, voire de travail social.

2

Formation et compétences

Nul n'est capable de véritable charité s'il n'a pas été lui-même transpercé, humilié. Voilà pourquoi les guérisseurs et les chamanes des diverses traditions ont tous fait préalablement l'expérience de la blessure.

Jacqueline Kelen

S'intéresser à ces métiers sous l'angle des compétences requiert de préciser en amont le point de vue adopté. Parler de compétences peut évoquer la fiche de poste. Loin de moi, pourtant, l'idée de tout référentiel ou toute évaluation objective de compétences. La pute doit développer plusieurs compétences pour exercer son métier. Écarter les cuisses ne suffit pas. La compétence ne se réduit pas non plus à l'acquisition de connaissances : le diplômé en psychologie n'a rien d'un psy tant qu'il ne s'est pas frotté à la clinique.

Les théories sur les compétences sont multiples et ont évolué au cours du temps. La terminologie « savoir, savoir-faire, savoir-être » est actuellement courante, mais un expert comme Guy Le Boterf affirme : « Il n'y a de compétence que de compétence en acte[1]. » Ainsi ajoute-t-il aux trois types de « savoir » les « savoir-y-faire [qui] s'acquièrent par l'imprégnation lente et progressive du métier. Il va sans dire qu'ils ne peuvent figurer dans les référentiels[2] ». Plutôt que de décrire le travail tel qu'il devrait être, l'analyse du travail dans sa réalité est toujours plus sophistiquée.

Je me restreindrai à ce qui me paraît relever, au-delà des apparences, de compétences fondamentales et communes aux métiers de pute, psy et curé. La première serait l'utilisation de soi-même comme outil de travail. C'est le cas de nombre de métiers mais, d'une part, travailler sans autre outil n'est pas si répandu, d'autre part la qualité du rapport à soi, de la connaissance de soi, y est cruciale. Une deuxième compétence notable tient de l'influence que chacun·e de ces trois professionnel·les est amené·e à exercer sur l'usager.

Mais avant de parler des compétences, une question : devient-on psy, pute, curé « par hasard » ? Y a-t-il des déterminants, des parcours, des expériences, qui font aboutir l'un à l'église, l'autre près du divan, l'autre encore sur le trottoir ?

L'école du traumatisme

Concernant le champ psy, j'ai trouvé des éléments de réponse dans *Psychothérapies*[3], ouvrage collectif publié en 1998 qui se penche sur plusieurs points, en particulier : Qu'est-ce qu'une thérapie ? Comment peut-on l'évaluer ? Sur quoi repose

---

1. Guy Le Boterf, *De la compétence. Essai sur un attracteur étrange*, Éditions d'organisation, 1994.
2. Guy Le Boterf, *Repenser la compétence*, Eyrolles, 2008.
3. Tobie Nathan (dir.), Alain Blanchet, Serban Ionescu, Nathalie Zajde, *Psychothérapies*, Odile Jacob, 1998.

l'action thérapeutique ? Quel est le rôle du traumatisme dans le processus thérapeutique et dans la fabrication d'un thérapeute ?

Nathalie Zajde, chercheuse et psychologue, analyse le traumatisme comme « un événement de vie laissant trace [...], un agent de destruction de la psyché, par conséquent le seul agent dont on peut dire qu'il la modifie à coup sûr ». Ajoutant la perspective sociale à la dimension psychique, l'autrice poursuit : « Le traumatisme, lorsqu'il est utilisé comme procédé technique, offre un enrichissement et un renforcement du groupe social dans les sociétés à initiation, permettant la modification et la “fabrication” d'êtres affiliés. » Dans les sociétés traditionnelles, le traumatisme, sous forme de rituel initiatique, est un opérateur de fabrication des êtres. La modernité occidentale est-elle parfois un vernis dissimulant avec peine ce qu'elle aimerait tant évacuer par sa rationalité ? Car pour Tobie Nathan, psychologue et écrivain, il faut « toujours considérer un thérapeute comme le résultat d'une fabrication spécifique, jamais comme celui d'un destin singulier ». Au psy occidental croyant s'être fait seul, l'auteur répond qu'il est le produit d'une société. Plus encore, « un thérapeute est fabriqué par son initiation ».

Construit par le courant thérapeutique auquel il s'affilie ultimement, le thérapeute rejoint des réseaux sociaux déterminés auxquels il contribue à son tour. José Luis Goyena, psychanalyste, soutient que « la transmission de la psychanalyse n'est possible que dans une expérience qui relève de l'intimité d'une rencontre ». Cette rencontre individuelle fait naître le thérapeute au sein d'une structure collective aux caractéristiques quelquefois coercitives : « La transmission de cette filiation emprunte (même si elle est souvent niée) une trame secrète tissée de formes initiatiques, de groupes plus ou moins fermés et de grades successifs dans l'organisation de l'institution. »[1] Le futur thérapeute n'a d'autre choix que de le devenir et, si l'on peut parler de formation, c'est aussi dans le sens où il prend une forme aux contours culturellement codés. Tobie Nathan conclut :

> L'initiation est une contrainte au changement ; une méthode qui se doit de marcher à tous les coups, dont l'issue doit toujours être une métamorphose. Elle consiste d'abord à littéralement traumatiser la personne [...]. Puis, une fois que la personne a été traumatisée, [à] ne lui laisser d'autre issue pour survivre que l'affiliation.

Initiation. Traumatisme. Affiliation. Le point commun entre la fabrication des trois types de professionnel·les serait-il de l'ordre de l'initiation ? Celle du curé comporte-t-elle une dimension traumatique ? Quel est l'impact, en particulier, de l'engagement à être célibataire et chaste ? L'Église fabrique des êtres à l'identité spécifique, séparés du reste de la société. En outre, l'ordination engage à vie. Céline Béraud en rappelle le procédé :

> Le sacerdoce est initié par le sacrement de l'ordination, véritable rite d'institution tel que le définit Bourdieu : un « acte de magie sociale » dont l'effet essentiel est de « [...] séparer ceux qui l'ont subi non de ceux qui ne l'ont pas encore subi, mais de ceux qui ne le subiront en aucune façon et d'instituer ainsi une différence durable entre ceux que le rite concerne et ceux qu'il ne concerne pas ». L'ordination [...] marque l'entrée dans la sphère du sacré.

---

1. José Luis Goyena, « L'intime et le secret », *Champ psychosomatique*, vol. 3, n° 27 : « L'Esprit du temps », 2002.

À la lecture de *La vocation du prêtre*, texte officiel émis par la Congrégation pontificale pour le clergé et dédié aux multiples aspects de la formation du prêtre, j'ai parfois eu l'impression d'un programme élaboré par un organisme de formation quelconque. Il existe toutefois des différences radicales. Par exemple, l'Église y déclare que :

> Le principal agent de la formation sacerdotale est la Sainte Trinité qui modèle chaque séminariste selon le dessein du Père, tant par la présence du Christ dans sa Parole, dans les sacrements et dans les frères de la communauté, que par l'action multiforme de l'Esprit saint[1].

Le prêtre n'en reste pas moins un être humain. Il vit dans un monde par rapport auquel il ne cesse de se positionner, notamment pour marquer sa différence, issue de son initiation. Céline Béraud rappelle que certains comportements du prêtre sont prescrits ou proscrits, au regard de ce que les autres membres de la société se permettent. L'idéologie constitutive du métier de prêtre a des racines anciennes et structurées :

> Alors qu'il est le plus souvent présenté comme atemporel, l'idéal sacerdotal est le fruit d'une construction historique et sociale de très long terme qui s'est réalisée en plusieurs étapes. Dès le IVe siècle, les principaux traits du modèle sacerdotal commencent à se dessiner : appel à la chasteté, invitation à « mépriser les réjouissances mondaines et les richesses matérielles » et à se tenir à l'écart, si possible, des formes de travail profane.

1. Congrégation pour le clergé, *La vocation du prêtre. Ratio Fundamentalis Institutionis Sacerdotalis. Le don de la vocation presbytérale*, Salvator, 2017.

Cette identité ascétique a été remise en cause dans les années 1960-1970, pendant lesquelles on a vu apparaître les prêtres-ouvriers, qui délaissaient la soutane et exerçaient un métier laïc, mais ce mouvement semble avoir fait long feu. Qu'en est-il à notre époque ? L'autoritarisme et l'« attachement à des attributs distinctifs (recherche d'une forte visibilité sociale) ainsi qu'aux dimensions sacrificielles de l'idéal sacerdotal qui font du prêtre un homme séparé et exemplaire » sont revalorisés. C'est le grand retour de la soutane, signe distinctif par excellence – je reviendrai sur la place du vêtement dans les trois métiers.

La fabrication du professionnel s'accompagne de la puissante imprégnation par des valeurs, dont il est ardu de se départir, qu'il appartienne à telle école psy, qu'il soit prêtre catholique… ou pute ? Virginie Despentes voit dans le viol un élément traumatique à valeur initiatique :

> Le viol fabrique les meilleures putes. Une fois ouvertes par effraction, elles gardent parfois à fleur de peau une flétrissure que les hommes aiment, quelque chose de désespéré et de séduisant. Le viol est souvent initiatique, il taille dans le vif pour faire la femme offerte, qui ne se referme plus jamais tout à fait.

Le parallèle entre les descriptions de Tobie Nathan et de Virginie Despentes est saisissant. Comme la pute, le psy est-il repérable parce qu'il dégage, « à fleur de peau », cette ouverture « qui ne se referme plus jamais tout à fait » ? D'après Tobie Nathan, « une initiation peut se concevoir à la fois comme fracture et installation définitive de la fracture, sorte de blessure ne cicatrisant jamais ».

Attention, l'entrée en prostitution n'est pas nécessairement précédée d'un viol, et le viol ne mène pas nécessairement à la prostitution. Selon Virginie Despentes, la prostitution est une voie post-viol. Une autre voie consiste à s'enlaidir. En tout cas, puisqu'il est considéré que le viol souille la femme, celle-ci doit « se signaler en tant que marchandise endommagée, polluée ».

N'y a-t-il pas un équivalent dans le fait de devenir psy? Deux voies s'offrent à ceux qui se heurtent à leur enfer psychique, qui ne parviennent pas ou plus à faire partie de la norme : devenir fous eux-mêmes, parfois dans un déni massif, ou devenir psys. Un recyclage utile de cette « marchandise endommagée » pour le reste de la société. On ne devient pas psy sans avoir eu soi-même un « problème ». Dans une série d'interviews de psychanalystes menées par Daniel Friedmann en 1983 et regroupées sous le titre *Être psy*, François Roustang, philosophe, précédemment jésuite puis psychanalyste, déclare : « J'ai été contraint et forcé de faire une psychanalyse, j'étais au bord de la folie, clivé entre la vie telle qu'elle m'apparaissait et le dogme religieux. » Jean Clavreul, psychiatre et psychanalyste : « J'ai entrepris une analyse car j'y étais forcé par mes impasses. » Laurence Bataille, psychanalyste : « J'ai fait une psychanalyse par nécessité, pour m'en sortir, et je n'ai pas pu faire autrement que de devenir psychanalyste. »

Passer sa journée à écouter des gens mal dans leur peau et dans leur tête, à accueillir leurs larmes et leur désespoir ? Il faut être quelque peu fou soi-même pour exercer un tel métier. Les analyses de Tobie Nathan et Nathalie Zajde révèlent que la transformation subie par l'initié le sépare du reste du monde. C'est le prix de sa survie. C'est peut-être en cela que la vocation habite pour toujours.

Dans un article publié dans *Le Monde* en 2017 et intitulé « La vocation monastique résulte d'une attraction progressive » (concernant plus les moines que les prêtres, mais vraisemblable pour ces derniers également), la sociologue Danièle Hervieu-Léger raconte ce qu'elle a découvert :

> Si les moines – les plus jeunes surtout – mobilisent à l'envi la rhétorique de l'« appel de Dieu » pour affirmer qu'ils n'ont pas choisi, mais qu'ils ont été choisis pour la vie du cloître, les récits personnels déclinent bien plus couramment l'histoire d'une attraction progressive, elle-même inscrite dans la singularité de parcours extrêmement divers, souvent sinueux, parfois chaotiques.

Peut-on encore parler de vocation lorsque ce sont les accidents de la vie, le cheminement, plus qu'un sentiment intérieur parfois pris pour une révélation, qui conduisent à avoir telle fonction dans la société ? Les déterminants du chemin de vie sont loin de ne dépendre que de soi. En début de trentaine, changer de métier pour devenir psy m'est apparu évident. La solution au sentiment d'impasse qui m'envahissait depuis près d'un an m'est tombée dessus telle la foudre[1]. Je me souviens d'avoir, à la suite de cette révélation, pensé m'être jusque-là écarté de mon chemin, de mes valeurs. Là résidait la raison fondamentale de mon mal-être. Suis-je passé à ce moment-là par un processus psychique me conduisant à prendre quelques traces mnésiques de mon enfance pour des preuves précoces de cette vocation ? Plutôt que de vocation, peut-être vaut-il mieux parler de *sentiment* de vocation. Ce sentiment permet à l'individu de dépasser ce qui aurait pu le détruire.

1. Étant donné que j'étais en analyse à cette époque, la réflexion de Tobie Nathan sur la fabrication du thérapeute m'interpelle maintenant à un autre niveau.

Psy, pute et curé sont-ils traversés par cette même question ? D'après Céline Béraud, « la prêtrise, loin d'être un objet d'étude isolé et exotique, n'est pas déconnectée des autres professions, du moins de celles qui participent aussi de l'idéal vocationnel ». Les *Éléments pour aider les confesseurs* affirment que ce métier relève d'une identité plus que d'une fonction :

> La disponibilité pour l'écoute des confessions sacramentelles, l'accueil des pénitents et, selon la demande, l'accompagnement spirituel, constituent la vraie mesure de la charité pastorale du prêtre et témoignent en même temps qu'il a assumé avec joie et conviction l'identité qui découle du sacrement de l'Ordre et qu'on ne peut jamais réduire à une simple fonction.

Y a-t-il un lien systématique entre identité, sentiment de vocation et initiation traumatique ? L'initiation fait-elle tomber l'apprenti·e – de gré ou de force – dans l'illusion de ne pas avoir d'autre choix, le ou la menant à penser qu'il s'agit de sa vocation, de son identité profonde ? Est-ce au contraire le sentiment de vocation qui permet à l'apprenti·e de supporter l'initiation, d'être transformé·e par celle-ci ? Je parviens à formuler ces questions en pensant au curé et au psy. Beaucoup plus difficilement à la pute. Même s'il y a peut-être une trace de cette idée chez Virginie Despentes, quand elle écrit : « Toutes n'ont pas une âme de courtisane. » Si cela relève bien de l'âme, alors la dimension vocationnelle a du sens ici aussi. Néanmoins, cette disposition est-elle antérieure à cette ouverture, créée par le viol, « qui ne se referme plus jamais tout à fait » et que les hommes sentent ? Celles qui se font violer pour la première fois émettent-elles ce quelque chose qui exprime : « J'ai été abusée, on m'a imposé des choses dont j'ai honte, je suis persuadée que c'est de ma faute si ça m'est arrivé » ? Longtemps écoutante pour Viols-Femmes-Informations, une ligne d'écoute gratuite, anonyme et confidentielle, Swan Nguyen l'assure :

> Si une enfance stable, tranquille et basée sur des sentiments de sécurité et d'amour permet à l'âge adulte de ne pas accepter d'être considéré comme un objet, l'enfant qui a vécu dans la violence risquera fortement de rencontrer et de se lier à des gens violents[1].

Plus largement, Stéphanie Pryen reconstitue les parcours de vie et les conditions, voire les contraintes, amenant jusqu'à la prostitution, et met en évidence « un contexte spécifique et un mode de vie particulier, marqués par une anticipation du rôle, une socialisation anticipée du fait de la catégorisation précoce de ces jeunes femmes comme provocatrices et filles faciles, cherchant à répondre à ce que les hommes attendent d'elles ; du fait de leur isolement quant au monde conventionnel et leur proximité au monde déviant ; et du fait des nécessités économiques pour être autosuffisantes ». Françoise Gil parvient à des conclusions qui rejoignent et complètent les observations de Stéphanie Pryen :

> Cette identité se construit progressivement à partir d'un état marqué soit par le refus des règles contraignantes du monde du travail, soit par une révolte vis-à-vis de la société, soit par une rébellion face aux injonctions familiales et sociales, soit encore par un sentiment profond d'exclusion du monde « normal ».

Ces analyses sont confirmées par les témoignages, pour ne prendre que deux exemples, de Grisélidis Réal et Pluma

1. Swan Nguyen, *Comment aider une victime de viol ou d'inceste*, L'Esprit du temps, 2011.

Sumaq. Celles-ci avancent le manque d'argent comme raison principale au travail du sexe, mais pas seulement. Pourquoi cette activité plus qu'une autre? Grisélidis Réal explique: «À force de crever de faim, je me suis lancée dans la prostitution, à 32 ans. Ce métier, c'est à la fois l'insécurité totale, et la certitude de toujours pouvoir retomber sur ses pattes. Ailleurs, vous dépendez d'un patron qui peut vous mettre à la porte, tandis que là, je suis payée pour ma valeur humaine, on me remercie[1].» Elle atteste également du rôle de déterminants infantiles socio-familiaux dans l'adulte en devenir: «Prenez n'importe quel criminel, toxicomane ou prostituée, remontez jusqu'à l'enfance et vous verrez que quelque chose n'a pas joué. La déviance, c'est aussi une forme de révolte, une remise en cause d'un système qui ne vous a pas convenu, qui vous a étouffé ou rejeté[2].» Scandaleuse pour certain·es, Grisélidis Réal revendique sa position: «Il faut avoir le goût du risque pour faire ce métier. Mais j'aime mieux ça que d'aller à l'usine[3].» Pourquoi le travail du sexe peut-il être considéré comme préférable à l'usine? Christophe Dejours, psychanalyste et psychiatre à l'origine de la psychodynamique du travail, identifie dans le discours ouvrier quelques thèmes récurrents, parmi lesquels «la honte d'être robotisé, de n'être qu'un appendice de la machine, d'être sale parfois, de n'avoir plus d'imagination ni d'intelligence», «une image d'indignité» ou «le sentiment d'inutilité»[4].

---

1. «L'argent du sexe: Grisélidis Réal», entretien mené par Jocelyne Clerc, *La femme d'aujourd'hui*, 30 novembre 1988.
2. Jean-Blaise Besençon, «Grisélidis Réal: "Écrire… c'est ma soupape"», *L'Époque*, 4 mars 1992.
3. «Grisélidis Réal: un autre regard sur la prostitution», article cité.
4. Christophe Dejours, *Travail, usure mentale. Essai de psychopathologie du travail* [1980], Bayard, 2008.

Quelques générations après Grisélidis Réal, Pluma Sumaq, aux États-Unis, crie sa révolte. Elle a travaillé dans des entreprises classiques et s'en est éloignée car cela lui était insupportable, d'autant plus qu'elle est une « personne racisée qui a grandi pauvre, qui n'a pas bénéficié des mêmes privilèges d'empowerment qu'une femme blanche ou que les personnes de bonne éducation[1] ». Elle a choisi la prostitution, mais à quel prix ? « Le travail du sexe n'a pas été facile pour moi. »

Révolte, sentiment d'exclusion face à une société qui essaie de (se) persuader de ses bonnes intentions. Peut-être toujours née dans une certaine violence, que faire de cette prise de conscience ? Quelle place trouver dans ce monde ? Tout sentiment de révolte ou d'exclusion ne mène pas à la prostitution. Face à cela se constituent des corps de professionnel·les. On peut, aussi, devenir psy ou curé.

Tous trois savent que l'âme humaine est complexe et tortueuse, a ses recoins obscurs et malsains. On ne choisit pas ces métiers par hasard. Pour Virginie Despentes, « séduire est à la portée de beaucoup de jeunes femmes [...]. En tirer profit personnel exige un profil plus précis, des qualités plus rares ». Cela me rappelle l'avertissement entendu lors de mes études de psychologie : « Ce n'est pas parce que vous pensez être doué pour l'écoute que vous serez un bon psy. » Traversés par des raisons plus ou moins conscientes, la courtisane comme le psy ne savent pas forcément, exactement, pourquoi ils pratiquent ce métier. Le « profit personnel » que l'on peut

1. Pluma Sumaq, « A disgrace reserved for prostitutes: Complicity & the beloved community », *Lies, a journal of materialist feminism*, n° 2, 2015 (traduction anonyme, « Une disgrâce réservée aux prostituées : complicité et communauté bien-aimée », disponible sur https://breakdown.noblogs.org/files/2018/06/disgrace.pdf).

en tirer est parfois plus large que le simple fait de gagner de l'argent, et offre des bénéfices peu conciliables avec d'autres situations socio-professionnelles. Françoise Gil écrit ainsi : « Si elle est librement vécue, l'activité présente des avantages non négligeables, parmi lesquels un niveau de vie confortable, une certaine liberté et le fait de n'avoir de comptes à rendre à personne, surtout pas à un patron. »

Ces avantages ne sont pas ceux du curé, puisque son niveau de vie n'est habituellement pas « confortable » et qu'il est soumis à une hiérarchie. Mais le choix de ce métier relève vraisemblablement, lui aussi, d'un positionnement face à la société. Céline Béraud rapporte les témoignages de jeunes prêtres pour lesquels « ce n'est pas la religion et ses exigences qui sont aliénantes mais, au contraire, les quêtes sociales actuelles effrénées de jouissances physiques et matérielles, présentées comme des entraves à la liberté ».

Connaissance de soi

En général, le principal outil de travail du psy, de la pute et du curé est soi-même. Ils sont tous trois engagés physiquement et psychiquement, selon des modalités et degrés différents. Comment développent-ils la connaissance de leur outil de travail ?

Dans le cas de la pute, rappelle Françoise Gil, « il y a peu encore, la transmission des savoirs et savoir-faire se déroulait dès l'arrivée sur le lieu, lorsque les anciennes informaient la nouvelle venue des règles à observer, des écueils à éviter, des tarifs pratiqués, etc. ». Au-delà du vocable de management par les compétences, la question du rapport au corps reste centrale. Mais avec la disparition des maisons closes, comment se déroule la formation de pute ? Comme le souligne

Stéphanie Pryen, « il n'existe pas de manuel du racolage ou de la passe, parce que ce savoir est aussi un savoir coupable ». Alors à chacune de se débrouiller. « L'apprentissage se fait sur le tas, par l'expérience. »

Dans une interview au *Monde* en 2011, Morgane Merteuil, alors secrétaire générale du Strass, affirme sans dogmatisme sa propre position : « J'ai un rapport au corps qui me permet, moi, de le faire[1]. » Il ne s'agit pas simplement de « baiser », mais surtout de savoir comment satisfaire son client. Plus largement, d'acquérir une connaissance de son corps et du corps de l'autre, une connaissance des pratiques. Au terme de son enquête sur la prostitution, publiée une dizaine d'années avant la création du Strass, Stéphanie Pryen conclut à la « quasi-inexistence d'une organisation formelle et collective de la transmission ».

Le sixième point du manifeste du Strass, « Nous ne sommes pas que belles, ou le féminisme pute en 15 points » (que je désignerai par la suite sous le nom de manifeste du féminisme pute), invite la pute à « connaître, aimer, être à l'aise avec son corps et sa sexualité et en prendre soin ». Si la dimension physique de la connaissance de soi est au premier plan, cela n'exclut pas d'autres aspects. En témoigne une professionnelle, interrogée par Françoise Gil :

> Le travail du sexe n'est pas fait pour tout le monde parce qu'il est extrêmement exigeant aux niveaux physique, mental, affectif et spirituel. Même celles qui ont une attitude positive face à ce travail ont rarement l'énergie suffisante pour le pratiquer de façon intensive sur une longue période.

1. « Morgane Merteuil : "Je préfère être 'escort' plutôt que travailler en usine" », entretien mené par Anne Chemin, *Le Monde*, 25 novembre 2011.

La pute engage son corps de façon autrement intime que le psy ou le curé, mais rien de dichotomique : « Si l'on arrive à s'extraire des jugements moraux que vivent et subissent aussi les prostitué-e-s, la prostitution n'est en rien différente des autres professions où l'outil de travail principal est le corps[1]. » Par opposition, on ne peut pas dire que le psy et le curé aient le corps comme principal outil de travail. Pour le psy exerçant en face à face, le comportement non verbal (gestes, postures, mimiques, etc.) fait partie intégrante de la pratique. Néanmoins, la compétence du psy n'est, la plupart du temps, pas envisagée en ces termes, et j'ai peu entendu parler de l'importance de travailler cette dimension, que ce soit dans mes études de psychologie ou par la suite, alors que l'impression d'emblée reçue par le corps de l'autre peut sensiblement déterminer la relation à venir.

Pour Susan Baur, « le thérapeute efficace possède généralement trois qualités : une empathie très grande, une chaleur non possessive et la sincérité. En d'autres termes, la capacité à gérer les relations humaines complexes est la qualité essentielle d'un bon thérapeute ». Le curé dans son confessionnal et, plus encore, la pute aux prises avec un client difficile doivent posséder une telle compétence… Alors, y a-t-il des caractéristiques propres au psy ? Selon Marie-Louise von Franz, « celui qui est capable de se guérir lui-même n'est pas malade, mais en mesure d'aider autrui à guérir ». Sans identifier explicitement les compétences du thérapeute, cette approche le distingue radicalement des autres « malades » :

> Un tel homme est intact au plus profond du noyau intime de son être – et il possède une grande force sur le plan du moi, deux

1. Daniel Welzer-Lang, Odette Barbosa, Lilian Mathieu, *Prostitution : les uns, les unes et les autres*, Métailié, 1994.

conditions indispensables à la profession de thérapeute. Il subit sa maladie initiatique non par faiblesse, mais afin de connaître « l'ensemble des voies de la maladie » et ainsi faire l'expérience, à travers ce qu'il vit, de ce que signifient l'obsession, la possession, la dépression, la dissociation schizoïde, etc.

La psychologue affirme également l'importance de « connaître ses propres limites » – question abordée dès le deuxième principe du code de déontologie des psychologues[1].

Avant de commencer à pratiquer, tout psy devrait avoir fait un travail sérieux sur lui-même, avec un regard professionnel extérieur. Cette opinion ne fait pas l'unanimité, et n'est même pas encouragée, puisque ni les psychiatres ni les psychologues n'y sont tenus dans le cadre de leur diplôme d'État. Je comprends que cette démarche de connaissance de soi ne puisse être sanctionnée par un diplôme, mais ce travail devrait être obligatoire. Certes, ces psys exercent en général des années en institution avant, parfois, de s'installer en libéral, pour devenir le type de psy dont je parle dans ce livre. Toutefois, une formation institutionnelle ne me paraît pas de nature à remplacer ce travail sur soi. Au contraire même, tant la soumission à des contraintes hiérarchiques peut être aliénante, à l'inverse du processus de découverte de soi. Se confronter au risque et à la solitude est inévitable. Dans *Le divan et le prie-Dieu* (2000), Marie Romanens, psychothérapeute et psychanalyste, ne laisse aucun doute à ce sujet :

> Tout appareil institutionnel, quel qu'il soit, représente à un degré ou un autre, d'une manière ou d'une autre, une tentative

1. Voir http://www.codededeontologiedespsychologues.fr/LE-CODE.html

de lutte contre l'angoisse. Dans un cadre défini par un regroupement social et ses règles, l'individu cherche inconsciemment à se rassurer.

Dans *La vocation du prêtre*, L'Église n'occulte pas cette tension, et la pense au contraire nécessaire, pourvu qu'elle soit bien comprise. D'une part, « [le prêtre] ne peut pas se contenter de faire voir un simple "vernis" vertueux, ou encore, une obéissance purement extérieure et formelle à des principes abstraits. Il est au contraire appelé à agir avec une grande liberté intérieure. [...] C'est pourquoi, en grandissant dans la charité, le futur prêtre s'efforcera de développer une capacité relationnelle équilibrée et mûre avec le prochain. De fait, il est appelé avant tout à atteindre une sérénité humaine et spirituelle de fond ». Remarquons l'insistance portée sur la capacité relationnelle et sur la transformation – plus que la formation – essentielles à celui qui va consacrer son existence à la prêtrise. D'autre part, « il revient [...] aux formateurs d'éduquer les séminaristes à une obéissance véritable et mûre, en exerçant l'autorité avec prudence et en les encourageant ainsi à offrir une adhésion sincère et sereine, où le cœur s'engage également ». Au cœur de la formation se trouve donc le dialogue entre le séminariste et le directeur spirituel qu'il s'est choisi.

Le premier doit être capable de la confiance la plus pleine possible dans le second, ne pas craindre son jugement lorsqu'il lui fait part de ses doutes, fantasmes ou angoisses, afin de rendre possible l'exploration de ce qui le constitue. Pratiquer la confession en tant que bénéficiaire est au cœur de la formation du confesseur. De la même manière, le psy doit être un patient avant de prétendre en accueillir.

Je ne vois pas d'équivalence pour la pute, puisqu'il n'y a pas, dans ce métier, de formation impliquant d'être des deux côtés de la relation. La pute ne fréquente pas les putes en tant que cliente avant de devenir pute. Cela doit-il pour autant invalider l'hypothèse selon laquelle la pute peut être thérapeute? Non, dans le sens où ceux qu'elle dit aider sont des hommes blessés, et où elle-même sait ce que signifie être blessée. Nul doute qu'elle puisse apporter réconfort, soulagement… voire être l'objet de transfert[1] ou de projection[2] au sens psychanalytique. En revanche, si la pute en question, amenée à exercer ce métier pour des raisons évoquées plus haut, n'est pas en mesure de comprendre ce qu'est être accueillie, je doute de son potentiel thérapeutique d'accueil de l'autre. La capacité d'accueillir prend sa source dans le sentiment d'avoir été accueilli·e. À partir de là, peu importe qu'il s'agisse d'un·e psy, d'une pute ou d'un curé, comme le souligne le psychothérapeute et professeur en psychiatrie Irvin Yalom dans *Thérapie existentielle*: « Confier à quelqu'un nos secrets les plus sombres, nos pensées illicites, nos vanités, nos peines, nos passions et continuer à être pleinement accepté par cette personne constitue une expérience éminemment structurante[3]. »

Est-il possible que l'autre supporte, accepte, comprenne ce qui nous rend si honteux? La tentation de ne rien lui dire

1. Le transfert « désigne, en psychanalyse, le processus par lequel les désirs inconscients s'actualisent sur certains objets dans le cadre d'un certain type de relation établi avec eux et éminemment dans le cadre de la relation analytique. Il s'agit là d'une répétition de prototypes infantiles vécue avec un sentiment d'actualité marqué» (Jean Laplanche et Jean-Bertrand Pontalis, *Vocabulaire de la psychanalyse* [1967], PUF, 2002).

2. « Opération par laquelle le sujet expulse de soi et localise dans l'autre, personne ou chose, des qualités, des sentiments, des désirs, voire des "objets" qu'il méconnaît ou refuse en lui » (*ibid.*).

3. Irvin Yalom, *Thérapie existentielle*, traduit par Laurence Richard, Galaade, 2010.

est vive – à la mesure de la crainte d'être rejeté –, tant les raisons de notre honte paraissent inavouables. On peut bien se convaincre que l'on s'en est accommodé, entre soi et soi, et se sentir moins honteux. Toutefois, l'aveu à un autre est de nature radicalement différente. « Être pleinement accepté » lorsqu'on ose parler de ses affres intérieures à celui ou celle choisi·e pour mentor, voilà qui est structurant, mais aussi désarmant.

La question de la connaissance de soi trouve d'autres prolongements. Marie-Louise von Franz alerte contre une formation réduite aux dimensions prosaïques de l'existence :

> Si l'analyse didactique du futur analyste se borne à la discussion de ses problèmes personnels, il ne sera pas, d'après mon expérience, une aide vraiment efficace pour autrui. [...] C'est seulement si l'infini a été approché dans sa vie et que celle-ci y a puisé son sens, que cette vie ne sera pas gaspillée dans des agitations futiles. Dans le cas contraire [...], une telle personne ne saurait offrir que des futilités à son vis-à-vis : bons conseils, interprétations intellectuelles, bienveillantes suggestions orientées vers la normalisation.

Si le maître n'est jamais allé au-delà de « la discussion de ses problèmes personnels », comment pourrait-il aider l'élève à y aller ? Au-delà des problématiques conscientes et inconscientes personnelles, le contact avec « l'infini » provoque un bouleversement chez l'individu qui y est confronté. Ce n'est pas que celui-ci se dépasse, comme l'idéologie de la performance y enjoint, c'est qu'il est dépassé. Confronté au mystère qui l'arrache à ce qu'il croyait être. Selon la psychologue, c'est une condition primordiale pour la pratique thérapeutique :

« Celui qui n'a jamais sombré dans les profondeurs de l'inconscient où il a contemplé "les sentiers de tous les esprits de la maladie" ne possèdera jamais une réelle empathie pour les graves souffrances psychiques de son prochain. » Accompagné par un thérapeute plus expérimenté, l'apprenti explore et se métamorphose. La connaissance de soi laisse place à plus grand que soi.

En cela, le cheminement du psy pour être le plus à même de venir en aide à son prochain ressemble à celui du prêtre. L'un comme l'autre font appel à ceux qui sont passés par là. Il s'agit de bien plus qu'une formation. Selon *La vocation du prêtre* :

> Il est préférable que la majorité du corps enseignant soit constitué de prêtres, qui pourront assurer également une approche pastorale à leur matière en faisant référence à leur propre expérience. [...] Les enseignants ne transmettent pas seulement des notions, mais contribuent à « engendrer » et à former de nouveaux prêtres.

Néanmoins, si l'on croit difficile d'accompagner l'autre là où on n'a soi-même jamais mis les pieds – croyance répandue chez les thérapeutes –, on peut s'interroger sur la dimension thérapeutique de la confession. Au-delà de l'absolution, du pardon de la confession, le curé peut-il dire quoi que ce soit d'expériences de vie qu'il n'aura jamais ? Si une femme me parle des difficultés de sa grossesse, suis-je incapable de l'aider ? Il n'en reste pas moins que tous les êtres humains sont traversés par des questions plus ou moins similaires. Un équilibre, nécessairement instable, est toujours à trouver entre soi et l'autre, ni tout à fait pareil, ni tout à fait différent.

Croire connaître ce dont l'autre est en train de me parler, imaginer savoir ce qu'il vit parce que je suis moi-même passé par là, ou plutôt croire qu'il s'agit du même « là », peut être trompeur : penser que cela me permet de savoir à l'avance quel chemin l'autre doit suivre est certainement plus néfaste que d'accueillir l'autre, de l'écouter, là où il dit être, là où il pense être. Le langage peut même contribuer à cette illusion de se comprendre, sous prétexte d'utiliser les mêmes mots. L'écart entre soi et l'autre est irréductible. Impossible fusion dont tant rêvent, fusion pouvant prendre la forme de l'union sexuelle ou de l'union au « grand Tout ». Douleur infinie d'être, en cela, seul, séparé. N'est-ce pas grâce à cet espace, à cet entre-deux, qu'il peut y avoir relation ? Supporter de ne pas savoir, de ne pas comprendre, tout en restant ouvert·e à l'autre, me semble être au cœur de la difficulté relationnelle.

Pour revenir à la pute, la transmission telle qu'elle existait dans les maisons closes évoque l'importance pour la formatrice d'avoir elle-même fait l'expérience de ce qu'elle transmet à la personne en formation. En cela se retrouve une dimension de travail sur soi, dont je vois un écho dans l'étude mentionnée par Françoise Gil montrant que « les arts et le soin sont les registres le plus souvent mentionnés comme premiers désirs de réalisations professionnelles ». Les putes ayant fait le choix de cette profession revendiquent une façon de faire, un art de pratiquer, autant qu'une dimension de soin. Le soin et les arts sont des pratiques qui requièrent, entre autres, dévouement pour la première, créativité pour la seconde. Cette dimension créatrice est attestée par Marie-Louise von Franz au sujet des psys :

> Il ne fait pas de doute que les meilleurs analystes sont ceux qui ont une activité créatrice à côté de leur profession. Ce n'est pas

> pour rien que dans les sociétés dites primitives les hommes-médecine sont également les poètes, les peintres [...]. La créativité et le don de guérisseur sont très proches parents.

Sensibilité à l'art et au soin font également partie du métier de prêtre. Le Vatican évoque le premier point, quoique ce ne soit pas central dans la formation : « On éduquera au "sens du beau" en soignant la qualité esthétique de l'environnement et en faisant connaître différentes expressions artistiques. » Plus précisément, « une juste appréciation de l'art et de la beauté est en soi un bien qui, par ailleurs, a une conséquence pastorale non négligeable. La connaissance de la musique sacrée et du chant [...] leur offrira des moyens pour l'évangélisation et la pastorale qui les attend ». Quant au fait de parler de « miséricorde et de compassion », cela me paraît relever, si ce n'est d'une démarche de soin proprement dite, au moins d'une démarche de « prendre soin », d'autant plus sensible que le prêtre « fera de sa vie un "lieu" d'accueil et d'écoute de Dieu et de ses frères » – et, on peut le supposer, de ses sœurs.

Même si mon étude porte sur ce que le prêtre est amené à réaliser dans le cadre particulier de la confession, je pense utile de donner ici quelques points de repère sur sa formation, car ce sacrement engage l'être entier du prêtre. Dans *La vocation du prêtre*, la formation est qualifiée d'« unique, intégrale, communautaire et missionnaire ». Cette quaternité s'accompagne d'une autre, qualifiant cette fois les dimensions de l'individu en interaction :

> La dimension humaine qui est la « base nécessaire et dynamique » de toute la vie presbytérale ; la dimension spirituelle qui conditionne la qualité du ministère sacerdotal ; la dimension intellectuelle qui offre les instruments rationnels nécessaires

pour comprendre les valeurs propres qui définissent le pasteur, de manière à pouvoir les incarner dans la vie et à transmettre le contenu de la foi de façon adéquate ; la dimension pastorale qui habilite à un service ecclésial responsable et fécond.

La formation d'un prêtre dans l'Église commence par un parcours d'une durée minimale de sept ans, mais ne s'arrête pas là : « La formation des séminaristes se prolonge naturellement dans la formation permanente des prêtres et constitue avec elle une seule réalité. » Plus encore, le « travail sur soi-même, humble et constant – qui va bien au-delà d'interrogations introspectives » ne connaît pas de fin. On retrouve cette idée dans le monde psy. « Au-delà » de soi, cela peut paraître évident pour la prêtrise, tant la figure du prêtre est associée au dévouement. Les termes de l'Église sont précis quant au modèle à suivre : « Chacune des dimensions de la formation a pour visée la "transformation ou l'assimilation" du cœur à celui du Christ… » La formation du prêtre ne vise donc pas la simple acquisition de compétences. Avant tout sensible au discernement de la vocation, l'Église « doit aider au développement des qualités humaines et spirituelles de la personne et vérifier l'authenticité de ses motivations ». Dès le petit séminaire, les formateurs doivent être attentifs à différentes caractéristiques montrant la qualité du cheminement vocationnel des jeunes, telles que :

> La dynamique de la croissance personnelle, en tenant particulièrement compte de l'âge et de quelques autres aspects : la sincérité et la loyauté envers soi-même et les autres, le développement harmonieux de l'affectivité, l'aptitude à vivre en communauté, la capacité à cultiver des amitiés fraternelles, un sens ajusté des responsabilités dans le cadre du devoir d'état et

des charges confiées, la créativité et l'esprit d'initiative, une juste expression de la liberté, le désir de cheminer dans la prière et de vivre avec le Christ.

Bien au-delà de la notion de compétence, même si le savoir-être pourrait s'y rapporter, forte est l'exigence de l'Église envers ceux qui ont pour tâche principale « la participation à l'unique mission confiée par le Christ à son Église, à savoir l'évangélisation sous toutes ses formes ». Cet horizon requiert un dévouement complet. Cela ne peut être mené à bien sans une profonde transformation de l'individu qui s'y destine :

> Ce processus de formation vise à éduquer la personne à la vérité de son être, à la liberté et à la maîtrise de soi. Elle aidera ainsi le séminariste à dépasser les diverses formes d'individualisme et à réaliser le don sincère de soi qui permet de se consacrer généreusement aux autres. [...] Dans l'oraison silencieuse qui l'ouvre à une relation authentique avec le Christ, le séminariste se rend docile à l'action de l'Esprit qui le façonne progressivement à l'image du Maître [afin de] se défaire de toute « mondanité spirituelle » comme : le culte du paraître, le narcissisme et l'autoritarisme, la prétention à vouloir s'imposer, le soin purement extérieur et ostentatoire de l'action liturgique, la vaine gloire, l'individualisme, l'incapacité à écouter les autres et toute forme de carriérisme. [Le séminariste est] au contraire éduqué à la simplicité, à la sobriété, à un dialogue serein avec autrui, à l'authenticité.

Au sujet de la confession, *La vocation du prêtre* reste succincte, mais exigeante là aussi :

> La célébration régulière et fréquente du sacrement de la pénitence, préparée par l'examen de conscience quotidien, est

l'occasion pour le séminariste de reconnaître avec humilité ses fragilités et ses péchés, et surtout de comprendre et d'expérimenter la joie de se sentir aimé et pardonné par le Seigneur.

Quant aux connaissances requises pour pratiquer « le sacrement de réconciliation[1] », *La vocation du prêtre* est étonnamment limitée, en apparence tout au moins, engageant à fournir aux séminaristes « un cours spécifique d'initiation au ministère de la confession, pour les aider à traduire les principes de la théologie morale dans des cas concrets et aborder les problématiques de ce ministère délicat dans un esprit de miséricorde ».

Si le psy peut lui aussi chercher à traduire les problématiques du patient selon son référentiel théorique, la question de l'esprit de miséricorde est autrement plus difficile. Il s'agit de savoir-être, bien plus que de connaissances techniques de « traduction ». Vincent Mongaillard rappelle qu'un « cours spécifique » pour la confession n'a pas toujours existé, que les curés apprenaient sur le terrain. Il existe aujourd'hui des formations contenant des « exemples pratiques ». Elles auraient des progrès à faire, selon les premiers concernés. Le père Francis en témoigne :

> Durant un semestre, lors de ma dernière année de séminaire, j'ai eu droit à un module Exercices de confession. On nous a

1. On appréciera la différence de terminologie : le « sacrement de pénitence et de réconciliation » devient, dans ce texte officiel, « sacrement de pénitence » pour le prêtre et « sacrement de réconciliation » pour le fidèle. Marie Romanens, rapportant l'analyse de l'historien Jean Delumeau dans *Le péché et la peur* (1983), souligne que « c'est aux religieux et aux prêtres qu'il a été le plus demandé ; c'est pour eux que l'éducation culpabilisante a été la plus virulente ».

> appris à ne surtout pas poser de questions quand on reçoit des confessions de femme portant sur le sexe. [...] J'ai pu constater avec du recul qu'aucune des situations abordées n'était fidèle à la réalité du terrain.

Enfin, on peut supposer que les recommandations générales de *La vocation du prêtre* sont applicables au contexte de la confession :

> Par une écoute attentive, respectueuse et sans préjugés, le pasteur deviendra capable d'une lecture de la vie d'autrui avec un regard qui ne sera ni superficiel, ni de jugement. Au contraire, il considèrera le cœur des personnes et le contexte spécifique de leur vie, particulièrement les obstacles intérieurs et extérieurs qui peuvent parfois rendre leur agir problématique. Il sera en mesure d'interpréter avec sagesse et compréhension les conditionnements en tout genre qui affectent les personnes.

Ces attitudes semblent tout aussi pertinentes pour un psy, mais l'objectif visé n'est pas tout à fait le même, puisque, pour le prêtre, il s'agit de « proposer des chemins dans la foi ». En outre, l'approche se veut mesurée, loin de « l'obsession légaliste et rigoriste », en proposant au prêtre de devenir « témoin du visage maternel de l'Église qui, sans renoncer aux exigences de la vérité évangélique, évite de les transformer en fardeaux impossibles à porter ». Le pénitent appelle le prêtre « mon père », mais l'Église – actuellement en tout cas – enjoint celui-ci à ne pas abuser du pouvoir qui lui est confié. Il ne renonce pas à sa fonction missionnaire, mais « préférera conduire les personnes avec compassion » et miséricorde, des qualités associées au visage maternel de l'Église.

Dans les pages précédentes, j'ai rapporté les principales idées de documents émis par le Vatican concernant la formation du prêtre. Cela reflète-t-il la réalité? Céline Béraud signale la tension entre l'idéal prôné par l'Église et les valeurs de la société en général.

> La conception totale de la vocation étroitement associée à un sens aigu de l'abnégation pouvant aller jusqu'à l'oubli, voire au sacrifice de soi-même, entre en contradiction avec les valeurs de « réflexivité, de professionnalisme et de maîtrise de soi qui s'imposent aujourd'hui partout ».

Y a-t-il vraiment paradoxe? Peut-être, dans le sens où l'Église affirme que le Saint-Esprit est le véritable guide des âmes, à travers le curé. Lors de la confession, ce n'est pas le prêtre lui-même qui sait ou pardonne, il est traversé par l'Esprit. L'Église met en garde ses ministres contre toute tentation de se croire seul responsable :

> La formation spécifique du prêtre requiert donc, parce qu'il est [...] une sorte de « co-créateur », un abandon singulier à l'action de l'Esprit saint, en évitant, tout en valorisant ses propres talents, de tomber dans le piège de l'activisme et de penser que l'efficacité de son action pastorale dépend de ses propres prouesses[1].

Sous une forme laïcisée, je crois l'idée de l'abandon à l'action de l'Esprit saint similaire à celle des psys soutenant que « les inconscients du psy et du patient communiquent »

1. Congrégation pour le clergé, *Directoire pour le ministère et la vie des prêtres*, Libreria Editrice Vaticana, 2013.

au-delà des consciences individuelles. Comme si le plus important dépassait tout ce que psy et patient peuvent se dire.

Dans ce cas, quelle place ont la réflexivité et la maîtrise de soi ? Je crois la connaissance de soi nécessaire non pour maîtriser mais pour justement laisser passer ce qui nous dépasse. Qui peut prétendre « tout » maîtriser ? S'abandonner à l'action de l'Esprit saint garantit au prêtre de ne pas céder à l'illusion de toute-puissance. La formation se place néanmoins sous le sceau d'une immense exigence : « Celui qui est appelé est un "sujet intégral", c'est-à-dire une personne destinée à posséder une unité intérieure solide, sans divisions ni dichotomies. » Sans éviter, mais en dépassant le conflit intérieur. Un idéal de connaissance de soi que fort peu peuvent prétendre avoir touché du doigt.

Le rapport à soi se construit dans le rapport à l'autre. Il est capital d'être le plus lucide possible sur soi-même lorsque l'on est dans la position de celui qui est consulté, sollicité. Car l'usager se soumet volontairement à l'influence de celle ou celui qu'il sollicite. En faisant cela, poussé par sa quête, il prend un risque. Combien de professionnel·les ont cédé au goût du pouvoir attribué par celui qui demande, qui a tant besoin d'aide ? Quelles sont les caractéristiques de cette influence si particulière ?

De l'influence, dans un cadre

Tobie Nathan définit la psychothérapie comme « toute procédure d'influence destinée à modifier radicalement, profondément et durablement une personne [...] à partir d'une intention "thérapeutique" ». Qu'en est-il de l'influence et de l'intention « thérapeutique » chez les psys, les putes et les curés ?

Du côté des putes, le neuvième point du manifeste du féminisme pute est éloquent, et revendique leur influence là où peu ont droit de regard: « Éduquer les hommes et faire changer leurs comportements parce qu'on a accès à leur intime. » Autrefois, déjà, elles se chargeaient de l'initiation sexuelle des jeunes hommes avant leur mariage. Françoise Gil indique qu'elles apprennent aux hommes « le corps et le respect des femmes, la prévention pour eux et leurs partenaires ». Elles les aident même, parfois, à régler certains problèmes liés à la sexualité. Stéphanie Pryen a également recueilli des témoignages pointant la dimension thérapeutique de leur activité:

> Certains clients viennent uniquement pour parler, et cette pratique d'écoute est particulièrement valorisée par les personnes prostituées, et ce de manière générale, même lorsque la demande d'écoute n'est pas exclusive d'une demande sexuelle. Elles parlent de, et revendiquent, leur fonction de quasi-thérapeute.

Quant à la confession, un des objectifs explicites n'est-il pas tout autant d'exercer une influence sur le pécheur? De le « ramener dans le droit chemin », par exemple? Dans les *Éléments pour aider les confesseurs*, la confession est présentée comme « une célébration joyeuse de l'amour de Dieu qui se donne lui-même, en détruisant notre péché lorsque nous le reconnaissons humblement ». Plus encore, « c'est en recevant le pardon de Dieu que le cœur humain apprend le mieux à pardonner et à se réconcilier avec ses frères ». Enfin:

> Les effets de la grâce du sacrement de la pénitence consistent dans la réconciliation avec Dieu (en retrouvant la paix et l'amitié avec Lui), dans la réconciliation avec l'Église (en se réintégrant

dans la communion des saints), dans la réconciliation avec soi-même (en unifiant son propre cœur).

Mais alors, d'où vient l'image d'une confession aride et culpabilisante ? D'une époque peu ancienne. « Le confessionnal, c'est le lieu où l'Église a orienté les consciences, tenté de s'immiscer dans la vie des paroissiens », affirme le père Patrick. Le prêtre et professeur de droit canonique Jean Werckmeister dénonce cette pratique de la confession :

> Du point de vue psychologique, on lui reprochait d'avoir suscité des générations de catholiques inquiets, angoissés, hyperscrupuleux (l'aveu peut certes être libérateur, mais aussi névrosant quand « il faut tout dire »). Du point de vue théologique, l'hypertrophie de la confession attirait l'attention davantage sur le péché que sur le pardon, sur l'individu que sur la communauté, sur le Dieu vengeur que sur le Dieu de miséricorde. Du point de vue liturgique, le lieu (le confessionnal), la durée (quelques minutes), le style (chuchotant) en faisaient le degré zéro de ce que doit être une célébration sacramentelle[1].

Les choses auraient largement évolué, puisque les *Éléments pour aider les confesseurs* rappellent que Jean-Paul II voit ce sacrement comme « source de réconciliation, de paix et de joie pour nous tous qui avons besoin de la miséricorde du Seigneur et de la guérison des blessures du péché ». Dans sa toute-puissance sociétale, l'Église a longtemps cherché à dominer ses ouailles, pour des raisons vraisemblablement éloignées du message du Christ. Dans quelle mesure sa

1. Citation extraite de l'article du père Michel Souchon, « Pourquoi ne se confesse-t-on pas directement à Dieu ? », *La Croix*, 16 juin 2011.

désaffection a-t-elle provoqué son changement d'attitude? Jean-Paul II déclarait en 1986:

> Le fait même qu'un grand nombre de personnes, pour diverses raisons, semble s'abstenir totalement de la confession, est signe qu'il est urgent de développer toute une pastorale du sacrement de la pénitence, en portant incessamment les chrétiens à redécouvrir les exigences d'une vraie relation avec Dieu, le sens du péché qui nous ferme à l'Autre et aux autres, le besoin de se convertir et de recevoir, à travers l'Église, le pardon comme don gratuit de Dieu et, finalement, les conditions qui permettent de bien célébrer le sacrement, en dépassant les préjugés à son égard, les fausses craintes et les pratiques routinières.

Message reçu du côté des prêtres interrogés par Vincent Mongaillard. Pour le père Jean, « il ne faut pas transformer le confessionnal en un tribunal ». Le père Cédric, lui, explique: « Mon but, c'est de relever la personne. Si elle sort plus triste qu'elle n'est arrivée dans le confessionnal, il faut que je change de métier. » Témoin de cette évolution, le père Alexandre se souvient: « Il y a soixante ans, quand j'étais gamin, [...] la moitié des femmes sortaient du confessionnal en pleurs, cette mainmise du clergé sur leurs mœurs m'a beaucoup marqué. » On peut même entendre de la bouche du père Daniel: « La confession n'est pas une séance de psychanalyse. Moi, je ne pose jamais de questions car celles-ci pourraient être chargées de reproche. Je reçois simplement une vérité. » Étonnante inversion des places, dans le sens où l'histoire de la confession est plutôt associée à la culpabilisation des pénitent·es, au contraire de la psychanalyse. En outre, les questions ne sont pas, en soi, des instruments de reproche. L'analyse de Maurice Bellet, fine et profonde, appelle à la vigilance celles et ceux qui pratiquent l'écoute : « On écoute pour séduire, manipuler, asservir, utiliser, faire mourir – faire taire [...]. On n'a pas de maîtrise directe là-dessus. Cela peut se glisser jusque dans l'écoute la mieux intentionnée et apparemment la mieux armée. »

Ceci dit, peut-on en savoir davantage sur les moyens de l'influence agissant à travers ce sacrement ? Selon les *Éléments pour aider les confesseurs*, « la reconnaissance et l'accusation complète de ses péchés devant le prêtre, avec simplicité et clarté, se font sous l'action de l'Esprit d'amour ». Susan Baur identifie quelques éléments concrets par lesquels se traduit, chez le psy, cet amour si difficile à définir :

> Un thérapeute est à la fois une amulette et un placebo. [...] La présence physique du thérapeute, lui serrer la main, toucher sa main, les médicaments « en cadeau », les massages rituels, tous ces signes sont des composantes connues de la guérison psychologique dans de nombreux pays, comme l'est la confession.

Le psy et le curé ne feraient-ils rien d'autre qu'être là, « amulette et placebo », dans un cadre ritualisé dont les composantes seraient un principe actif de l'intervention ? Ce qui produit le pouvoir thérapeutique échapperait au thérapeute lui-même, tout en lui étant profondément lié[1], et ne serait pas différent de ce qui se passe dans la confession.

---

1. Pour prendre l'exemple du serrage de main, je pense que ce n'est pas simplement de serrer la main à son psy qui est thérapeutique, c'est que cette poignée de mains se passe bien : que « ça le fasse » entre ces mains singulières, uniques, qui se rencontrent.

Dans le champ psy, la capacité à construire un cadre et à le faire respecter est considérée comme un élément majeur de compétence et un ingrédient actif de l'influence. Dans l'ouvrage *Psychothérapies*, Alain Blanchet explique : « La situation thérapeutique est avant tout un simulacre, elle permet au patient de représenter ses expériences voire de les rejouer dans un cadre qui lui permettra d'induire d'autres conclusions que celles auxquelles il avait abouti auparavant. » Toutefois, ajoute l'auteur, « la thérapie bénéficie [...] de ce sentiment d'intimité à condition que le thérapeute n'y cède pas ». Cette référence au sentiment d'intimité pouvant émerger entre patient et thérapeute au fur et à mesure des rencontres renvoie selon moi plus au risque de tomber dans une conversation ordinaire qu'à celui d'entamer une relation sexuelle. Est-il néanmoins possible de réfléchir dans ce sens ? Susan Baur souligne maintes fois que la relation sexuelle entre psy et patient mène à la fin de la thérapie, détruisant en général, mais pas toujours, le travail accompli. Après avoir étudié nombre d'histoires de relations sexuelles entre psys et patient·es, elle conclut que ce qui différencie ces relations relève éminemment du « type et [de] l'importance de la réflexion précédant le passage à l'acte ». Françoise Gil, de son côté, rapporte une anecdote citée par Grisélidis Réal : sollicitée par un client bloqué sexuellement – malgré quinze ans de psychanalyse – « elle le détend en parlant avec lui, essayant de cerner au plus près les raisons de son problème, puis en le massant ». Le client aurait fini par guérir grâce aux sessions avec Grisélidis Réal, qui lui a permis de se confronter à « ses représentations de la femme, et plus particulièrement de la mère », vraisemblablement en reproduisant avec lui une scène d'allaitement.

Je mentionne le détail des quinze ans de psychanalyse car, de façon générale, je crois difficile de savoir quelle approche fonctionnera le mieux pour quel patient. En outre, la demande initiale, qui est d'ailleurs rarement la véritable demande, évolue avec le temps. Cela me rappelle le conseil d'un prof de psycho : « Si vous voulez travailler avec un diagnostic, faites-le dans les toutes premières séances, parce que par la suite vous ne pourrez plus. » Pour quelle raison ? Car, au fur et à mesure des séances, l'être humain se révèle beaucoup plus complexe que tel ou tel diagnostic. Les portes d'entrée vers l'autre sont nombreuses. Lui attribuer un diagnostic en est une. Penser, comme Irvin Yalom, que « la relation *est* l'agent curatif », en est une autre. La façon de travailler issue de cette conception diffère immanquablement de la démarche diagnostique, dans laquelle on cherche à catégoriser l'autre plutôt que de travailler sur ce qui amène le patient à se sentir profondément accueilli, accepté, écouté : à partir de là, le patient pourra éventuellement avoir une image de lui-même un peu moins mauvaise, voire, peu à peu, se transformer.

La qualité de la relation, qui a commencé dès la première séance – voire dès la prise de rendez-vous –, ne peut être jugée par personne d'autre que les deux protagonistes. Cultiver cette perspective implique de faire au mieux pour lever les ambiguïtés, discerner les malentendus, prendre le risque du dévoilement, même du côté du psy. Cela ne veut pas dire que le psy raconte sa vie. Cela veut dire qu'il n'est pas neutre, et s'engage dans la relation. S'il est touché, ému, choqué, par ce qu'il vient d'entendre, il peut le dire. Parfois, il doit le dire, tant le patient est inconscient des horreurs qui ont traversé sa vie : le miroir tendu par le psy peut susciter un renouvellement du regard. Le patient peut se croire méprisable au plus haut point, là où le psy reconnaît des errances bien humaines.

Si le client de Grisélidis Réal n'avait pas fait, auparavant, cette psychanalyse, aurait-il été sensible au travail qu'elle lui a proposé ? Dans le cas présent, on peut supposer qu'une mise en scène a permis au client de vivre le fantasme d'être à la fois l'enfant et l'amant de sa mère. N'est-ce pas un passage à l'acte œdipien qui aurait pu aggraver l'état psychique de cet homme si celui-ci n'avait précisément déjà fait quinze ans de psychanalyse ? Il me semble hasardeux de conclure à la dimension thérapeutique de la passe avec un tel exemple, probablement exceptionnel. Ce qui rapproche psy et pute dépasse peut-être ces questions.

Françoise Gil relate le témoignage de Sonia Verstappen au sujet d'un client habituel ayant instauré, dès la prise de rendez-vous, un scénario dans lequel il essaie de la dominer, alors qu'elle se moque, ne se soumet pas. Ce simple énoncé montre à quel point ladite prestation peut aller au-delà d'un rapport client-fournisseur dénué de tout enjeu psychologique, où il s'agirait simplement d'être rémunérée contre service rendu. Comment la pute peut-elle garantir que cela ne dérape pas ? Dans l'article cité, Morgane Merteuil affirme que « le travailleur sexuel propose une prestation qu'il réalise avec son corps, mais il fait aussi travailler sa tête ! Il y a des choses qu'il accepte de faire, d'autres qu'il ne fait pas et, pendant la prestation, il garde à tout moment le contrôle de ce qui se passe ».

Garder le contrôle à tout moment me paraît être un vœu pieux. Je ne vois pas pourquoi ce serait davantage possible dans ce type de relation que dans un autre. Je soupçonne en revanche que l'importance de le souligner est liée, justement, à l'image d'une pute n'ayant aucun contrôle. Une femme dont l'homme pourrait disposer comme bon lui semble, quitte à la battre si elle résiste. Renversement de perspective pour les travailleuses du sexe. Elles ne se soumettent pas à leurs clients, et « travaillent avec leur tête ». Cette conception pourrait-elle fonctionner pour le psy ? Lui aussi est engagé physiquement et psychiquement dans la relation, lui aussi s'inscrit dans un cadre où il ne fait pas n'importe quoi. Quant au contrôle, si le patient est invité à dire ce qui lui vient, le psy peut-il se permettre de tout à fait lâcher la bride à ses émotions, à son corps, à ses mots ? Non. Dans ce sens, il doit garder un certain contrôle sur ce qu'il se passe.

Pour revenir au témoignage de Sonia Verstappen, comment l'acte se termine-t-il ? « Dans la seconde après sa jouissance, nous éclatons de rire tous les deux. D'où la preuve que nous étions vraiment dans un jeu de rôle, dans un jeu plus cérébral que physique. » La soumission-domination présente dans nombre de rapports sociaux est ici ramenée à un jeu, disparaissant dès celui-ci terminé parce qu'il est possible, là, de la vivre de façon différente. Certaines formes de psychothérapies font également du jeu de rôle un moyen essentiel de travail. Les psychanalystes Sándor Ferenczi et Otto Rank ont prôné l'intérêt pour le patient de « revivre dans l'actualité de la séance "le temps présent" de la reviviscence transférentielle[1] ».

L'écoute ne suffirait pas toujours. Un passage à l'acte, dans un cadre, serait justifié. N'est-ce pas au contact du téton de Grisélidis Réal jouant le rôle de sa mère que le patient devenu adulte a découvert « les vécus importants qui se dissimulent dans son inconscient » ? Néanmoins, j'imagine difficilement que la psychothérapie puisse aller jusque là où va la pute dans la mise en acte des affects de l'usager. Entre les dispositifs de la séance et de la passe persiste une différence irréductible dans le rapport au réel. Le patient, même s'il parvient à ne plus se regarder jouer à certains moments du jeu de rôle,

1. Selon Alexandre Har et Roland Jouvent, « Psychothérapies psychanalytiques », *in* Serban Ionescu et Alain Blanchet (dir.), *Psychologie clinique, psychopathologie et psychothérapie*, *op. cit.*

peut-il complètement oublier le cadre thérapeutique ? Le psy est garant de ce cadre et ne laissera pas un patient quitter la séance sans élaborer sur ce qui vient de se passer : il ne doit pas y avoir de confusion.

Alors, quel regard porter sur les témoignages des putes au sujet de ces clients qu'elles ont aidé à résoudre des problématiques sexuelles ? Se tromperaient-elles ? Les clients sont-ils vraiment moins en souffrance grâce à elles ? Peut-être s'agit-il d'exceptions, mais cela pose question. En quoi la relation sexuelle entre la pute et son client pourrait-elle être salutaire à celui-ci, au-delà du soulagement pulsionnel ? Cette interrogation renvoie à nouveau à la théorie selon laquelle la fonction thérapeutique est étroitement liée au cadre. Bien des éléments (vêtements, durée, prix de la séance…) contribuent à la construction du cadre, et à son influence sur le patient – c'est l'objet du chapitre suivant. Concernant sa dimension spatiale, voilà ce que l'on peut lire chez Alain Blanchet et Patrick Thomassin :

> Le cadre spatial des psychothérapies peut induire un certain effet sur le patient, indépendamment de ce que peut dire ou faire l'analyste, et avant même qu'il ait fait quoi que ce soit. […] D'ailleurs cet effet de cadre est bien connu des professionnels de la parapsychologie (voyants, mages, astrologues, gourous), qui ont systématiquement recours à une mise en scène de leur espace de travail (faible lumière, disposition d'objets insolites, rituels, costumes ad hoc, etc.), facilitant la mise en condition du client[1].

1. Alain Blanchet et Patrick Thomassin, « Pragmatique et psychothérapie », in *ibid.*

La relation sexuelle avec la pute peut-elle être thérapeutique, dans la mesure où celle-ci conçoit son cadre en fonction de cet objectif? Dans cette optique, ce n'est pas tant la relation sexuelle tarifée qui est thérapeutique ou pas, que la façon dont le cadre est construit et respecté. L'intention thérapeutique viendrait de la prise en compte par la pute du problème sexuel amené par le client.

Là où psy et patient sont cantonnés à la sphère langagière, et partagent l'hypothèse de la nécessité et l'efficacité de parler, verbaliser, au sujet de leur relation, sans jamais passer à l'acte, la pute et son client aux prises avec un problème sexuel considéreraient que l'efficacité thérapeutique peut résider dans le passage à l'acte. Susan Baur rappelle qu'à une époque récente certains psys avaient une approche similaire, en allant bien au-delà de l'écoute :

> Quand les mouvements d'auto-réévaluation, comme […] celui de l'Institut d'Esalen en Californie, montèrent en puissance, l'intimité sexuelle cessa d'être considérée comme un danger : on en fit au contraire un ingrédient actif des traitements, une sorte de complément. Durant ces années hippies, où, pour être en harmonie avec ses émotions, il fallait les laisser s'exprimer à tout moment, des thérapeutes charismatiques, tel que William Schutz, « libérèrent » leurs adeptes en faisant l'amour avec eux ; ils croyaient ainsi – naïvement peut-être – soulager et soigner les troubles émotionnels.

Les pionniers de la sexologie moderne William Masters et Virginia Johnson (respectivement gynécologue et psychologue) n'ont-ils pas flirté avec la frontière entre les métiers de psy et pute ? Gail Pheterson souligne le changement de perception associé à la femme passant, dans leur dispositif, de pute à auxiliaire thérapeutique : « Les partenaires de remplacement dans les thérapies sexuelles de Masters et Johnson, par exemple, sont élevées au rang des femmes "bien" du fait de leur statut professionnel de classe moyenne et de leur lien avec l'establishment scientifique mâle. » La mise à disposition pour une relation sexuelle dans un but thérapeutique permettait d'ôter toute suspicion de prostitution. Pourtant, la partenaire sexuelle de remplacement utilisait-elle d'autres compétences que la travailleuse du sexe ? Fixer le cadre n'était pas de son ressort, mais en quoi cette capacité à utiliser son corps de façon sexuelle en maintenant une distance professionnelle serait-elle différente dans les deux cas ?

Réciproquement, pourquoi n'y aurait-il rien de thérapeutique lorsque le prêtre ou le psy ont des relations sexuelles avec leurs usagers[1] ? L'hypothèse "est thérapeutique ce qui relève du cadre" est-elle valide ? Susan Baur rapporte que nombre de psys ont utilisé le passage à l'acte. Étaient-ils tous des agresseurs sexuels ou certains ont-ils sincèrement pensé que, à un moment donné de la thérapie, celui-ci pouvait contribuer à l'efficacité thérapeutique ? Selon les thérapies cognitivo-comportementales, dont l'approche de Masters et Johnson n'est pas éloignée, l'exposition au stimulus a une fonction thérapeutique. Parler ne suffit pas. Il faut se confronter à l'objet. Il pourrait donc être thérapeutique de coucher avec une pute.

Je continue pourtant à douter : certaines putes et leurs clients se font-ils croire que leurs rapports sexuels ont une fonction thérapeutique alors qu'il s'agit juste de décharge pulsionnelle ?

---

1. Je ne parle, bien sûr, que de relations sexuelles entre adultes.

Certes, le soulagement, ce n'est pas négligeable. Que des femmes se dévouent pour cela reste « admirable », comme l'exprimait Virginie Despentes en parlant de « charité » faite à ces hommes. J'ai parfois l'impression que certain·es patient·es m'utilisent pour se soulager, pas davantage. Est-ce thérapeutique ?

La question du soulagement ramène à celle de l'écoute : être écouté, accepté « inconditionnellement » (dirait Carl Rogers), n'est-ce pas un élément central de l'influence ? Le client de la pute qui se sent rejeté, même si celle-ci lui permet d'utiliser son corps, ne vit certainement pas son « soulagement » de la même façon que s'il était accueilli avec bienveillance. Dans une thèse de sociologie soutenue en 2013 et intitulée *De la conversion à la guérison. Puritanisme, psychothérapies, développement personnel*, Pierre Prades rapporte quelques conclusions du livre du psychiatre Henri Ellenberger, paru en français en 1974 sous le titre *Histoire de la découverte de l'inconscient*. En particulier, « l'efficacité de la thérapeutique repose sur la foi : celle que le sujet accorde aux pouvoirs du thérapeute, mais aussi la foi que ce dernier accorde à ses propres pouvoirs ». La question de la capacité thérapeutique de la pute se formulerait ainsi : se pense-t-elle capable d'aider le client, et le client la croit-il capable de l'aider ? Pierre Prades relaie également les conclusions d'une recherche menée par Jonathan Shedler, publiée en 2010 dans *American Psychologist* : « Le véritable "principe actif" [serait] la dimension affective de l'interaction entre le thérapeute et son patient. »

Accueillir, accepter les faiblesses de ceux qui les sollicitent, ferait partie des points communs principaux entre psy, pute et curé. Pour Sonia Verstappen :

> Il faut être putain et être au contact de ces hommes qui nous mettent à nu leur âme pour comprendre. C'est une expérience unique et je suis sûre qu'on vit des choses plus intenses qu'un psy parce qu'on a accès au non verbal. [...] Ce que j'aime chez mes clients, c'est justement leurs faiblesses, non pas parce que je me sens supérieure mais parce qu'ils m'émeuvent. C'est cette fragilité qu'ils doivent contenir à longueur de temps parce que la société, les femmes, les enfants demandent un homme solide professionnellement, un mari protecteur, un papa fort.

Françoise Gil a également remarqué que « les hommes qui fréquentent les travailleuses du sexe ne viennent pas seulement pour obtenir les satisfactions sexuelles qu'ils désirent avoir, ils viennent aussi se délester du poids des injonctions sociales à se comporter en dominant ». Je suis touché, moi aussi, lorsqu'un de ces hommes parvient à s'ouvrir, se mettre à nu dans mon cabinet. J'ajouterais que notre société ne demande plus cela seulement aux hommes. Nombre de patientes ne veulent pas montrer de faiblesses. Exigeantes avec elles-mêmes à l'excès, elles veulent assurer partout, tout le temps, et n'en peuvent plus.

Savoir agir, pouvoir agir

J'ai tenté, dans ce chapitre, de cerner les principales compétences sur lesquelles s'appuient la pute, le psy et le curé dans l'exercice de leurs fonctions. J'ai par moments effleuré la question du niveau de compétence. Parmi les trois métiers, celui de psy est le seul à être l'objet d'évaluation. Viendrait-il à l'esprit de quiconque de se lancer dans une étude de l'efficacité des pratiques prostitutionnelles et confessionnelles, avec pour but d'édicter ce qui doit être fait et comment le faire?

Dans le monde psy, ça existe. C'est même l'objet de virulents débats, pour des raisons ayant vraisemblablement peu à voir avec ladite efficacité[1].

Ceci dit, il est difficile d'échapper à la question de l'évaluation : à un moment ou un autre, le professionnel sera jugé pour sa prestation. Comment faire évoluer sa pratique ? À partir d'une définition de la compétence comme « savoir agir » doublé d'un « pouvoir agir » dans un contexte spécifique, Louis Toupin, docteur en sciences de l'éducation, identifie quatre approches de construction de la compétence : objective, axiologique, stratégique, subjective[2]. Les deux premières mettent l'accent sur le « savoir agir » et voient la compétence comme un état. Leur finalité est normative et globalisante. Les deux dernières approches, centrées sur le « pouvoir agir », voient la compétence comme un processus dynamique. L'approche subjective, dans laquelle je me situe, fait dépendre la compétence de la réflexivité du professionnel, c'est-à-dire de sa capacité à analyser et corriger ses actions. Ces caractéristiques se retrouvent dans la prostitution, observe Stéphanie Pryen :

> C'est la forte composante relationnelle mais solitaire de ce métier, la situation de face à face, toujours nouvelle même si elle est structurée, et la nature même des actes [...] qui nécessitent des « savoir-faire en actes », qui ne peuvent s'acquérir que sur le tas, par l'expérience, et par essais et erreurs.

1. Je pense aux enjeux économiques dans le sens où il y a un marché des thérapies, ou au désir de voir sa méthode favorite reconnue comme scientifique, ces deux raisons étant parfois liées.
2. Louis Toupin, « Les facettes de la compétence », *Sciences humaines*, hors-série n° 24, 1999.

L'approche subjective permet de développer le sentiment d'appartenance à une communauté, surtout lorsqu'il n'y a pas de diplôme ou d'institution et, plus encore, lorsque l'activité s'exerce en solitaire. L'acquisition des ressources impératives pour la réaliser repose ainsi sur une histoire collective. Car, toute subjective qu'elle puisse être, la compétence reste un objet socialisé. C'est d'autant plus évident dans un métier où la prestation ne peut avoir lieu que dans l'instant, dans l'interaction avec l'usager.

Stéphanie Pryen analyse ces différentes dimensions des compétences prostitutionnelles :

> Les savoirs et les compétences en question ne sont pas neutres. Ils constituent des enjeux sociaux, au cœur de rapports de pouvoir. D'une part, ils sont au centre d'une revendication de reconnaissance sociale quant à la « fonction publique » de la prostitution [...]. D'autre part, ils constituent des enjeux de différenciation interne : il y a une bonne manière d'exercer la prostitution et une mauvaise manière, une façon professionnelle de considérer cette activité et une façon non professionnelle.

Le champ psy est une bonne illustration de la tension entre l'individuel et le social, entre ce qui fait un bon psy au-delà de toute formation académique et la nécessité de ladite formation pour fabriquer un psy. Ultimement, le patient n'est-il pas le seul à même de juger si le psy qu'il est venu consulter a été bon pour lui ? La disposition à agir ne peut pas être évaluée hors de la situation où elle se manifeste. Je frémis toujours lorsque j'entends que telle ou telle technique – généralement présentée comme innovante – serait « enfin » efficace. La technicité scientifique et objectivante me semble étrangère au processus psychothérapeutique.

3
Cadre

Quelles doivent être les caractéristiques du cabinet du psy, de la chambre de la pute, du confessionnal du curé, afin que les objectifs de leurs prestations soient réalisés ? Voici l'analyse d'Alain Blanchet et Patrick Thomassin au sujet du cadre du psy :

> L'aménagement de l'espace du cabinet de thérapie, sa décoration, les règles concernant le déroulement temporel des séances, la formalisation du dispositif [...], et à la limite un certain style vestimentaire ou d'habitus corporel propre au thérapeute peut suffire à créer un climat thérapeutique favorable.

Voyons comment cela se manifeste plus précisément pour le psy, mais également pour la pute et le curé.

Des lieux à part

Quiconque a fait l'expérience d'une psychothérapie a éprouvé à un moment ou un autre une transformation brutale de son

> état émotionnel, au moment même de pénétrer dans l'espace thérapeutique [...], et avant même que la moindre parole ait été échangée[1].

Assurément, le phénomène est similaire lors de l'entrée du client dans la chambre de la pute, ou du pénitent dans le confessionnal. Arrivant enfin auprès de ce·tte professionnel·le dont il attend tellement, l'usager est pour le moins troublé. Et pas seulement la première fois. Certain·es patient·es avouent, après des mois de thérapie, continuer à stresser sur le trajet vers le cabinet, puis dans la salle d'attente, et en début de séance plus que tout. Cela est certainement lié au dévoilement intime impliqué par la démarche – j'y reviendrai dans la partie dédiée à la relation –, mais cela peut-il également dépendre des dispositifs spatiaux ? En quoi leurs modalités sont-elles propres à participer à l'influence à laquelle l'usager se soumet ?

Prenons le cas du divan. Pourquoi le psychanalyste s'assied-il hors de la vue du patient ? Par sa plus grande absence possible, permet-il au patient de se déployer, d'exprimer sa honte sans craindre de croiser un regard ? Peut-il au contraire pousser le patient à se sentir jugé, persécuté, par cet œil capable de l'observer en surplomb ? Adela Abella, psychiatre et psychothérapeute, identifie une fonction du divan : « La réduction des stimulations sensorielles et de la motricité (similaire aux conditions du sommeil) a comme fin de ne laisser aux poussées de l'inconscient d'autre issue que la représentation[2]. » La

---

1. Alain Blanchet et Patrick Thomassin, « Pragmatique et psychothérapie », *in* Serban Ionescu et Alain Blanchet, *Psychologie clinique, psychopathologie et psychothérapie*, *op. cit.*
2. Adela Abella, « Différentes conceptions du cadre en psychanalyse et en psychothérapie », *Le Carnet PSY*, n° 194, 2016.

position allongée entrave les mouvements les plus instinctifs comme le détournement du regard, le recul, les gestes brusques, mais aussi le rapprochement physique dont nous avons vu qu'il n'avait a priori pas sa place dans le cadre d'une consultation. La règle d'abstinence, partie intégrante de ce dispositif, vient renforcer l'interdiction du passage à l'acte. Au-delà du ressenti, seul ce qui est pensé, élaboré, est ici considéré comme transformant.

Le psychanalyste est invisible, comme le curé dans la confession traditionnelle. Peut-on faire un parallèle entre divan et confessionnal classique ?

Le dispositif traditionnel de confession est constitué d'une cabine à trois places, le curé se tenant dans celle du milieu, dotée de chaque côté d'une cloison pourvue d'une petite grille pouvant être obstruée, afin que quelqu'un d'autre puisse préparer sa confession. Les prêtres interrogés par Vincent Mongaillard affirment que les confessionnaux traditionnels, contrairement aux injonctions institutionnelles, ne sont plus utilisés. En tout cas, pas pour des confessions : « On y a surpris des trafics de drogue ou des couples venant assouvir un fantasme. » Le journaliste recueille de multiples entorses à la règle du confessionnal. Les prêtres évoquent les lieux où ils ont été amenés à recueillir des confessions, de la voiture à la sortie de concert, du quai de métro au voisin dans le train… Il y a parfois urgence pour le pénitent : « Il ne faut jamais reporter à plus tard ce sacrement. Parce que dans deux heures, le croyant n'aura peut-être plus l'audace de franchir le pas. Et on rate alors un client ! »

Le confessionnal traditionnel reste pourtant vivement encouragé par le Vatican. Le *Code de droit canonique* publié en 1983 indique :

> Can. 964 - § 1. Pour entendre les confessions sacramentelles, le lieu propre est l'église ou l'oratoire. § 2. En ce qui concerne le confessionnal, la conférence des Évêques établira des règles, en prévoyant toutefois qu'il y ait toujours dans un endroit bien visible des confessionnaux munis d'une grille fixe séparant le pénitent du confesseur et dont les fidèles qui le désirent puissent librement user. § 3. Les confessions ne seront pas entendues en dehors du confessionnal, à moins d'une juste cause.

Pourquoi le confessionnal doit-il être « dans un endroit bien visible » ? Est-ce afin que le pécheur désirant se confesser le trouve facilement ? En quoi cela est-il compatible avec la garantie d'anonymat du pénitent que ce dispositif est censé permettre, notamment dans les petites églises et les petites paroisses ? Caroline Muller souligne à quel point, au XIXe siècle, la confession et la direction de conscience sont à la fois privées, par la relation entre pénitent et confesseur, et publiques, par le regard sociétal porté sur les protagonistes. Plus encore, si ce n'est dans le confessionnal lui-même, l'environnement ne peut permettre l'anonymat :

> Aller se confesser, c'est en outre accepter de partager l'attente d'autres personnes dans l'espace de l'église et la file d'attente du confessionnal. Cette attente donne l'occasion de s'observer mutuellement, voire de tendre l'oreille pour écouter le murmure de la conversation.

Certaines salles d'attente de psychanalystes pratiquant des séances à durée variable mettent elles aussi simultanément plusieurs patients en présence. Alors, si l'anonymat du pénitent n'est pas la seule raison, dans quel objectif le curé se place-t-il derrière la grille ? Se faire oublier, afin que le pécheur s'adresse directement à Dieu ? Permettre au pénitent de se soustraire au regard de cet autre bien réel, de l'autre côté de la cloison ? Il est difficile d'avouer. Il peut être moins ardu d'avouer face à un mur, tout en se sachant écouté. Il y a quelqu'un, là tout près, témoin de cette démarche et réceptacle de la parole, de l'aveu. Là réside une similarité entre divan et confessionnal.

Ce dispositif est néanmoins étrange en ce qu'il met deux corps dans une proximité telle qu'elle serait peu supportable s'ils n'étaient isolés par la cloison, à peine ajourée sur quelques centimètres carrés afin de permettre aux voix, ou plutôt aux murmures, de passer. En contradiction avec cette proximité physique, l'église amplifie les sons. Vincent Mongaillard signale que, autrefois, « quand un passant circulait dans l'allée, il était de tradition de se boucher les oreilles afin de respecter l'intimité des conversations ». Le dispositif exerce sur le curé comme le pénitent ou la pénitente une contrainte telle que tout passage à l'acte est supposé impossible, alors même que l'intérieur du confessionnal instaure l'intimité entre deux corps pris dans des boîtes minuscules, à peine séparées, laissant filtrer soupirs, chuchotements, odeurs. Concilier intimité – notamment grâce à une pièce dédiée, insonorisée, confidentielle – et abstinence, voire provoquer leur cohabitation, n'est-ce pas également le propre du divan ?

D'autres pratiques existent, en psychothérapie comme dans la confession. Adela Abella examine par exemple les « écoles intersubjectivistes [où] l'accent est mis sur l'idée que la relation analytique est co-construite par le patient et par l'analyste ». Qu'en est-il alors du cadre externe, dont le dispositif spatial est un des éléments principaux ? « Peu rigide », conclut l'autrice au sujet de cette approche marquée par « l'impossibilité et l'inutilité de la neutralité de l'analyste» (telle que conçue par la psychanalyse classique). Les dispositifs spatiaux sont-ils pour autant très variés au sein de l'approche relationnelle en psychothérapie? Probablement pas, dans le sens où le patient est en général assis, tout comme le psy. Les fauteuils sont identiques ou pas, plus ou moins l'un en face de l'autre. Tout cabinet est unique: le psy y imprime sa patte, quand bien même il voudrait en révéler le moins possible sur lui-même. J'aime cette mise en garde de Georges Devereux: «Le patient apprend beaucoup sur l'analyste à partir des tentatives que celui-ci fait pour se "cacher"[1]... » J'ai vu des cabinets en libéral tellement neutres que l'on aurait dit des cabinets d'institution, avec parfois un bureau séparant le psy du patient. Comment un tel psy envisage-t-il la relation thérapeutique au patient?

Pour ce qui est de la confession, le concile Vatican II (1962-1965) autorise désormais les curés à pratiquer en face à face[2]. Quels effets ce changement de dispositif a-t-il sur les protagonistes? Il éloigne les corps, et en retour autorise le regard mutuel. Comme le divan, le confessionnal classique permet de ne pas se confronter au regard de l'autre, potentiellement craint par l'usager. Il me revient le souvenir d'une patiente m'ayant demandé, une fois, si elle pouvait déplacer son fauteuil jusqu'à me tourner le dos: ce qu'elle avait à me dire la gênait terriblement. Par ailleurs, en face à face, le patient peut

1. Georges Devereux, *De l'angoisse à la méthode dans les sciences du comportement*, Flammarion, 1980.

2. Deux réserves à cette comparaison entre face-à-face dans le cadre de la confession et face-à-face en thérapie: habituellement, le curé est sur une chaise et le pénitent à genoux sur un prie-Dieu. De plus, l'usage du confessionnal classique garderait la préférence de certains pénitents, alors que le face-à-face serait surtout développé pour l'accompagnement spirituel.

être tenté d'interpréter tout comportement non verbal de la part du professionnel… « Je ne regarde jamais le pénitent dans les yeux, je ne veux surtout pas qu'il puisse aller voir dans mon regard, qui peut nuire à l'espace de liberté, un soupçon de jugement », dit le père Hubert. Je crois surtout important de pratiquer en cohérence avec sa vision du processus : avoir une approche relationnelle requiert de ne pas chercher à se dissimuler. Si des émotions me traversent, à moi d'en avoir conscience et de les verbaliser si cela me semble pertinent, plutôt que de laisser le patient s'égarer dans des hypothèses interprétatives au sujet de mes expressions faciales. Cela peut de surcroît aider le patient à formuler ses émotions, d'une part parce que mon comportement indique que les montrer, voire les exprimer à un autre, est autorisé dans cet espace, et d'autre part parce que le patient manque parfois de mots.

L'autorisation par l'Église du dispositif de confession en face à face est-elle une tentative d'adaptation à une époque de désaffection du catholicisme ? Si l'intimité des souffles dans le confessionnal classique pouvait poser certains problèmes, la cloison assurait l'absence de passage à l'acte. Qu'en est-il lorsque les corps sont en présence l'un de l'autre, dont l'un est censé être abstinent, tandis que ce corps face à lui peut procurer au curé des émotions difficilement avouables ? Le transfert érotique peut bien sûr aussi se produire au sein du cabinet, mais aucune règle professionnelle ne contraint le psy à l'abstinence hors de celui-ci. Dans un ouvrage de 1845, *De la confession et du célibat des prêtres*, Francisque Bouvet, écrivain, journaliste et homme politique, rappelle que les premiers siècles de l'Église n'exigeaient pas le célibat des prêtres. Plus encore, les effets de la propagation de l'ascétisme en Occident et la prise de position officielle des Pères de l'Église pour le célibat des prêtres furent à l'origine de « concubines substituées aux épouses, que l'on appela Agapètes ou bonnes amies [...], ces femmes pieusement sousintroduites (*sic*) pour le soulagement du célibat». La confession soumet le prêtre à la tentation. La grille du confessionnal serait-elle avant tout un pare-excitation? Faisant la promotion du confessionnal classique en 2014, le père Carota, un traditionaliste américain, le soutenait: «Nous, les prêtres, sommes humains, et que le pénitent soit physiquement trop proche dans le confessionnal peut provoquer la tentation.» À l'opposé de cette tradition existe une alternative consistant en une pièce insonorisée aux cloisons transparentes. Les deux protagonistes se font face et tout le monde peut les voir. La dimension relationnelle du dispositif devient prédominante, comme le permet le face-à-face dans le cabinet du psy.

Concernant le dispositif spatial utilisé par la pute, la documentation est rare. En 2018, un reportage de Sarah Jelassi à Genève montrait des chambres dans un lupanar, révélant l'attention portée à l'équipement en fonction des goûts des clients, des types de pratiques, allant du jacuzzi à l'instrument SM, en passant par le lit incrusté à l'arrière d'un pick-up. En Suisse, les putes ont le droit d'exercer dans des maisons closes (contre rétrocession d'un pourcentage de leurs gains). Une chambre n'est donc pas représentative de telle ou telle pute puisque chacune est louée à la demande. Dans le cas d'une pute indépendante, en revanche, on peut supposer la présence d'un lit et d'une décoration reflétant sa personnalité, voire son type de pratique. De la même manière, le dispositif spatial du psy viendrait refléter le type de relation que le patient espère avoir avec le thérapeute. Parfois, des patients commentent d'entrée l'aménagement de mon cabinet, le trouvant «chaleureux», adjectif vraisemblablement destiné à qualifier leurs attentes relationnelles.

Remarquons enfin que le divan peut être vu comme un croisement du confessionnal traditionnel, dans lequel l'usager est hors de la vue de celui auquel il se livre, et du lit, dans lequel l'usager s'allonge auprès de la pute.

Temporalités

Quelle est la durée de la séance/passe/confession ? Elle semble du même ordre dans les trois situations, un peu en deçà d'une heure, mais peut nettement varier. Chez la pute, la passe peut atteindre plusieurs heures si le client en a les moyens financiers, ou se limiter à une dizaine de minutes… Une durée similaire à celle parfois pratiquée par des psys d'obédience lacanienne, et à celle d'une pratique de la confession apparemment disparue depuis Vatican II. Vincent Mongaillard rapporte qu'elle est parfois revendiquée :

> Une confession « normale » prend « environ 5 à 10 minutes » selon la paroisse parisienne Saint-Louis d'Antin spécialisée dans cette pratique en mode express en raison des embouteillages. « Pour permettre au plus grand nombre de personnes de pouvoir se confesser, être clair, succinct, sans s'épancher : le spirituel n'est pas le psychologique ! » prévient son site internet.

La raison de la brièveté de ces confessions relève-t-elle de cette différence entre spirituel et psychologique ? Pourquoi les enjeux spirituels pourraient-ils être expédiés si rapidement ? On pressent le besoin d'efficacité pour ces prêtres parisiens comme pour leurs pénitent·es, friand·es de ce « mode express ». Et s'il y a de l'attente ? C'est « le temps que Dieu vous donne pour préparer votre confession ». Ce procédé pourrait être vu comme une incitation à l'autonomie. Le rôle du curé se limiterait à recevoir les aveux, la contrition, et donner l'absolution. Qu'en est-il de la relation dans ce cas? Les curés pratiquant la confession longue en connaissent les effets:

> Dans les paroisses rurales qui ne croulent pas sous la demande, les prêtres ne poussent jamais leurs candidats au repentir vers la sortie. «Je n'aime guère les confessions à la queue leu leu. Je préfère quand on peut prendre son temps. Avec moi, ça dure parfois une bonne heure», confie le père Alexandre. «Les gens veulent une vraie rencontre, pas une séance de deux minutes! Ils sont dans une démarche de profondeur», constate le père Alexis. Il faut, en effet, de longues minutes pour créer un climat propice aux aveux.

La durée aurait un rapport avec le résultat. Peut-être quarante-cinq minutes environ permettent-elles au plus grand nombre possible d'usagers – tous ne sont pas égaux devant la question – d'oublier quelques instants qu'ils sont dans un cadre temporel borné. «Il y a dans l'érotisme une révolte de l'instant contre le temps, de l'individuel contre l'universel», écrit Simone de Beauvoir dans *Le Deuxième Sexe*. Si l'intensité du rapport sexuel peut décharger du poids du temps qui passe, et offrir au client de la pute une pleine présence au présent, la relation à l'autre dans la séance psychothérapeutique ou dans la confession peut également suspendre la perception de l'écoulement du temps. «Déjà? Je n'ai pas vu le temps passer aujourd'hui!» lâche parfois un·e patient·e à l'annonce de la fin de séance.

Lorsque la relation entre professionnel·le et usager devient régulière et fréquente, sur une longue durée, quelles en sont les conséquences?

Spécificité par rapport aux usagers des psys et des putes, les pratiquant·es de la religion catholique sont incité·es à se confesser dès l'enfance. On peut y voir un instrument de conditionnement social – même si, dans les faits, la plupart des fidèles se confessent assez rarement. La relation au curé, dans l'acte de confession, est construite très tôt, disposant l'usager à devenir un « client captif ». Sans doute en lien avec la sécularisation de notre société, la pratique de la confession disparaît au fur et à mesure que l'enfant grandit, avec un rejet fréquent au moment de l'adolescence, pour réapparaître parfois à l'âge adulte, dans une dynamique de choix et non plus de soumission. L'*Abrégé de la doctrine chrétienne* paru il y a bientôt un siècle relevait déjà l'importance de la relation entre confesseur et pénitent : « Tout en ayant la liberté de choisir le confesseur que l'on veut, il est bon de s'adresser toujours au même, pourvu qu'il soit instruit, sage et prudent. »

La fréquence habituelle de confession serait aujourd'hui trimestrielle, soit bien inférieure à celle d'une psychothérapie. Je rapprocherais cela de l'horizon dans lequel l'entreprise se déploie : la pratique de la confession durant toute la vie, une fréquence hebdomadaire paraît difficilement tenable, contrairement à l'usage habituel pour une psychothérapie[1], dont la durée totale s'étend, actuellement, sur quelques années, ce que je crois indispensable pour construire une relation. Des exceptions reviennent pourtant à ma mémoire. Telle patiente ne m'ayant consulté qu'une dizaine de fois et dont j'ai eu la surprise de recevoir un appel, un an plus tard, pour me remercier des changements que mon soutien lui avait permis d'opérer dans sa vie. Je considère très partiel le travail dans

1. Je n'ai pas en tête ici les thérapies brèves centrées sur un symptôme, mais celles qui prennent en charge le patient plus globalement et durablement.

ces situations, en particulier sur le plan de la transformation. Malgré tout, je ne peux savoir ce que le patient trouve auprès de moi.

J'ai mentionné en début de livre la décision de ne parler que des putes indépendantes, alors que la diversité des situations de prostitution est grande. Qu'en est-il du côté des clients? Françoise Gil rapporte l'analyse de Sonia Verstappen, distinguant les clients de passage des habitués:

> Un client de passage cherchera plus une femme comme simple objet de désir, qui pourra illusoirement répondre à tous ses fantasmes. Tandis que les habitués retourneront à chaque fois voir la même femme en attendant aussi qu'elle les rassure en les reconnaissant et en ayant déjà su identifier leurs attentes et leurs besoins.

Je connais ce patient qui espère trouver la réponse auprès de moi, rapidement. Il va de thérapeute en thérapeute, désespérant que pas un seul ne soit capable de le sauver. Je connais ce regard, cette attitude du patient pressé qui ne me voit pas, qui voit seulement l'objet psy que je représente. Ce type d'usager existe aussi côté confessionnal: certain·es pénitent·es changent régulièrement de confesseur. Le père Denis le confirme: « Les trois quarts des pénitents que je confesse sont des inconnus. Dans les grandes villes, ils aiment zapper de confesseur. » Une autre raison éclaire le comportement de ce type de pénitent·e: difficile de se confesser au curé fréquenté lors d'autres activités paroissiales. Même si le contenu de la confession reste secret, le père Arnaud admet que « quand on connaît le prêtre, c'est plus difficile, il y a toujours de l'amour-propre ». Notons que ce témoignage atteste de l'absence d'anonymat du pénitent lors de la confession. D'ailleurs, s'il y avait anonymat complet, comment pourrait-il y avoir construction d'une relation ? Peut-être que, justement, l'usager de passage ne croit pas à l'importance de la relation, alors que ses difficultés relationnelles sont parfois flagrantes.

Le psy peut apaiser le patient en quelques séances, le temps que celui-ci vide son sac. Cette opération procure à celui-ci un sentiment de soulagement, et à celui-là un sentiment de gratification – éphémère. Le pénitent peut tomber dans la confession compulsive, prévient le père Laurent : « Certains ont un rapport aux péchés très pathologique. Ils n'ont plus le discernement nécessaire. On leur donne l'absolution mais ça ne leur suffit pas. Dans l'heure qui suit, ils déboulent chez un confrère. Entre prêtres, on peut s'alerter. »

C'est tout différent avec les habitué·es. Le tissage de la relation me permet de les connaître et de les reconnaître. J'adopte des modes de communication variables selon chacun. Eux me connaissent aussi de mieux en mieux. Leurs réactions à mon égard me font quelquefois réaliser à quel point ils peuvent lire en moi. Loin de vouloir m'en défendre, je garde en tête que la fidélisation du patient n'est pas à craindre, pour autant que l'on soit conscient que l'on se cache avant tout de soi-même. « Chez les adultes, ceux qui se confessent régulièrement ont un désir de droiture », remarque le père Hervé. Le pénitent convaincu de l'importance de la relation est engagé sur le long terme. La confession est un sacrement de réconciliation : la question du péché est relationnelle. Alors, note Françoise Gil, si « faire d'un client occasionnel un habitué est considéré comme une performance ou la marque de l'habileté du travailleur sexuel », la fidélisation de la patientèle pour un psy est tout aussi valorisée et renvoie à sa capacité à nourrir la confiance intrinsèque à la relation curative.

Bien que j'en reparle plus loin, je voudrais signaler dès maintenant que la fidélisation ne recouvre pas les mêmes enjeux pour le psy, le curé et la pute. Le psy et la pute ont besoin de leurs usagers pour gagner leur vie. Toutefois, le psy ne cherche pas à retenir le patient au-delà de ce qui lui est nécessaire, car l'objectif est que celui-ci puisse se passer de lui. Cette relation doit avoir un terme. Ce n'est pas le cas pour la confession puisque l'homme sera, pour toujours et à jamais, pécheur sous l'œil de Dieu. C'est encore différent pour la pute. Voici ce qu'en dit Grisélidis Réal : « Moi je reçois des hommes charmants, et très fidèles… Je tiens à les garder, j'ai besoin d'eux pour vivre, eux ont besoin de moi pour leur santé. C'est un échange humain positif, personne n'y perd. »

Vêtement

Autre élément essentiel participant à l'identification et la délimitation des contours de chaque pratique : le vêtement.

Dans sa forme traditionnelle, en particulier sous le pontificat de Pie XII (1939-1958) l'imposant au clergé, le curé est vêtu, hors célébration liturgique, d'une soutane noire avec un col romain. Mais lorsqu'il pratique le sacrement de réconciliation, rapporte Vincent Mongaillard, « le confesseur est souvent habillé de l'aube [et] d'une étole, cette longue écharpe symbolisant le fardeau de l'Évangile que le ministre du culte porte sur ses épaules, "attelé" à la tâche confiée par le Christ lui donnant force et pouvoir ».

L'histoire du vêtement du prêtre est traversée par de nombreux débats. À la fin des années 1950 apparaît le *clergyman*, « composé d'une veste de couleur sombre et d'une chemise fermée par un col romain […], concession faite aux prêtres qui devaient voyager[1] ». Cependant, les prêtres n'échappent pas au mouvement de libéralisation des mœurs de la décennie suivante, qui envoie valser les soutanes. Dans la société civile arrivent les prêtres-ouvriers. Le curé peut pratiquer la confession habillé en civil, et celle-ci ne s'accomplit plus automatiquement dans le confessionnal. Céline Béraud écrit à ce sujet :

> Symboliquement, c'est l'obligation du port de la soutane qui est abandonnée dès 1962 dans le diocèse de Paris. Ces revendications participent toutes de la même volonté de « se fondre dans la masse » et d'en finir avec le traitement quelque peu infantilisant que leur assure l'Église.

Cinquante ans plus tard, la situation a bien changé. Il n'est plus question de se fondre dans la masse, mais de s'en distinguer. « Alors que les chandails en ville se font (plutôt) vieux, le col romain est LA vraie tendance *fashion* des prêtres de l'Hexagone », repère Chloé Andriès, journaliste au *Nouvel Obs*, en 2012. Dans *Le métier de prêtre*, Céline Béraud mentionne le regain d'intérêt pour le vêtement traditionnel. Elle en fait également le témoin d'une évolution sociétale prenant racine dans les motivations personnelles :

> À un moment où la vocation ministérielle est devenue statistiquement rarissime, celle-ci s'impose forcément comme un choix individuel assumé et non comme le fruit d'une pression sociale. [...] Par l'austérité et le refus des modes vestimentaires qu'il manifeste, le port du col romain accompagné d'habits de couleurs

1. Andrea Tornielli, *La Stampa*, « *Bertone : l'abito fa il prete* » (« Cardinal Bertone : l'habit fait le prêtre »), 2012.

> sombres, participe de l'ascèse sacerdotale [...]. De plus, alors que le port imposé de la soutane avait pour objectif de faire disparaître l'individu derrière sa fonction et son corps d'appartenance, porter librement le col romain est un moyen de faire apparaître socialement une institution aujourd'hui largement invisible.

Depuis, le retour de la soutane a été fermement encouragé par le Vatican. Si le *Directoire pour le ministère et la vie des prêtres*, publié en 2013, fait de l'habit ecclésiastique « le signe extérieur d'une réalité intérieure », il le définit aussi comme le « signe sans équivoque de son dévouement et de son identité de détenteur d'un ministère public ».

En tant qu'uniforme, la soutane peut être utilisée comme signe d'autorité. Réduisant l'individu à sa fonction, l'uniforme rend le cadre visible. Qui pense à l'individu derrière l'uniforme ? Pour le professionnel, c'est une barrière le séparant des civil·es. Cette fonction de protection n'a pas échappé au Vatican, pour lequel « porter un habit clérical est, en outre, une sauvegarde pour la pauvreté et la chasteté ». Pourtant, l'uniforme peut susciter bien des fantasmes... La soutane permettrait-elle au curé d'éviter d'être soumis à la tentation s'il se fait aborder ? Il m'a amusé d'apprendre que le col romain était surnommé « préservatif » par certains intéressés, car il est censé servir de signalétique : « Ne pas toucher ! »

Si, pour la pute, il n'est pas question d'uniforme, celle-ci est également priée de se signaler. Gail Pheterson rappelle combien cette tradition est ancienne :

> La ligne de démarcation entre ce qui est excessif et ce qui est acceptable a toujours servi à distinguer les femmes impudiques des femmes chastes. À diverses périodes, et déjà il y a plus de

mille ans, on a ordonné officiellement aux prostituées de s'habiller d'une certaine façon. Que ce soit par des bijoux, un certain type de chapeaux ou par une couleur spécifique, elles devaient se rendre identifiables.

À notre époque, la pute revêt généralement des attributs de féminité mettant en valeur ses formes, montrant sa nudité le plus possible, à l'exact opposé du curé. Virginie Despentes offre une analyse percutante des conséquences de cet accoutrement :

> La première fois que je sors en jupe et talons hauts. [...] J'ai tout de suite aimé l'impact que ça me donnait sur la population masculine, avec le côté exagéré, limite grosse farce, changement de statut notoire. J'étais jusqu'alors une meuf quasi transparente, cheveux courts et baskets sales, brusquement je devenais une créature du vice. [...] Mais j'ai aussi tout de suite craint cette importance, justement, qui dépassait mon entendement, mon contrôle. L'effet que ça faisait à beaucoup d'hommes était quasiment hypnotique. [...] Partout, attirer les regards d'affamés, être incroyablement présente. Détentrice d'un trésor furieusement convoité, mon entrecuisse, mes seins, l'accès à mon corps prenait une importance extrême. Et il n'y a pas que les obsédés à qui ça faisait cet effet. Ça intéresse presque tout le monde, une femme qui prend l'allure d'une pute.

Habituellement, analyse Françoise Gil, les attributs vestimentaires répondent à des critères déterminés en fonction du type de client :

> La prostituée met son corps en scène sciemment, non seulement pour indiquer la nature de son activité, mais aussi pour suggérer

une forme d'érotisme recherchée par le client, afin de l'attirer. Les techniques utilisées varient selon la demande à laquelle on s'expose. Les vêtements portés sont des indicateurs sur le type de préférences physiques et de fantasmes des clients.

La pute doit montrer de quelle sorte elle est. De luxe ? La fourrure est de mise. Sado-maso ? On retrouve le noir de la soutane, associé à des matières telles que le cuir ou le latex. Au-delà des vêtements, « les postures du corps, les façons de se tenir, les démarches sont bien sûr des mises en scène caractéristiques. [...] Ces postures doivent être explicites et immédiatement compréhensibles pour les passants ».

Les psys ne se préoccupent aucunement de faciliter leur identification en fonction dudit « vêtement de travail ». Lorsqu'on consulte un psy, on prend rendez-vous, on se rend à son cabinet : nul besoin qu'il porte une tenue particulière. Toutefois, porter des vêtements dédiés peut contribuer à son cadre de travail, en distinguant ses espaces de vie. En outre, les luttes entre courants thérapeutiques, dont le patient n'a souvent que faire, peuvent se manifester jusque dans les apparences et attitudes. Le vêtement peut permettre aux différents professionnels de se reconnaître entre eux, et partager ce qui ne peut pas être partagé avec ceux qui n'en sont pas. Dans quelques lignes pleines d'humour, Tobie Nathan écrit :

> Derrière la bonhomie de tel professionnel de la psychothérapie, un tant soit peu rondouillard et barbu, naturellement vêtu de noir, l'œil exercé reconnaîtra aisément l'enseignement de la non-directivité de l'école « rogérienne ». [...] Si, en revanche, il présente d'emblée un visage fermé, manifeste sa mauvaise humeur après quelques minutes d'entretien, comme s'il pensait que tout ce que dit le patient n'était que tissu de mensonges, il

s'agit probablement d'un psychanalyste affilié à l'un des innombrables groupuscules lacaniens.

Secret

Ce sujet renvoie d'abord à la circulation de l'information entre ce qui est échangé à l'intérieur du cabinet, de la chambre ou du confessionnal, et ce qui peut en sortir. L'usager prend le risque du dévoilement car il sait que sa mise à nu ne sera pas portée en place publique. Ni le psy, ni la pute, ni le curé ne dévoilent ce qui leur a été confié. Pourquoi cela semble-t-il aller de soi ? On connaît le secret médical. Dans les affaires judiciaires, il est légalement question de secret. Mais dans les cas présents ?

Le code de déontologie des psychologues fait référence à plusieurs reprises au secret professionnel. Son premier principe affirme que le psychologue « préserve la vie privée et l'intimité des personnes en garantissant le respect du secret professionnel ». Ce code de déontologie n'a cependant aucune valeur légale. Il n'existe pas d'ordre des psychologues à même de prendre des sanctions contre un psychologue ne le respectant pas. En revanche le psychologue est soumis à l'article 1382 du code civil : « Tout fait quelconque de l'homme, qui cause à autrui un dommage, oblige celui par la faute duquel il est arrivé à le réparer. » La diffusion d'informations par le psychologue, dans le cas où elle causerait un préjudice à une personne qu'il reçoit, serait passible de poursuites au civil.

Le cas de la pute est différent en ce qu'elle n'est pas tenue au secret sur le plan déontologique. Elle peut néanmoins recevoir des secrets : les fameuses « confidences sur l'oreiller ». Il y a d'ailleurs des histoires de putes ayant été agentes de renseignement (Mata Hari !). On pourrait se contenter de la remarque de Grisélidis Réal : « J'estime que ce secret professionnel est tacite entre la prostituée et son client. On n'échange pas son identité avant de se mettre au lit ! » Mais si ce qui est dit à la pute reste secret, cela tient vraisemblablement à son statut dans la société. Sa parole en est décrédibilisée. À travers la notion de « savoir coupable », Stéphanie Pryen montre en quoi la nature du secret diffère dans ces trois métiers :

> Si l'on peut comparer le savoir coupable des prostituées à celui du prêtre ou du psychanalyste, une différence reste essentielle : ces derniers sont explicitement autorisés à entendre les secrets des pécheurs et des patients, alors qu'on ne reconnaît pas explicitement la nature des secrets des clients que les personnes prostituées ont à entendre. [...] La relation prostitutionnelle n'est pas seulement le lieu d'échange d'un savoir coupable, [elle] est également le lieu de sa production.

S'il portait plainte contre la pute, le client devrait avouer qu'il recourt à ses services. Or la sollicitation est un délit, sanctionné pénalement. Et le client en a le plus souvent honte. Selon Gail Pheterson, « nombre de putains sont convaincues que si les hommes réduisent agressivement au silence les prostituées dans la loi et dans la vie sociale, cela provient de leur peur d'être démasqués par les révélations qu'elles pourraient faire ».

Qu'en est-il pour le curé ? Le *Code de droit canonique* précise que « le secret sacramentel est inviolable ; c'est pourquoi il est absolument interdit au confesseur de trahir en quoi que ce soit un pénitent, par des paroles ou d'une autre manière, et pour quelque cause que ce soit » (Can. 983 - § 1). Plusieurs autres articles viennent souligner à quel point aucune circonstance ne saurait autoriser le confesseur à dire ce qui lui a été confié. Néanmoins, relève Vincent Mongaillard, si le pénitent avoue un crime, le prêtre peut « [l'encourager fortement] à se dénoncer à la police ». En France, la justice garantit le secret professionnel, et donc de la confession, sauf lorsqu'il s'agit de révéler « de bonne foi » la détention d'une arme ou la volonté d'en acquérir une, ou bien des violences physiques, sexuelles ou psychiques exercées sur un·e mineur·e, au sein du couple ou sur une personne qui n'est pas en mesure de se protéger en raison de son âge ou de son incapacité physique ou psychique[1].

Si le secret a toute latitude à être exposé dans l'intimité, cela n'implique pas qu'il le soit aisément. Comment avouer des secrets que l'on ose à peine regarder ? Savoir que cela deviendra un secret partagé peut y aider. Pour José Luis Goyena, « l'intime et le secret représentent des aspects sains et malades de l'analysant [...]. L'analysant vit à chaque séance une alternative, un balancement, entre sa capacité à vivre une expérience intime (l'analyse) et le retrait et le silence que lui impose le secret. » Je me trouve régulièrement face à des patient·es, pris·es dans leurs peurs et leurs hontes, faisant précéder leur aveu du préambule : « De toute façon, ça ne sort pas d'ici, n'est-ce pas ? » Tous les secrets peuvent être dévoilés dans ces trois espaces intimes puisqu'ils sont censés y rester. D'après le père Hubert, « la confession, c'est mettre son âme à nu, c'est l'ultime lieu où ce que vous dites ne sera jamais répété, ce qui demande excessivement de confiance ».

Au-delà de ce que prévoient la loi canonique ou le code pénal, la confiance accordée par l'usager à l'individu

1. Article 226-14 du code pénal.

auquel il s'en remet est la condition pour dire ce qui l'écrase intimement. Cette confiance peut être longue à construire. Je suis parfois surpris d'entendre un·e patient·e avouer un secret au bout de plusieurs années de suivi. C'est l'autre aspect du secret. Il ne renvoie plus à l'extérieur du dispositif, à la séparation entre public et privé, mais à la difficulté à verbaliser devant l'autre. Non parce que celui-ci serait un juge intraitable – l'accueil, la compréhension et la compassion peuvent être au rendez-vous –, mais parce que l'énonciation des motifs de honte s'accompagne de la crainte de se sentir encore plus vulnérable, misérable.

Argent

Pour la pute comme pour le psy, l'argent est un élément central du cadre de travail.

La pute est payée en liquide. « Le paiement des actes qui s'effectue en espèces "sonnantes et trébuchantes" vient matérialiser les relations et préserver l'anonymat des deux parties » selon Françoise Gil, qui ajoute que les billets peuvent avoir un « rôle de transfert érotique ». Le paiement se fait avant la passe, et l'argent favoriserait l'excitation en vue de l'acte sexuel. Cependant, la sociologue rapporte des éléments pointant vers une autre fonction de l'argent : « Pendant l'acte, elles disent généralement se concentrer sur l'argent qu'elles ont gagné, certaines récapitulent les passes qu'elles ont faites et comptabilisent les gains de la journée. » Plutôt qu'un transfert érotique, cela m'évoque une sorte de mécanisme de défense[1] :

1. Dont la « finalité est de réduire, de supprimer toute modification susceptible de mettre en danger l'intégrité et la constance de l'individu biopsychologique ». (*Vocabulaire de la psychanalyse*, *op. cit.*)

la pute éviterait de penser à ce qui est en train de se passer, en se concentrant sur ce qui permet de le supporter.

L'argent peut avoir ce pouvoir euphorisant, entraîner cette dépendance qui conduit à le chercher pour lui-même, peu importe les moyens de l'obtenir. Est-ce là tout ce qui se joue pour la pute ? J'ai cité plusieurs témoignages qui vont à l'encontre de cette idée. Auprès de Françoise Gil, d'autres putes reconnaissent faire cela uniquement pour l'argent, « visiblement pressées d'en finir avec le client », dans un rapport technique, méprisant la dimension relationnelle de l'acte. Lorsque l'argent importe davantage que les conditions dans lesquelles il est échangé, le client devient roi. Payer quelqu'un ne doit pas conduire à se sentir autorisé à le maltraiter, que ce soit pour un rapport sexuel ou pas. L'argent est une convention assurant une réciprocité, pas un blanc-seing donné à celui qui le cède. Les choses se gâtent lorsque l'argent règne en maître dans la psyché des protagonistes.

Chez le psy aussi, plus précisément chez le psychanalyste, il paraît que le paiement en espèces a longtemps été considéré comme indispensable, partie intégrante du soin… pour le bien du patient ! Ici, nul besoin de penser à « préserver l'anonymat des deux parties » puisque le psy est d'habitude officiellement déclaré comme tel et que le patient donne son nom en prenant rendez-vous. Payer en espèces ou pas ne me semble pas être le point important (hormis la facilitation de fraude fiscale).

Quelle place peut prendre l'argent pour le psy ? Dans l'interview donnée à Daniel Friedmann en 1983, Jean-Bertrand Pontalis émet plusieurs remarques sur le lien entre argent et psychanalyse. Il commence par signaler à son interlocuteur qu'il ne lui aurait sûrement pas posé cette question s'il avait fait un autre métier. Rappelant que la médecine fut le milieu d'origine de la psychanalyse, il précise que demander directement le paiement au patient a pu poser problème à certains médecins[1] :

> La psychanalyse était je crois une des toutes premières à lever partiellement le tabou sur l'argent[2], et ça lui fait retour. Surtout dans le milieu médical où elle est née, c'était tout à fait aberrant voire scandaleux que les questions d'argent soient directement évoquées et mises en jeu.

Interrogé à son tour, le psychothérapeute Georg Gartner affirme que la gratuité des séances peut conduire à l'apparition de troubles : il faut payer quelque part et, si ce n'est par l'argent, cela prend une autre forme. Payer contribue à l'entreprise de guérison. Georg Gartner ajoute que, si on ne paie pas, on ne peut jamais se séparer de l'analyste. Peut-être devrais-je penser ainsi à propos de ceux partis en me laissant une ardoise ! En tout cas, cela éclaire l'inachèvement de la séparation : il reste une dette. Même s'il en reste toujours une, quelle que soit sa forme : « Comment se séparer d'une personne à qui on a l'impression de devoir sa vie ? »

---

1. Mais pas à d'autres ! J'ai ouï dire que certains psychiatres-psychanalystes s'enrichissent en faisant passer des consultations psychanalytiques pour des consultations médicales, en faisant en outre payer le patient – son engagement se concrétiserait dans cet argent déboursé – et enfin en menant des séances limitées à dix minutes. Jacques Lacan a instauré la séance à durée variable, mais cela n'amène pas nécessairement à des séances toujours plus courtes. Ceci dit, personne ne force personne, le patient est censé consentir, et s'il admet cette façon de pratiquer, n'est-ce pas son problème ? Quant au déficit de la Sécu…

2. Je rappelle de nouveau que ce livre concerne principalement la France et que cette interview date de 1983 : Pontalis refuse de donner, « pas devant la caméra » précise-t-il, le tarif qu'il pratique. Aucun des psychanalystes interviewés ne le fait. La situation a changé depuis.

À la différence de la pute, le règlement du psy a lieu en fin de séance et relève sûrement davantage d'une fonction compensatrice. C'est la somme d'argent demandée en contrepartie de ce que le patient a, a minima, déchargé. La conversation entre psy et patient n'est pas une conversation ordinaire, le psy n'est pas là pour raconter sa vie. Cela induit une non-réciprocité, contrebalancée par la rémunération. L'argent de la psychothérapie est constitutif du cadre, il rappelle qu'il s'agit d'une prestation professionnelle. En ce qui me concerne, être payé pour celle-ci ne me procure pas d'excitation. Lorsque je suis satisfait d'une séance, et le sourire final du patient peut y participer, je peux me sentir plein d'énergie, mais l'argent n'en est ni le moteur ni le fruit. L'argent m'est-il plus précieux lorsque la séance a été pénible, en particulier lorsque je me suis ennuyé ? Là, dix fois la somme que je demande n'y changerait pas grand-chose.

Selon Françoise Gil, l'argent échangé lors d'une passe génère une « situation confortable pour le client qui se laisse guider et que la dimension contractuelle rassure. Le prix d'une passe l'exonère des obligations contraignantes de la relation amoureuse et procure un sentiment de liberté réciproque entre les partenaires ». Pour autant, suffit-il au client de payer la pute pour faire ce qu'il veut ? « Aucun client ne peut prétendre avoir des droits sur la femme qu'il paie pour avoir du plaisir, il sait qu'il n'est pas le seul, qu'elle ne peut lui appartenir. » Alors, s'agit-il juste de sexe ? On a vu que ce n'était pas le cas. Il peut exister un autre type d'amour.

Cet amour ne se marchande pas. Il n'est pas inclus dans le prix de la prestation et, dans ce sens, ne peut s'acheter ni se vendre. Là réside, à mon avis, la qualité du professionnel, celui qu'on a envie de retourner voir parce que, justement, il nous aime pour ce que nous sommes et ne nous prend pas pour un objet, ni pour un « pigeon ». L'exercice de son métier ne se limite pas à l'application de compétences techniques. La confusion est facile dans le cas de la pute, puisque peut surgir une attente largement répandue : que sexualité et amour soient associés. Confusion entretenue par l'expression « faire l'amour ». Puisque la pute autorise l'acte sexuel avec elle, ne donne-t-elle pas, malgré tout, un peu d'amour ? Ces bras, ces cuisses, cette chaleur peuvent-ils être seulement des outils de travail sans âme ? Sous prétexte qu'il y a relation sexuelle, la pute serait-elle tenue d'aimer ?

L'argent devient garde-fou, destiné à rappeler que l'usager paie pour un service et que, s'il peut arriver qu'il y ait quelque chose en sus, ce quelque chose ne peut être contractualisé. À une patiente prête à considérer que l'exercice de son métier – la transmission d'un art essentiel à sa vie – pouvait lui apporter en retour de l'amour de ses client·es, j'ai demandé si elle me donnait de l'amour en me tendant son chèque en fin de séance. « Non ! » s'est-elle exclamée, prenant conscience de sa propre confusion. Pour autant, est-il interdit à l'usager d'éprouver une forme d'amour envers le professionnel qui lui rend un tel service ? Et si cet amour venait à dépasser l'enjeu de la prestation pour toucher l'individu, au-delà du professionnel ?

Traversé·es comme tout un chacun par la question du manque, le psy, la pute et le curé ont besoin d'être rémunéré·es pour ne pas tomber dans le travers de croire que l'usager peut combler ce manque. L'argent n'est pas sans danger pour autant : lorsqu'il est mis au premier plan d'un échange, il réduit les individus à leur valeur marchande, il détruit les singularités. Comme si l'argent gagné reflétait la valeur de soi… Voir l'autre d'abord à travers l'argent conduit à penser en termes de « plus » ou « moins », et oriente la suite de l'échange d'une façon qui serait différente si les premières questions portaient sur les motivations subjectives présidant au choix, révélant l'intérêt porté à l'autre. C'est pour cela que je refuse que l'argent soit une modalité négociable du cadre thérapeutique.

Grisélidis Réal soutient simplement que toute peine mérite salaire :

> En réalité, vous n'avez fait que […] « soulager les souffrances humaines » en donnant du bonheur, du soulagement sexuel, du bien-être et du plaisir à des hommes souvent solitaires, timides, […] dépressifs, handicapés, veufs ou mariés « à problèmes », ou simplement stressés, désirant se détendre, oublier leurs soucis, les contraintes de leur vie sociale et professionnelle épuisantes, et si heureux de pouvoir s'adresser à une prostituée compétente, attentive et patiente […]. [Qu'on] paie [les] services sexuels et psychologiques [des putes], c'est juste et normal.

Interviewée le 26 janvier 2009 dans *Vacarme* au sujet de son livre *Le sexe et l'argent des trottoirs* (2006), la socio-anthropologue Catherine Deschamps met en lumière quelques contradictions :

> Les lois qui encadrent leur activité, notamment les dispositions éléphantesques qui concernent le proxénétisme, font que les prostituées ne peuvent rien en faire [de l'argent] à titre individuel sans mettre en danger les personnes à qui elles en donnent. Par la loi, l'argent de la prostitution devient en quelque sorte de l'argent sale… sauf quand, via le paiement des impôts, il gagne les caisses du Trésor public !

Curé est aussi un métier où la question de l'argent interroge. Comment est-ce géré dans le cas de la confession ? En apparence, la confession est gratuite, mais il me semble qu'il s'agit d'un déplacement. La récolte se fait à un autre moment, également en espèces (voire, depuis quelques années, par carte bancaire sans contact) : lors de la quête, don volontaire qui a lieu pendant la messe. Il y a aussi le denier du culte (une contribution annuelle volontaire des fidèles), des offrandes faites lors de la célébration de certains sacrements (baptême, mariage) ou de funérailles, voire des pratiques de don en nature. En tout cas, on donne ce qu'on veut… Et n'oublions pas que, jusqu'aux années 1960, l'absolution se négociait ! L'expression « commerce des indulgences » a longtemps désigné cet usage. Dans sa réflexion sur ce qui peut être vendable ou pas, Norbert Campagna rappelle que, dès le XVIe siècle, Martin Luther considérait comme « inconcevable que les hommes achètent le salut de leur âme en achetant des indulgences. […] Ce qui le révoltait, c'était que les prélats fassent croire aux gens que le salut de l'âme était monnayable ». Il fallut le concile Vatican II pour que cette coutume soit dénoncée par l'Église. Est-ce pour la faire oublier que, maintenant, la confession est présentée comme gratuite ?

À ce propos, la consultation d'un psy en institution n'est pas moins gratuite que la confession du curé. Lui aussi exerce en institution et reçoit une rémunération. De la même manière que le pécheur n'a pas à payer le curé en fin de confession, le patient du psy d'institution n'a pas à payer en fin de séance, et l'attitude du pécheur/patient diffère certainement selon qu'il doit ou non payer en fin de confession/séance. D'ailleurs, des psys travaillant en institution témoignent parfois du lien entre apparente gratuité des soins et manque d'engagement des patient·es[1].

Même si l'argent n'est pas directement présent dans la confession, considérer la confession comme gratuite me paraît erroné : les fidèles financent leur paroisse ; le curé sait qu'il est rémunéré pour assumer diverses fonctions, dont la confession. Alors pourquoi vouloir évacuer le rôle de l'argent dans la relation au curé ? Afin que le pécheur se sente éternellement redevable envers celui qui se sacrifie pour lui ? Serait-ce en raison de la supposée gratuité du service de l'Église que le pénitent devrait s'engager sans compter ? Vu du côté de la croyance, Jésus-Christ, fils de Dieu qui s'est fait chair, s'est sacrifié pour le salut de l'humanité. Cette dette est incommensurable. Les pauvres pécheurs ne pourront jamais être au niveau. En plus de la culpabilité, l'exigence. Ces deux moteurs psychologiques font que, vu du côté du *business model*, cela ne peut que fonctionner. La rétribution de l'Église existe bel et bien.

Le « commerce des indulgences » peut être vu comme celui de la culpabilité, mais il permettait au pécheur de matérialiser cette dernière et d'évacuer son sentiment de dette. Comment se sentirait le patient s'il ne payait pas les séances ? Laurence Bataille affirme à Daniel Friedmann que « c'est excessivement difficile de faire une analyse sans la faire payer. C'est plus facile de la faire en faisant payer parce que ça dégage

1. J'ai souvenir d'une patiente présentant des symptômes hypocondriaques et consultant des médecins plusieurs fois par semaine qui, sur le point de faire un voyage hors de l'Europe, me dit : « Je ne vais pas pouvoir aller aussi souvent chez le médecin puisque ce n'est pas remboursé. » Autrement dit, c'est parce que c'était remboursé qu'elle s'autorisait à les solliciter aussi souvent. De plus, réciproquement à ma remarque sur l'engagement des patients lorsqu'ils n'ont pas à payer les consultations, on pourrait étudier l'influence sur la relation thérapeutique de l'engagement des psys lorsqu'ils sont salariés.

quand même de toutes les idées de sacrifice, de bonté et de charité, de générosité et de dette». La question n'est pas tant le droit à vendre le travail que la modification de la relation sous l'effet de l'argent. Irvin Yalom met le doigt sur cette «dissonance inévitable dans le monde du thérapeute»: «Des couches et des couches de vernis et de lubrifiant ne pourront jamais faire parfaitement tenir ensemble des notions comme "amitié", "amour", "Je-Tu" et des notions comme "séances de cinquante minutes", "65 dollars de l'heure". »

Cette dissonance nécessaire, aussi présente dans la situation de la passe, révèle à quel point comptent «la confiance et le partage», soulignés par Norbert Campagna, pour le bon déroulement de ce type de relation.

> Admettons que l'acte sexuel est souvent un acte où la fragilité humaine affleure et où il faut donc être particulièrement prudent pour ne pas blesser l'autre. [...] Mais pourquoi cela exclurait-il catégoriquement l'achat? L'achat d'un service n'exclut pas nécessairement la confiance.

Le raisonnement est similaire pour la psychothérapie, où l'argent n'exclut pas la confiance, au contraire. Selon les résultats d'études du début des années 2000 rapportés par Alain Blanchet, les principales qualités chez un thérapeute efficace sont « la sensibilité face aux caractéristiques du client ; la flexibilité dans le choix des interventions ; la capacité de favoriser un attachement sécurisé avec le client ». Plus encore, le psychologue souligne que « toutes les psychothérapies établissent une relation intense entre le thérapeute et le patient. Cette relation comporte des manifestations affectives, émotionnelles et développe un intérêt partagé important et parfois massif».

C'est d'autant plus essentiel que l'entreprise thérapeutique ne se fait pas forcément sans douleur. C'en est même d'autant plus fondamental.

Le sujet de l'argent pose tout de même question dans le cadre de la psychothérapie. Le paiement du psy serait-il une résurgence profane du « commerce des indulgences » ? Une thérapie est-elle d'autant plus efficace qu'elle est onéreuse ? Le critère le plus pertinent me paraît ressortir du rapport à l'argent du patient. D'aucuns ont de hauts revenus, restent près de leurs sous et évaluent systématiquement si leur argent a été bien investi. D'autres ont de faibles revenus et considèrent comme indispensable l'argent dépensé en psychothérapie. Cependant, le patient ne décide pas du montant à payer en fin de séance. Et il n'espère pas, par cet investissement, écourter son séjour au purgatoire.

Dans son entretien avec Daniel Friedmann en 1983, François Roustang explique utiliser l'argent comme levier thérapeutique, faisant varier le tarif en fonction de ce qu'il juge utile. Plus le travail avec tel patient lui est pénible, plus c'est cher. Il peut ne pas facturer certaines séances si le patient connaît des difficultés financières temporaires. Selon Laurence Bataille, l'augmentation du tarif de consultation pour un patient en dépression peut contribuer à ce qu'il se ré-apprécie. Elle soutient en outre que certains patients considèrent si intéressant ce qu'ils ont à dire qu'ils ne voient pas de raison de payer le psy. D'autres encore évaluent le psy en fonction du tarif demandé. À titre personnel, je pratique un tarif unique, considérant que mon travail ne dépend pas de combien l'on me paie. Je ne peux évidemment affirmer être identique avec chacun. Des facteurs tels que le degré de sympathie circulant entre le patient et moi, ou mon état de fatigue et de concentration, ont une influence sur ma prestation. Toutefois, le patient sait que le tarif ne variera pas. Le cadre en est stabilisé.

Cela fait également une différence avec la pute, dont les tarifs sont fonction de la prestation, mais pas seulement. Dans le carnet que Grisélidis Réal utilisait comme outil de travail (publié en 2005 sous le titre *Carnet de bal d'une courtisane*), celle-ci recensait pour chaque client quelques impressions, les pratiques sexuelles, et le tarif, variable. Elle demandait plus à ceux qui avaient plus, et moins à ceux qui avaient moins. À l'heure actuelle, pour les travailleur·euses du sexe, les tarifs iraient de 50 à 100 euros, voire 200 à 300 euros (et davantage selon les options).

C'est beaucoup plus que les tarifs moyens d'une séance chez le psy, et que ce que le curé retire d'une confession. Et pour cause, ce n'est pas le prix de la parole et de l'écoute, mais celui de l'étreinte physique. C'est le prix du passage à l'acte. Y a-t-il du transfert symbolique, de l'élaboration fantasmatique, de l'attribution de signification à ce qui se joue lors de la rencontre de la pute et du client ? Quelquefois peut-être, tel l'exemple cité par Grisélidis Réal au sujet du client passé par quinze ans de psychanalyse. L'aboutissement n'en reste pas moins, la plupart du temps, la décharge pulsionnelle. Le psy peut en être le réceptacle au plan émotionnel. Pour la pute, c'est ultimement au niveau corporel. Et si l'émotion peut être douloureuse à traverser pour le psy, cela me semble difficilement comparable avec la violence que la pute peut avoir à subir. Est-ce la raison de tarifs parfois très élevés pour une pratique relationnelle ? Le prix serait lié au niveau de transgression, socialement parlant, impliqué par l'acte. La hauteur du montant est-elle censée compenser le coût de la dégradation – selon le point de vue social dominant – impliquée par le fait de vendre la mise à disposition temporaire de certaines zones de son corps ? Stéphanie Pryen observe que l'argent est « réparation aux risques objectifs encourus en exerçant cette activité, mais également subjectifs, ceux de la peur, de l'humiliation, de la honte ».

Pour la pute comme pour d'autres professions, le choix du tarif renvoie à des questions telles que la valeur de son temps, le type de client auquel on a envie d'avoir affaire, etc. À 100 euros la séance ou la passe, pour le psy comme pour la pute, on commence à être « de luxe ». En outre, constate la sociologue, l'argent « n'est pas qu'un moyen de gagner sa vie, [il] contribue également à une position sociale davantage valorisée ». Sujet sensible dans le cas de la pratique d'un métier aussi stigmatisé. La position de Françoise Héritier, anthropologue et ethnologue, concernant l'argent perçu par la pute est sans concession :

> Quand est apparu le paiement de l'acte sexuel, nul ne le sait. Il est cependant attesté en Égypte, dans les lieux de plaisir où se réunissaient les ouvriers qui construisaient les pyramides et les grandes nécropoles. [...] C'est une invention « morale » au bénéfice des hommes, en ce que le paiement, la rétribution de l'acte, qui était au départ un dédommagement, a pour effet non seulement d'annuler le délit mais aussi d'en transférer la responsabilité sur celle qui l'accepte. [...] Ce paiement-là n'est pas acte de liberté : il signe l'affranchissement de l'homme et l'asservissement de la femme[1].

1. Françoise Héritier, *Masculin-féminin. 2, Dissoudre la hiérarchie,* Odile Jacob, 2002.

L'homme paierait-il la pute pour ne pas culpabiliser de l'avoir utilisée ? Le patient paierait-il le psy pour ne pas culpabiliser de l'avoir utilisé, lorsqu'il sait n'avoir personne d'autre auprès de qui vider son sac ?

Françoise Gil parvient à une conclusion contraire à celle de Françoise Héritier : « La contrepartie financière de la passe invalide la notion d'offre gratuite, de don ou de sacrifice. [...] Le sentiment d'inanité ressenti après un acte sexuel peu épanouissant est annulé par le gain réalisé. » Dans *Le Deuxième Sexe*, dans le chapitre consacré aux prostituées et hétaïres, Simone de Beauvoir souligne que « l'argent a un rôle purificateur ; il abolit la lutte des sexes. Si beaucoup de femmes qui ne sont pas des professionnelles tiennent à soutirer à leur amant chèques et cadeaux, ce n'est pas seulement par cupidité : faire payer l'homme, [...] c'est le changer en instrument. » La représentation avancée par Françoise Héritier selon laquelle la pute ne serait aucunement sujet de l'acte auquel elle se prête, puisqu'elle est asservie, rencontre l'argument opposé chez l'autrice du *Deuxième Sexe*, qui écrit, à propos des putes : « À partir de ce sexe qui les livre aux mâles comme objets, elles se retrouvent sujets. » Le témoignage de Virginie Despentes sur son expérience de la prostitution va également à l'encontre de ce que décrit Françoise Héritier : « La prostitution a été une étape cruciale, dans mon cas, de reconstruction après le viol. Une entreprise de dédommagement, billet après billet, de ce qui m'avait été pris par la brutalité. » Elle s'insurge contre le caractère spécifique de cette rétribution, raillant une certaine moralité :

> Échanger un service sexuel contre de l'argent, même dans de bonnes conditions, même de son plein gré, est une atteinte à la dignité de la femme. Preuve en est : si elles avaient le choix,

les prostituées ne le feraient pas. Tu parles d'une rhétorique… comme si l'épileuse de chez Yves Rocher étalait de la cire ou perçait des points noirs par pure vocation esthétique.

Norbert Campagna complète l'argument: «En affirmant son droit à une rémunération pour ses faveurs sexuelles, la prostituée s'érige en sujet de droits et affirme ainsi sa dignité.» Plus encore, ce que chacun vend fondamentalement, c'est son temps et son énergie. Poursuivant le raisonnement au-delà du cadre prostitutionnel, il précise:

> Si choisir librement l'activité qui nous permettra de gagner l'argent nécessaire pour subvenir à nos besoins et à ceux de notre famille implique [de] choisir une activité qui nous fait envie et qui nous permettra de nous épanouir, la plupart des travailleurs et travailleuses ne sont pas libres.

Lui aussi soutient que la prostitution choisie peut apporter maints avantages, parmi lesquels l'estime de soi et l'autonomie:

> Pour certaines personnes, le fait de changer d'occupation, de passer à l'exercice indépendant de la prostitution après avoir exercé pendant des années un emploi sous-payé, où on leur rappelait à tout moment qu'elles exerçaient un métier bas, vil, etc., a pu aboutir à un regain d'estime de soi. D'une part, elles étaient maîtres de leur travail, pouvaient l'organiser comme elles le voulaient […]. Ensuite, elles gagnaient souvent beaucoup plus d'argent que dans leur métier habituel. Et troisièmement, si un client était désagréable avec elles […], elles pouvaient le mettre à la porte et refuser de le recevoir à nouveau.

En d'autres termes, ces personnes pouvaient mieux s'affirmer dans leur autonomie que du temps où elles étaient employées.

Discours scandaleux? Parce qu'associé à la prostitution? Virginie Despentes enfonce le clou:

> Comme le travail domestique, l'éducation des enfants, le service sexuel féminin doit être bénévole. L'argent, c'est l'indépendance. Ce qui gêne la morale dans le sexe tarifé n'est pas que la femme n'y trouve pas de plaisir, mais bien qu'elle s'éloigne du foyer et gagne son propre argent.

Notons enfin que le travail du sexe n'a rien à voir avec l'expression péjorative «se prostituer» au sens d'aliéner son jugement contre une rétribution. Pute ou pas, l'important est le sentiment de dignité. Comment le perd-on? Pour Norbert Campagna, «quelqu'un ne vend vraiment sa dignité, sa personne, sa liberté, qu'à partir du moment où [il] renonce, contre le versement d'une certaine somme d'argent, à dire non, à faire valoir son droit de ne pas laisser faire avec [lui] tout ce qu'un autre veut».

Rapport aux pairs et aux institutions

Le curé, la pute et le psy sont, en tant qu'individus, contraints dans le choix des éléments associés à leurs pratiques. Le rapport aux pairs, voire aux institutions par lesquelles ils peuvent se regrouper, est central dans les sujets de formation, d'initiation et d'appartenance. Dans *Le divan et le prie-Dieu*, Marie Romanens rappelle les perspectives de la psychanalyse sur le fonctionnement institutionnel:

> Grâce à l'étude du psychanalyste René Kaës sur le fonctionnement groupal, les images inconscientes actives au sein d'une institution apparaissent aujourd'hui clairement. […] L'Église et les sociétés psychanalytiques, en tant qu'institutions, se trouvent évidemment soumises à ces processus cachés. La puissance du groupe découle de la projection de l'image de la mère toute-puissante sur le cadre collectif. L'institution est vécue inconsciemment par ses membres comme le lieu idéal, capable de protéger et combler totalement chacun d'entre eux.

Quelles sont, pour le curé, les qualités protectrices de l'Église ? Marie Romanens en distingue plusieurs, écorchant au passage quelques illusions :

> Comme toute organisation collective, la communauté religieuse permet à chacun de ses membres d'échapper autant que faire se peut aux peurs existentielles. Le cadre offert par l'institution assure à l'individu un moyen de fuir le désarroi des failles narcissiques profondes. Derrière les apparences d'abnégation, de don de soi, de dévotion et d'humilité présentées parfois par des croyants, une certaine image de soi peut être soigneusement entretenue. […] Par sa certitude d'être dans le juste et dans le vrai et par sa conviction de bien faire, on échappe à l'angoisse de l'incertain.

Par la « puissance du groupe », le rapport aux pairs et aux institutions détermine également la façon dont le professionnel élabore son cadre de travail. Dans l'exercice de son métier, il peut redouter le regard porté par des pairs ou des référents. Dans les documents officiels déjà cités, l'Église souligne l'importance pour le prêtre d'être en relation avec l'évêque et le presbyterium auquel il appartient. Ce n'est pas seulement pour éviter son isolement. La solidarité est essentielle à la vie des prêtres, d'autant plus lorsqu'elle « prend la forme de la direction spirituelle et de la confession que les prêtres se demandent les uns aux autres ». Selon l'enquête de Vincent Mongaillard, « une à deux fois par mois, les ecclésiastiques confient leurs tourments à leur père spirituel, un ami curé ou n'importe quel confrère ». L'Église préconise « la régularité de ce type de rencontre ». Les *Éléments pour aider les confesseurs* rapportent une intervention de Jean-Paul II : « Chez un prêtre qui ne se confesserait plus ou se confesserait mal, son être prêtre et sa façon de faire le prêtre s'en ressentiraient très vite… » Cette démarche est comparable à celle des psys, sous les termes d'intervision (avec des pairs) et de supervision (avec un·e professionnel·le plus expérimenté·e). Ce n'est pas une obligation, mais une nécessité.

Les putes, elles aussi, ont développé une communauté, source d'entraide telle que Grisélidis Réal en parlait comme d'« une confrérie aussi forte que la franc-maçonnerie » ! Sonia Verstappen, toujours dans les propos retranscrits par Françoise Gil, offre une synthèse des points clés autour desquels s'articulent les rapports aux pairs :

> Le monde prostitutionnel étant une communauté, [il] a sa propre éthique. [Il] a ses règles à respecter (ne pas brader les prix ou embrasser un client), sa cohésion, des traditions, des principes de loyauté (notamment ne jamais révéler le nom de ses clients), des intérêts communs, des sources de traumas, des besoins sociaux communs, etc.

La sociologue identifie plusieurs paramètres concrets permettant d'être reconnue par ses pairs comme professionnelle :

> Régularité de la présence sur les lieux, ancienneté dans la prostitution, respect des tarifs pratiqués et des codes en vigueur, conscience et gestion adéquate des risques sanitaires, maîtrise de la relation avec le client, connaissance de la « communauté », qualité des relations avec les collègues, les clients, l'environnement immédiat.

Stéphanie Pryen a elle aussi repéré la présence du collectif au sein de la relation intime :

> La transaction se loge au cœur de l'interaction avec le client, ce dernier énonçant sa demande, la personne prostituée y répondant – ou non – en posant ses conditions, et ce dans un cadre collectif, les pairs intervenant sur la définition des normes de cette interaction.

Poser d'emblée un cadre est un comportement commun au psy et à la pute. La question est abordée dès le premier point du manifeste[1] du féminisme pute : « Imposer ses conditions aux hommes dans le cadre du contrat sexuel en en parlant avant, que ce soit au sujet de la durée, des pratiques, de la prévention et des règles du consentement. » Le terme « imposer » me paraît moins adapté pour le psy, dont le cadre est censé pouvoir admettre à la fois une certaine souplesse et une fermeté rassurante en ce qu'elle contient – on ne peut pas faire n'importe quoi en séance. Le cadre peut être coconstruit par patient et psy, mais ce dernier en est responsable, et ses marges de manœuvre ne sont pas si grandes. « Imposer »

1. Remarquons que ce manifeste est porté par des professionnel·les par le biais d'un syndicat.

évoque une rigidité et une unilatéralité, certainement indispensables dans le cas du travail du sexe, en raison des dangers afférents.

Il n'en reste pas moins que la relation entre professionnel·le et usager n'est jamais uniquement duelle. Le tiers est toujours présent. En dépit du sentiment d'isolement quelquefois éprouvé par le professionnel durant toutes les heures où il se consacre à un usager après l'autre, il peut se souvenir qu'il fait partie d'une communauté de professionnel·les vivant des situations similaires. La communauté se structure autour de valeurs permettant de penser le cadre de travail et les conditions de pratique, et peut aussi bien représenter un espace d'accueil où se retrouver parmi les sien·nes qu'un principe d'autorité auquel se référer.

4

Une relation d'amour ?

Au carrefour d'une philosophie de l'argent
et d'une philosophie de l'amour.
Stéphanie Pryen

Le temps partagé par le psy, la pute et le curé est loin de se réduire à de l'argent. Au contraire, je crois qu'il relève d'abord d'une rencontre. L'argent permet d'acheter du temps de l'autre, mais ne peut décréter de quoi sera fait ce temps partagé. On pourrait croire que tout·e participant·e voudrait que l'amour se manifeste lors d'une telle rencontre. Eh bien… pas nécessairement. Dans le domaine du sexe tarifé, que le client veuille de l'amour en sus serait une préoccupation récente. Tel est l'argument de la sociologue américaine Elizabeth Bernstein, que Norbert Campagna résume dans *Prostitution et dignité* :

> La première phase [dans le développement de la sexualité marchande] se situe aux débuts des Temps modernes. L'échange sexuel y a pour fonction la satisfaction des besoins charnels et

> sociaux. La seconde phase est celle de la prostitution industrielle où n'est recherchée qu'une décharge sexuelle rapide. La troisième phase est celle du commerce sexuel post-industriel. On y achète et vend ce que l'auteur qualifie de « *bounded authenticity* » et qu'elle définit comme « la vente et l'achat d'une connexion émotionnelle et physique authentique » [...]. Dans la société post-moderne en train de se constituer, il y a donc encore de la prostitution, mais elle ressemble plus à différents types de rapports qui ne sont pas de nature prostitutionnelle. De la prostitution qui ne ressemble pas à de la prostitution ? N'est-ce pas là ce que recherchent beaucoup de personnes qui ont recours aux services de personnes prostituées ? Mais pour que cela cesse de ressembler à de la prostitution, il faudra aussi que le client y mette du sien.

L'évolution de la nature de la relation entre pute et client dépend de la perception que le second a de ce qu'est une pute. L'amour peut apparaître entre les protagonistes, mais il ne se commande pas. Il naît de la rencontre de singularités, plus que du « type de rapport ». Mais, même si cela « ne ressemble plus à de la prostitution », la pute reste une professionnelle, exerçant dans un cadre, que le client doit respecter. J'ai déjà été confronté à un patient qui voulait « de la psychologie qui ne ressemble pas à de la psychologie ». En manque d'interlocuteur dans sa vie quotidienne, il s'obstinait à tenter de transformer nos séances en conversations ordinaires. Il cherchait à obtenir ce que je ne pouvais pas lui donner en raison du contexte de nos rencontres. Le suivi fut bref.

Comment se mouvoir dans l'équilibre entre caractère professionnel de la prestation et authenticité de la relation, et le faire vivre dans la durée afin qu'en émergent des qualités thérapeutiques ? La dimension thérapeutique de la passe tient-elle à ce qui excède le simple rapport sexuel, le soulagement pulsionnel ? Comment la pute peut-elle donner au client le sentiment qu'il est moins seul, de manière plus durable que ce que permet la brièveté de l'acte sexuel ?

J'ai supposé que le cadre était l'élément indispensable sur lequel l'intention thérapeutique pouvait prendre appui. La théorie d'Elizabeth Bernstein me conduit à une nouvelle hypothèse : si le XIXe siècle a vu émerger le mariage d'amour, et si le couple légitime a pu s'enrichir de pratiques sexuelles découvertes au bordel, notre époque vivrait-elle un mouvement inverse ? Tout au long du XXe siècle, l'amour, ayant de plus en plus droit de cité, se répandant au-delà de la sphère du mariage, puis de la famille, aurait infiltré d'autres rapports sociaux, intimes en particulier, y compris le rapport prostitutionnel : le client, apprenant à aimer « sa » femme, parviendrait-il à aimer « sa[1] » pute, le fût-elle pour un bref instant, modifiant par-là la nature de leur relation ?

Aspects marchands mis à part, l'analyse historique de la thérapie interroge aussi la place de l'amour et du sexe dans la relation thérapeutique. Susan Baur s'étonne des tergiversations de la société au cours du temps. Dans les rares articles des années 1970 à ce sujet, « l'idée avancée était qu'il existait différents types de relations intimes entre patients et thérapeutes. Bien qu'elles fussent toutes considérées comme la marque d'un échec thérapeutique à partir du moment où il y avait eu passage à l'acte, la relation en elle-même pouvait

1. La langue française a ceci de caractéristique que le pronom possessif fait rapidement irruption. « Mes patients » doivent parler de moi en disant « mon psy », quand bien même nous ne nous retrouverions que pour deux séances mensuelles de quarante-cinq minutes. Ils ne sont évidemment pas ma propriété, pas plus que je ne suis la leur.

être bonne ou mauvaise. […] Certains patients se sentaient blessés, d'autres soulagés et blessés, d'autres encore satisfaits ». Elle découvre ensuite que, dans les années 1980 et 1990, on clôt le débat : il est communément admis que, dans le cas de relations sexuelles entre psy et patient·e, on a forcément affaire à « un thérapeute psychotique prenant pour victime une patiente », ce que Susan Baur considère comme « trop caricatural ». Son enquête la conduit à douter de la position radicale selon laquelle « plus de 90 % des relations sexuelles concernent un thérapeute et une patiente, [et] il s'agit toujours d'un abus ». Elle s'interroge :

> Pourquoi les cliniciens, qui ont d'habitude le souci de poser des questions, ne s'interrogeaient-ils plus sur le désir sexuel et l'amour ? Étaient-ils gênés d'avouer leurs propres sentiments et agissements ? Avaient-ils peur de ne pas être « politiquement corrects » ? Ou étaient-ils si naïfs qu'ils ne voyaient là aucun problème ?

Dans ce chapitre seront abordées plusieurs questions. Quels sont les motifs, psychologiques et émotionnels conduisant à la sollicitation de la pute, du psy, du curé ? Quelles sont les attentes des professionnel·les et des usagers vis-à-vis des pratiques auxquelles ils se livrent ? L'hypothèse du rôle du transfert dans la relation psychanalytique peut-elle s'appliquer aux autres cadres relationnels explorés ici ? Et quels sont les sentiments contre-transférentiels éprouvés par ces trois types de professionnel·les ? Enfin, qu'en est-il de la relation réelle entre ces couples éphémères, au-delà de la relation définie par le cadre contractuel, au-delà de la relation transférentielle ?

La toile de fond de ces questions trouve son origine dans le paradoxe thérapeutique : « Comment peut-on aider quelqu'un à ne plus avoir besoin d'aide[1] ? » La façon de répondre à une demande d'assistance dépendrait du niveau d'autonomie du patient et du rapport à la toute-puissance du psy. Ces deux dimensions permettent d'envisager plusieurs enjeux de la relation patient-psy. Plus la demande d'assistance requiert l'implication du professionnel, plus il peut se trouver écartelé entre son désir d'aider – pouvant le conduire à l'épuisement – et son besoin de se préserver, au risque de n'être plus qu'un outil déshumanisé, signe d'un épuisement déjà installé. Entre trop de directivité et pas assez de cadre, entre des gestes réduits à la technique et un engagement sans limite, entre une position de toute-puissance super-héroïque et une position sacrificielle, comment le professionnel construit-il et peut-il faire évoluer sa pratique ? Comment cheminer vers le positionnement paradoxal décrit par Susan Baur, « cette combinaison d'indépendance et de dévouement total [...] qui est la marque des grands prêtres et des guérisseurs de blessures » ?

Honte et dévoilement

De mauvaise grâce

Qu'est-ce qui pousse l'usager à solliciter la pute, le curé ou le psy ? Tout porte à croire qu'il le fait de mauvaise grâce. Les raisons mêmes de la sollicitation sont entachées de sentiments peu avouables. La honte au premier plan, au-delà de la culpabilité pouvant résulter de toute transgression. Honte

1. William Labov et David Fanshel, *Therapeutic Discourse: Psychotherapy as conversation*, Academic Press, 1977, cité dans : Serban Ionescu et Alain Blanchet, *Psychologie clinique, psychopathologie et psychothérapie*, *op. cit.*

de désirer du sexe, sous prétexte que ce serait sale. Honte d'être insuffisant devant les autres, devant soi, devant Dieu. Honte d'avoir besoin de se soulager, de se décharger. Et honte d'avoir à payer pour un service qui pourrait ne pas en être un, puisqu'il semble pouvoir relever de relations humaines non monétisables.

Il y a là source de confusion. Combien affirment que parler avec leur famille ou leurs amis, c'est comme parler à un psy ? Ceux-là n'ont jamais consulté ou, s'ils l'ont fait, ne sont jamais allés au-delà d'une conversation ordinaire, dans laquelle la honte est couramment évitée. Le patient qui ose pousser la porte du cabinet du psy fait cette démarche car il souffre, et il a honte de demander de l'aide pour être soulagé de cette souffrance. Et lorsqu'il consulte en espérant venir à bout de la honte source de sa souffrance, il se trouve face à une contradiction identifiée par Monique Selz : « Si l'autre est nécessaire pour en sortir, bien souvent c'est cette nécessité même qui provoque ou renforce la honte et, pour cette raison, la relation peine à s'établir. » L'autrice identifie plusieurs caractéristiques de la honte : son adhésivité, sa contagiosité, sa labilité, sa transmission. Cela fait écho à ce qui a été dit au sujet du client de la pute : déjà honteux de solliciter une pute, le client l'est encore plus à son contact. Mais la honte se décolle soudainement lorsqu'il la quitte, par renversement de la honte en mépris envers la pute. En jeu, l'image de lui-même au sein de la société : Françoise Gil explique que « la "Vénus" désirable du début doit devenir la sorcière maléfique pour pouvoir renouer avec une organisation sociale contraignante mais rassurante ».

J'ai observé un autre aspect à la honte de certain·es patient·es. Lorsque, dans la douleur, ils prennent conscience de l'importance de prendre soin d'eux, ils se perçoivent soudainement comme égoïstes. Ça leur est insupportable. Pourquoi ? L'influence sociétale séculaire, faisant de l'égoïsme un défaut des plus infâmes, conduit à se méfier de toute démarche permettant de s'occuper de soi. En général, ces individus se sont largement consacrés aux autres. Tellement formatés à cette fin qu'ils ne peuvent s'accorder une séance psy par semaine sans avoir l'impression de trahir leur mission. Boris Cyrulnik, neuropsychiatre et psychanalyste, identifie les raisons pour lesquelles l'altruisme est l'arme du honteux : « Aider un blessé, le comprendre, s'identifier à lui, permet dans un même mouvement d'affronter l'agresseur et de revaloriser l'idée méprisante que l'on se fait de soi[1]. » Lorsque le honteux arrête de se dédier aux autres, il ne lui reste qu'à affronter sa propre honte. Et d'abord cette honte de demander de l'aide, lui qui a toujours apporté la sienne.

La honte rend difficile, la plupart du temps, la déclaration en public que l'on consulte un psy. « Je vais voir quelqu'un. » Comment se fait-il que cette expression soit immédiatement décodée ? « Quelqu'un », ça pourrait être n'importe qui ! Eh bien non, c'est un psy[2]. Pourquoi ce tabou ? Sûrement parce qu'on n'a pas oublié ce temps, fort récent, où l'on considérait que le psy, c'était pour les fous, voire que le psy rendait fou. Il ne fait pas bon montrer cette prétendue folie au grand jour.

La honte habite aussi celui qui sollicite la pute. A priori pour des raisons différentes. Si la folie effraie, le sexe dégrade,

1. Boris Cyrulnik, *Mourir de dire (la honte)*, Odile Jacob, 2010.
2. Cela désigne quelquefois une rencontre amoureuse. Le contexte d'énonciation permet de lever les doutes entre les deux interprétations. Les formulations diffèrent également. Dans ce cas, on dira plutôt « je vois quelqu'un » ou « j'ai quelqu'un ». Pas « je vais voir quelqu'un ». Nuances de la langue…

avilit. Pour Virginie Despentes, « les hommes ont ceci de très particulier, qu'ils tendent à mépriser ce qu'ils désirent, ainsi qu'à se mépriser pour la manifestation physique de ce désir. En désaccord fondamental avec eux-mêmes, ils bandent pour ce qui les rend honteux ». Avouer recourir aux services d'une pute n'est pas aisé. L'écrivaine raconte qu'une phrase typique de client est : « C'est à cause de mecs comme moi que les filles comme toi font ce qu'elles font. » Cette phrase évoque la culpabilité, mais pas seulement. Les périphrases « les filles comme toi » et « font ce qu'elles font » signent, comme « aller voir quelqu'un », l'incapacité de l'usager à nommer, révélant par là son propre embarras. Comme si le simple fait de dire « pute » ou « psy » souillait le locuteur.

Stéphanie Pryen rapporte quelques conclusions de l'enquête « ACSF » (« Analyse des comportements sexuels en France ») de 1992. Elle remarque en particulier que les jeunes hommes vierges sollicitent de plus en plus rarement une pute, et que le recours à la prostitution dans le cadre d'une initiation sexuelle concerne plutôt des hommes qui, à un âge plus avancé, ont des difficultés à trouver une première partenaire sexuelle.

Celles et ceux qui ont des difficultés relationnelles, qu'il s'agisse de sexe ou pas, doivent-ils se résigner à l'isolement affectif ? Une des fonctions du psy, du prêtre et de la pute est d'accueillir les individus qui ont tant besoin d'amour qu'ils font fuir ceux dont ils s'approchent. Lorsque l'on considère que la relation, sexuelle ou pas, peut être curative, on se réjouit de pouvoir compter sur des professionnel·les.

J'en arrive à la honte dans la confession. L'examen de conscience, essentiel à l'aveu des péchés, débute par la confrontation personnelle au Dix Commandements. Les témoignages recueillis par Vincent Mongaillard révèlent que cette honte, notamment autour du sexe, est omniprésente dans les confessions, chez les pénitent·es comme chez les prêtres. « Dans les confessions de curés, la sexualité demeure très présente. C'est souvent dans la tête, de l'ordre de la tentation [...]. Il ne faut juste pas passer à l'acte » (père Gérard). « Les péchés sexuels sont ceux qui humilient le plus et font éprouver le plus de honte » (père Stéphane). Le père Jacques ajoute une perspective historique :

> La confession s'obsessionnalise autour de la sexualité, en particulier la masturbation. Trois quarts des péchés portent sur ce thème. [...] Je constate une surestimation de cette sphère de péchés au détriment des autres et ça m'attriste. [...] C'est comme si on n'avait pas fait Mai 68 !

Les femmes étant les principales clientes du confessionnal, on peut statistiquement supposer que, comme les hommes décrits par Virginie Despentes, elles éprouvent vis-à-vis de leurs pulsions sexuelles cette même ambivalence teintée de mépris de soi.

Le pape François exhorte à ne pas s'arrêter à ce sentiment de honte. Il parle de « grâce de la honte ». Plus que de la honte d'avouer, il s'agit surtout de la honte d'avoir péché. « Pour entrer dans le mystère du pardon, nous devons avoir honte. » Toutefois, si le pape insiste sur la nécessité d'aller au-delà de la honte devant soi, devant les autres, c'est parce qu'elle est l'affaire de tout un chacun. L'éthique réclamée par le Décalogue et ses déclinaisons nous rend tous pécheurs, et indignes, devant ce Dieu. Notons tout de même que certains sont moins dignes que d'autres de recevoir l'absolution : les deux volumes du manuel de *Théologie morale à l'usage des curés et des confesseurs* (1845-1848) manifestent le rapport de l'institution catholique à la société. Par exemple, une dizaine de lignes prétendent distinguer le bon du mauvais banquier (qualifié d'« usurier »), là où quelques mots suffisent à condamner la pute et bien d'autres (« ceux qui vivent publiquement dans l'adultère ou le concubinage »).

Cela dit, la dimension transcendantale de la honte marque une distinction radicale dans la comparaison que je cherche à faire. Pour le pape François :

> Le pardon est total. Mais il ne peut se faire que si je sens mon péché, si j'ai honte, j'ai honte et je demande pardon à Dieu et je me sens pardonné par le Père. Et ainsi je peux pardonner. Sinon, on ne peut pas pardonner, nous en sommes incapables. C'est pour cela que le pardon est un mystère[1].

Le dévoilement

Revenons à la difficulté d'avouer. À l'entreprise de dévoilement visant à se dégager de la honte, au moins pour un temps. Dans les dispositifs examinés, le dévoilement devant l'autre implique un partage d'intimité. S'il y a intimité, est-ce parce qu'il y a honte ? On se permet de dévoiler dans l'intimité ce qui pourrait rendre honteux si on le faisait publiquement.

Cette question ramène à un éclairage apporté par Gail Pheterson au sujet du mot « putain » en tant qu'« étiquette qui peut s'appliquer à n'importe quelle femme » : l'adjectif correspondant serait « impudique ». La pratique psy dérange-t-elle parce qu'elle autorise le dévoilement, parfois vu comme un manque de pudeur ? En effet, parmi les acceptions de cet

1. *La grâce de la honte*, pape François, 2017.

adjectif relevées par l'autrice se trouve « qui manque de décence (de langage), de retenue ». Parler de soi, de son intimité, peut être considéré comme impudique, qui plus est à une personne étrangère à son cercle familier, avec laquelle une tension sexuelle peut apparaître. Si en plus la conversation porte sur la sexualité… Alors pourquoi est-ce la pute que l'on assimile à l'impudeur en la désignant par un substantif qui incorpore cette signification ? C'est en réalité la relation qu'elle rend possible qui est qualifiée d'impudique, tout comme peut l'être celle avec le psy ou le curé. La pudeur a en effet, selon Monique Selz, à voir avec la « présence de l'autre », « la dimension sexuée du corps », mais, par-dessus tout, elle « témoigne de la qualité de la relation à l'autre et de l'existence d'un espace de discontinuité entre soi et autrui ». Un psy ou un curé peut être responsable d'un glissement vers l'impudeur lorsqu'il ne respecte pas, ou ne fait pas respecter, cet espace entre l'autre et soi.

La stigmatisation de la pute semble liée au fait qu'elle utilise son sexe pour gagner de l'argent. Que dire de l'utilisation de l'écoute ? Certains traitent les psys de charlatans. Les mêmes, ou d'autres, ne sont pas plus tendres envers les confesseurs. La racine de cette ostracisation se trouve-t-elle dans le dévoilement permis par ces trois pratiques ? Le rejet et la stigmatisation portent sur celles et ceux qui, justement, osent la rencontre de l'autre dans sa plus grande vulnérabilité, son mystère, l'inadmissibilité de sa différence, là où les secrets de famille sont légion, là où raconter ses difficultés intimes à un étranger peut être vu comme une trahison par les proches. Question de la transcendance mise à part, si l'aveu de ses faiblesses est considéré comme plus acceptable lorsqu'il est fait devant un curé que devant une pute, cela tient au jugement sociétal porté sur ces professions, pas à la nature de l'aveu.

Authenticité

Le philosophe Claude Romano analyse les déterminants de l'authenticité. Articulant relation à soi et relation aux autres, il précise que :

> L'authenticité consiste plutôt en deux attitudes étroitement imbriquées :
> 1) vivre en conformité avec ses principes mais aussi avec ses aspirations en général, ses goûts, ses préférences, ses talents, ses réactions affectives ;
> 2) se présenter aux autres d'une manière qui soit fidèle à ces mêmes principes, aspirations ou réactions affectives, et ne pas chercher à les travestir.

Elle se distingue de la sincérité « aboutissant à une transparence totale ». Le médecin peut ainsi ne pas dire toute la vérité au patient, pour ne pas aggraver son état.

Comment concilier authenticité et pratique professionnelle lorsque celle-ci implique une relation intime ? Que ce soit dans un confessionnal ou sur un divan, la mise en scène, le cadre et ses effets font-ils obstacle à l'authenticité de la relation ? Lorsque la forme prend le pas sur le fond, il y a *rapport* plus que *relation.* L'authenticité devrait-elle se traduire par la spontanéité ? Non. Le cadre détermine ce qui est permis et ce qui ne l'est pas, du côté du professionnel comme de celui de l'usager. Cela signe-t-il l'impossibilité de l'authenticité ? Non plus. Il ne s'agit pas d'absolu, mais de la plus grande authenticité possible au vu des conditions contextuelles de la rencontre. Cette question est au cœur de celle de la « bonne distance » avec le patient, le pénitent ou le client. Claude Romano identifie cette difficulté à dissocier « vérité envers soi-même et fausseté envers les autres », ce qui le mène à conclure que « l'hypocrisie envers les autres se double toujours d'un mensonge à soi et d'une perte de repères quant à son identité véritable ».

Je peux avoir des réactions que je qualifierais d'authentiques lorsque je prends position sur la façon dont le patient est traité dans son couple ou dans son milieu professionnel. J'opposerais en outre authenticité et neutralité (telle que préconisée par une certaine tradition psychanalytique). Lorsque mon analyse et mes émotions me paraissent de nature à soutenir le patient, je lui en fais part. Il m'arrive de dévoiler des émotions provoquées par les dires du patient, voire des aspects de ma propre vie si cela me semble judicieux. Certains patients ont de telles difficultés à envisager la simple possibilité d'alternatives à leur situation que j'ai déjà fait part de la façon dont je me suis sorti d'impasses, malgré le risque qu'ils rejettent ma solution sans prendre le temps d'y réfléchir, ou bien, au contraire, qu'ils y adhèrent sans chercher la leur.

Accepter l'autre

Pour permettre le dévoilement dans le respect, la confiance et la dignité, la capacité à accueillir la honte de l'usager est primordiale. Pouvoir laisser tomber le masque est source de soulagement. Il n'est pas question, ici, de pardon ni d'absolution, propres à la confession et à la charge du curé, mais de ce que l'usager peut éprouver en se dévoilant dans les trois contextes. Cela repose principalement sur l'amour. Dans l'ouvrage de Catherine Bensaïd et Jean-Yves Leloup *Qui aime quand je t'aime* (2005) se trouve un récapitulatif des dix termes grecs pour désigner ce sentiment. En « bas » de l'échelle, les formes les plus possessives : *porneia* désigne l'amour appétit, *pothos* l'amour besoin. À l'autre bout, les plus désintéressées : *agapè*, l'amour gratuit, *charis*, l'amour célébration, et *eunoia*, l'amour dévouement. Ne faut-il pas éprouver surtout des formes d'amour comme *storgè* (l'amour tendresse), *philia* (l'amour amitié), voire *eunoia*, pour exercer les métiers de pute, psy ou curé ?

C'est ce que m'évoquent les témoignages recueillis par Françoise Gil, ou celui de Virginie Despentes touchée par le client plein de détresse, solitude, fragilité. Sonia Verstappen dit qu'elle « aime ses clients ». Lorsque la pute manifeste l'accueil, suscite la mise en confiance nécessaire au dévoilement, ce peut être ancré dans l'amour de l'autre.

Le patient du psy dit la honte. Quelquefois son corps la manifeste, ne serait-ce que par un visage qui rougit soudainement. Le client de la pute engage son corps bien davantage. Et elle, que fait-elle de cela ? Monique Selz souligne à quel point « accueillir la honte c'est aussi, pour celui à qui elle est dite, se risquer à entrer dans une très grande proximité avec celui qui la dit. » Cette phrase résonne évidemment avec ce dont la pute peut faire preuve, au-delà des mots, au-delà du champ psy. Citons encore le dévouement de Grisélidis Réal : « C'est vrai, moi, quand je vois ces pauvres mecs qui tournent des nuits entières avec quelques billets dans la poche… et une pauvre queue qui est tellement timide… tellement triste… Moi je les ferais gratuit, franchement, par amour[1]. » Les témoignages de travailleur·euses du sexe révèlent l'importance d'accueillir l'homme, au-delà du client. Parfois, celui-ci repartira après avoir seulement parlé, été écouté.

Si l'amour dans la passe peut étonner, il pose de vives questions dans le cadre thérapeutique, où il est considéré à la fois

1. Extrait du film *Prostitution* réalisé par Jean-François Davy, 1976.

comme indispensable et source des plus grandes difficultés. Susan Baur rappelle que les premiers travaux modernes (fin du XIXe siècle) sur ce qui fait thérapie aboutirent à l'hypothèse que « toute psychothérapie sérieuse implique une sorte d'affection mutuelle fondée sur le respect de l'autre ». Il n'empêche que l'on se méfie de celle-ci. Comment travailler avec quelque chose d'aussi incontrôlable et indéfinissable que l'amour ? La chercheuse note que Freud n'avait pas éludé la question :

> Dans la mesure où l'analyse est portée par le transfert du patient vers l'analyste et rendue possible par l'intérêt profond, quoique non exprimé, de l'analyste pour son patient, les psychanalystes risqueraient toujours d'être « calomniés et brûlés par l'amour grâce auquel nous opérons – ce sont les risques du métier ».

L'amour est au contraire revendiqué comme central dans la confession. Selon le *Catéchisme* : « Le prêtre est le signe et l'instrument de l'amour miséricordieux de Dieu envers le pécheur. Le confesseur n'est pas le maître, mais le serviteur du pardon de Dieu. » Même si le prêtre agit « *in persona Christi* », la confession passe par cet intermédiaire, simple être humain. Sur le développement de cette dimension, *La vocation du prêtre* précise : « Notre rayonnement ne provient pas de trucages ou d'effets spéciaux, mais de notre capacité de nous faire proches, avec amour et tendresse, de toute personne blessée que nous rencontrons le long de la route. » Proximité, amour, tendresse. Des termes dans lesquels je reconnais ma façon de pratiquer. Avec toutes les précautions et la vigilance indispensables.

Comment le curé progresse-t-il dans cette voie, lorsque Dieu est amour infini et inconditionnel ? Son humanité, avec tous ses travers, peut faire obstacle à sa fonction de médiation avec l'amour divin. Tiré d'un roman de Béatrix Beck, le film *La Confession*, de Nicolas Boukhrief (2016), donne à voir les difficultés relationnelles dans lesquelles un prêtre et une femme se trouvent de plus en plus empêtrés. Celle-ci tombe d'autant plus sous le charme du prêtre qu'elle est communiste athée et, au départ, réfractaire à tout ce qui provient de l'Église. Alors que lui-même s'éloignera ultimement d'elle en demandant sa mutation sous d'autres cieux, elle aura eu le temps de vouloir se convertir, et finira par se rendre compte de son propre trouble: «Je ne sais pas si c'est Dieu que j'aimais à travers lui ou si c'est lui que j'aimais à travers Dieu.» Comment mieux dire les enjeux transférentiels pouvant surgir dans la confession aussi bien que dans la thérapie?

Pour l'heure, un paradoxe supplémentaire, commun aux trois professions, m'apparaît: considérer que l'on est soi-même l'instrument de travail mais que, pour cette raison, il faut éviter de se dévoiler en tant qu'individu. De nombreux métiers exigent du professionnel qu'il laisse sa vie privée en dehors du travail. Rares sont les métiers dont la relation constitue le cœur. Contradiction donc, que de ne pas raconter ma vie aux patients, alors même que je revendique l'efficacité de ma présence auprès d'eux. Mon être est requis dans cette rencontre, et il peut y avoir là dévoilement de ma part, mais ce qui fait ma biographie personnelle doit, sauf exception, être dissimulé. Cela vise à protéger le professionnel, mais m'effacer derrière l'outil que je représente, tout en manifestant la plus grande humanité possible, vise surtout à permettre une relation unique, qui aura des effets de transformation.

Un double mouvement est également nécessaire du côté de l'usager, car celui-ci prend le risque de ne pas être accueilli autant qu'il l'espère. Sans prise de risque, l'amour ne se montrera pas. Il est difficile de se dévoiler, de dire sa honte, d'avouer ses péchés, de se mettre (à) nu. Je repense aux paroles du médecin désemparé, à bout de souffle, à bout de vie, dans *Amok ou le Fou de Malaisie*, de Stefan Zweig :

> Il faut que je vous raconte mon propre cas. Il n'y a là aucune honte, aucune dissimulation… Devant moi aussi, les gens se mettent à nu et me montrent leur vermine, leur urine et leurs excréments… Quand on demande assistance, il ne faut pas tergiverser, il faut tout dire…

Du soulagement à la réconciliation

D'autres raisons et sentiments peuvent être à l'œuvre. Loin de considérer que tous les clients sont des obsédés sexuels, Norbert Campagna rappelle que la sollicitation d'un·e prostitué·e peut provenir de la difficulté à avoir des relations sexuelles : « Pour de nombreuses personnes, le choix n'est pas entre un rapport sexuel acheté et un rapport sexuel offert, mais entre un rapport sexuel acheté et pas de rapport du tout. » Certain·es patient·es me consultent avant tout par sentiment de solitude. Personne à qui parler. Plus précisément, personne à qui parler sans crainte de se sentir jugé·e. Personne pour les écouter avec une oreille qui leur est dédiée et qui évite les « bons conseils ». La sollicitation de la pute relève parfois de ce type de motif. Sonia Verstappen en manifeste la possibilité :

> Quand un client vient me voir, […] je veux qu'une fois qu'il est là, il puisse prendre conscience que le bordel est un lieu hors convention sociale, où il peut être totalement humain. Les lois du dehors n'ont rien à voir avec les lois qui règlent la relation pute-client.

Comment parvenir à entrer dans ce « lieu hors convention sociale » ? Je reconnais là quelque chose de commun avec le cabinet ou le confessionnal (même s'il existe des conventions propres à chaque métier). La démarche peut être source de peur chez les usagers, notamment lors de leur première fois. Comment se comporter dans ce lieu étrange, avec cette personne qui exerce un tel métier ? Je pense à ces hommes venus me consulter, commençant timidement par « c'est ma femme qui veut... », « je ne sais que dire... comment ça marche ? ». Le psy fait peur, comme la pute – pour des raisons différentes : « Si la peur des prostituées est si lourde, c'est parce qu'elle est chargée des chaînes du désir, du dégoût, du jugement, de la morale, de la culpabilité et de la honte[1]. »

Et que dire de la crainte devant Dieu ! La désaffection du sacrement de pénitence a conduit l'Église à en renouveler divers aspects. Dans la notice « Pour redécouvrir le "Rite de la Pénitence" », publiée en 2015 par la Congrégation pour le culte divin et la discipline des sacrements, la peur et son dépassement ne sont pas ignorés. Les qualités du prêtre mises en avant à cette fin sont « simplicité, respect et patience ».

> Le Rituel de la pénitence a le souci que le ministre du sacrement, représentant du Christ, fasse en sorte que ce moment initial soit vécu par le pénitent le plus facilement possible et dans la confiance. Nous savons tous comme il peut être difficile de s'approcher de la confession. Toutefois lorsqu'on réussit à faire le premier pas, la grâce est déjà à l'œuvre.

1. Pluma Sumaq, « Une disgrâce réservée aux prostituées : complicité et communauté bien-aimée », article cité.

En-deçà de la peur liée au regard social se terre parfois la peur de l'inconnu, cette peur surmontée malgré toutes les réticences. Est-ce la souffrance psychique si envahissante qu'il devient urgent de demander de l'aide à un psy ? Est-ce la pulsion sexuelle si envahissante qu'il devient urgent de solliciter une pute ? Pleine d'humanité, Grisélidis Réal met la frustration au premier rang des raisons pour aller voir une pute, tout en délestant le client de la responsabilité de cette frustration :

> Il y a souvent des clients qui viennent se venger de toutes les frustrations que [...] la société entière leur a infligées... alors ils viennent se venger sur une putain, et ça leur fait du bien, et la putain doit comprendre ça.

Poursuivons l'hypothèse selon laquelle les psys de la fin du XIXe siècle auraient eu envers les femmes quelque fonction analogue aux putes pour les hommes. Concernant ces derniers, le XIXe siècle a été celui du désintérêt pour la confession, qui les culpabilisait de plus en plus au sujet de la pratique contraceptive de retrait – dont l'Église ne considérait pas les femmes responsables, car tenues pour sans pouvoir sur celle-ci. C'est une des conclusions de Ralph Gibson, qui a en outre éclairé l'évolution du catholicisme liée à cette féminisation : « Le vieux Dieu-le-Père, justicier et vengeur, qui avait dominé le XVIIIe siècle, laissa peu à peu la place à un Dieu de miséricorde. » À la fin du XIXe siècle, non seulement la pratique de la confession était plus développée chez les femmes, mais le contexte sociétal était particulièrement marqué par le patriarcat :

> Être un bon catholique impliquait [...] d'accepter l'autorité du clergé et de se soumettre à son jugement. Or, ce clergé était composé d'hommes. La généralité des femmes, habituées à

accepter et même à chercher une tutelle masculine, n'y voyaient pas d'inconvénient, et même elles s'en trouvaient réconfortées.

En outre, les femmes trouvaient dans les églises un lieu de sociabilité, entre elles. Cela ne signifie pas qu'elles y trouvaient davantage de liberté d'être.

> Les hommes bourgeois, après avoir rendu de temps en temps le devoir conjugal, fréquentaient des prostituées ; leurs femmes, cantonnées dans leurs responsabilités domestiques et traumatisées par l'idée de leur sexualité, risquaient fort de devenir ou de rester frigides. Une morale catholique qui hyperculpabilisait le corps ne posait donc guère de problèmes pour elles.

« Guère de problèmes » ? Pas si sûr. Au-delà des services rendus par la confession et en l'absence de prostitués pour les femmes, comment celles-ci métabolisaient-elles leur trop-plein pulsionnel ? En plein essor en Occident à la fin de ce siècle marqué par les mutations sociétales, industrielles, techniques, le psy serait-il venu combler ce manque ? C'est la grande époque du diagnostic d'hystérie, avec ses représentations et étiologies sexuelles. Alain Corbin repère l'évolution des mœurs de cette époque – « un basculement s'opère, vers la fin du siècle, quand se brouillent peu à peu les modèles de la courtisane et de l'épouse honnête » – et décèle l'association avec le fameux diagnostic : « Le plaisir féminin lui-même continuera de porter la marque de la courtisane folle de son corps ; en attendant qu'il soit assimilé au geste de l'hystérique. »

Pour attirer le regard et l'attention des hommes, non plus curés mais médecins psychiatres, la femme honnête devenue « folle de son corps » devait-elle en passer par l'hystérie afin de parvenir à une libération émotionnelle ? Célèbres sont les images représentant les patientes hystériques de Charcot devant une assemblée d'hommes, à la Salpêtrière. En consultation privée, les patientes hystériques de Freud disposaient désormais elles aussi d'un homme, distinct du curé et de leur éventuel époux, auprès duquel se dégager temporairement, dans l'intimité, du poids de leurs contraintes, afin d'en retirer, a minima, un soulagement. Là où l'homme fréquentait les putes, dans une société où c'était largement toléré, la femme avait comme issue de se rendre malade, ou plutôt d'être considérée comme sexuellement malade par la profession médicale, majoritairement masculine. Voici la raison avancée par Serban Ionescu, psychiatre et psychologue, à la disparition progressive du diagnostic d'hystérie :

> Si l'on admet, par exemple, que l'hystérie telle qu'on l'a connue au XIXe siècle était le produit d'une répression exercée sur la libre manifestation des émotions, des pulsions, des instincts, alors la libéralisation de ces manifestations rendrait superflu le recours à des formes d'expression substitutives ou symboliques[1].

Disparition du diagnostic d'hystérie, mais pas de la pulsion ni des problématiques associées, qui peuvent maintenant se vivre plus librement : « Le psychanalyste et la prostituée n'ont-ils pas, chacun de leur place, affaire à la question du sexuel de manière quotidienne[2] ? » De l'autre côté, pourquoi un homme solliciterait-il une pute plutôt que de consulter un psy ? Ralph Gibson remarque que « les hommes répugnaient viscéralement à dévoiler les secrets de leur vie intime à un autre

---

1. Serban Ionescu, *in* Rodolphe Ghiglione et Jean-François Richard (dir.), *Cours de Psychologie*, t. I, *Origines et bases*, Dunod, 1998.
2. Viviane Dubol, « Je suis une prostituée, tu seras un travailleur du sexe. Une filiation impossible », *Travail, genre et sociétés*, vol. 2, n° 10, 2003.

homme». Son analyse porte sur la confession à un prêtre et sur le XIXe siècle mais je crois que, aujourd'hui encore, un homme peut préférer raconter ses problèmes à une femme qu'à un homme. Sollicitera-t-il une pute avant tout, parfois uniquement, pour cela ? Au-delà du sexe ou de la frustration le conduisant vers la pute, le client peut chercher autre chose que le soulagement. Il trouve parfois ce supplément d'humanité, qui ne saurait apparaître sans respect mutuel, chez celles qui disent aimer leurs clients. D'après Grisélidis Réal, «les hommes n'ont plus de secrets pour une prostituée, elles connaissent tous leurs désirs, tous leurs fantasmes, tous leurs problèmes, qu'ils relèvent de la sexualité ou de l'affectivité». Je peux attester que, dans le cadre des consultations avec moi, les femmes ont au sujet de leur sexualité une parole plus libre que les hommes. Je ne sais si mes consœurs, actuellement largement majoritaires dans la profession de psychologue, témoigneraient du phénomène réciproque.

Plus largement, si le cadre instauré par la pute vise à permettre le respect du contrat et des individus, et si le cadre instauré par le psy y ajoute la théorie de la dimension thérapeutique de celui-ci, quel est l'horizon de la confession ? S'il y a dans tous les cas, chez l'usager, une forme de blessure, terme auquel renvoie le péché, l'Église offre un sacrement de réconciliation. Revenons d'abord sur le mot péché, selon le *Catéchisme* dans «Dignité de la personne humaine» :

> 1849. Le péché est une faute contre la raison, la vérité, la conscience droite ; il est un manquement à l'amour véritable, envers Dieu et envers le prochain, à cause d'un attachement pervers à certains biens. Il blesse la nature de l'homme et porte atteinte à la solidarité humaine. [...]

> 1853. On peut distinguer les péchés selon leur objet, comme pour tout acte humain, ou selon les vertus auxquelles ils s'opposent, par excès ou par défaut, ou selon les commandements qu'ils contrarient. On peut les ranger aussi selon qu'ils concernent Dieu, le prochain ou soi-même; on peut les diviser en péchés spirituels et charnels, ou encore en péchés en pensée, en parole, par action ou par omission.

Du point de vue du pénitent, les *Éléments pour aider les confesseurs* précisent les enjeux du sacrement de pénitence et réconciliation :

> Il s'appelle sacrement de la « pénitence » puisqu'il consacre une démarche personnelle et ecclésiale de conversion, de repentir et de satisfaction. Il s'appelle aussi sacrement de la « confession » puisque l'accusation, la confession des péchés devant le prêtre est un élément essentiel de ce sacrement. En un sens profond il est aussi une « confession », reconnaissance et louange de la sainteté de Dieu et de sa miséricorde envers l'homme pécheur. Et il s'appelle sacrement du « pardon » puisque par l'absolution sacramentelle du prêtre, Dieu accorde au pénitent « le pardon et la paix », et de la « réconciliation » parce qu'il offre au pécheur l'amour de Dieu qui réconcilie.

L'aveu, la mise à nu, n'est que la première étape, et plus qu'une simple acceptation de dire ses fautes. Afin d'obtenir le pardon, l'absolution, « la confession doit être humble, simple et entière[1] ». Cela requiert un examen de conscience, à réaliser avec méthode et sérieux, non sans « d'abord

1. Abbé Auguste Boulenger, *Abrégé de la doctrine chrétienne* [1926], Librairie catholique Emmanuel Vitte, 6e édition, 1936.

demander à Dieu la grâce de bien connaître ses péchés et surtout d'en avoir le regret». L'institutionnalisation de la confession lui assure une dimension sociétale sans commune mesure avec les autres dispositifs que sont la passe avec la pute et la séance avec le psy. Mais la finalité de la confession va bien au-delà de la réconciliation avec soi-même, voire entre soi et la communauté humaine. Comme le rappelle le *Catéchisme*, «la confession personnelle est donc la forme la plus significative de la réconciliation avec Dieu et avec l'Église».

Respect et dignité

Évoquer les notions de respect et de dignité dans le contexte de la confession semble aller de soi. Ce qui se passe dans un confessionnal doit, en principe, se conformer à ces valeurs. Comme dans le cabinet du psy. Le code de déontologie des psychologues utilise fréquemment le terme de respect, le plus souvent à l'égard du patient. En outre, «le psychologue fait respecter la spécificité de sa démarche et de ses méthodes. Il respecte celles des autres professionnels». C'est aussi le cas de la pute, souligne Norbert Campagna :

> [Elles] estiment travailler selon ce que l'on pourrait appeler un certain code de déontologie. Elles ne sont pas prêtes à accepter toutes les pratiques et elles ont un tarif commun. Certaines d'entre elles témoignent même du souci de bien faire le travail et de faire en sorte que le client reparte satisfait. Elles insistent sur l'idée de respect : exigence que le client respecte la personne prostituée, mais aussi respect de la personne prostituée pour le client.

Solidarité entre professionnelles et conventions relationnelles fondées sur le respect entre fournisseur et client. Quoi de choquant, formulé ainsi ? Dès que l'on parle de travail du sexe, les discours changent du tout au tout. Le jugement d'indignité est socialement incrusté au rapport prostitutionnel. « Baiser » pour du fric serait indigne. Point final. Norbert Campagna pointe en quoi la dignité est l'ultime argument interdisant à l'approche psychologique comme à l'approche morale de souscrire à la conception d'une prostitution libre. Il ouvre une perspective : « Dès lors que le rapport prostitutionnel n'est plus construit comme un rapport qui serait en soi dégradant pour la personne prostituée, la question de la liberté se pose en d'autres termes. » Son livre *Prostitution et dignité*, par son existence même et son titre, reflète la difficile évolution des mentalités. L'argument est important pour les putes qui soutiennent avoir choisi d'exercer ce métier et qui souhaiteraient que la société arrête de les stigmatiser et de les harceler. Dans quelles conditions le rapport prostitutionnel pourrait-il ne pas être indigne et dégradant ? Quels critères permettraient d'en juger ? Pour l'auteur, cette qualification « ne dépend pas de l'acte, mais des intentions et du comportement des personnes qui participent à l'acte ».

On l'a vu en début de chapitre, le client est rarement fier de solliciter une pute. Le sentiment de mépris qu'il éprouve envers elle, projection de sa honte de lui-même, relèverait de son besoin de rejoindre la société normative dont il provient, cette société qui dans son ensemble méprise les putes. « Ainsi, l'homme passe-t-il d'une idéalisation exacerbée de “la” femme à son meurtre symbolique », écrit Françoise Gil. Le chemin semble long avant que les intentions et comportements du client échappent à toute indignité. Il n'y a cependant pas plus d'indignité dans le fait de solliciter une pute que dans le fait d'exercer ce métier. Ce qui est indigne, c'est la façon dont les putes sont traitées. De la même façon que le patient peut accepter de demander de l'aide à un psy pour ses douleurs de l'âme, le client pourrait accepter de demander de l'aide pour un soulagement sexuel, et le faire avec respect, surmontant la honte… qui peut justement être à l'origine de la sollicitation et conduire à ce manque de respect.

Ce quelque chose recherché par l'usager à travers la sollicitation de l'autre ne résonne-t-il pas avec la difficulté à demander de l'aide ? Ce serait peu étonnant dans une société où la toute-puissance est survalorisée, en particulier chez la gent masculine. Et le traitement indigne peut prendre bien des formes. Je pense à ces gens que j'ai aidés, hors du cadre de mon travail, alors qu'ils étaient en détresse, et qui m'ont tourné le dos une fois sortis d'affaire. Me revoir les renvoyait-il à leur honte d'avoir dû me demander de l'aide, de s'être montrés vulnérables ? Il fut une époque où je ne pouvais comprendre ces comportements. J'avais l'impression qu'il était devenu indigne d'être en ma compagnie. Aujourd'hui je vois davantage leurs blessures.

Pour Norbert Campagna, « accepter d'avoir un rapport sexuel en échange d'une certaine somme d'argent n'implique pas encore nécessairement de sacrifier sa dignité ou de la remettre en question ». Certaines putes ne s'y trompent pas lorsqu'elles sont sensibles à la détresse de ceux qui les sollicitent, lorsqu'elles peuvent éprouver le sentiment du travail bien fait, lorsqu'elles ont pu apporter un soutien. Quand bien même le client leur en voudrait. Projective, cette rancune ne leur est pas adressée. Marc Oraison, prêtre, médecin, psychanalyste et écrivain, dégage les fondamentaux d'une telle relation dans *La prostitution… et alors ?* (1979) :

> C'est donc au niveau de la qualité de la relation qui s'établit que se pose réellement la question de la valeur morale. [...] Comment les deux partenaires vivent-ils la relation éphémère et de qualité intrinsèque très inférieure, certes, qu'ils engagent ? Y mettent-ils, l'un et l'autre, ce souci minimum de respect – mais oui ! –, de discrétion et de considération réciproque ?

Accepter de réaliser un travail que l'on trouve soi-même dégradant, en particulier lorsqu'il est éloigné de nos valeurs, me semble propre à susciter ce sentiment d'indignité. Le douzième point du manifeste du féminisme pute revendique le respect du choix d'exercer le travail du sexe :

> Faire respecter toute parole à la première personne. Refuser le paternalisme qui infantilise les femmes et les juge incapables d'exprimer leur propre volonté sous le prétexte fallacieux que nous serions manipulées, hier par les curés pour nous interdire le droit de vote, ou aujourd'hui par des proxénètes pour interdire le racolage.

Indépendance, liberté, respect de sa place et de sa parole. Autant de revendications que le psy peut également porter, dans son rapport à la société comme dans sa pratique. Difficile de savoir ce qu'il en est pour les prêtres, au vu de leur appartenance à une institution telle que l'Église, même si leurs personnalités et parcours peuvent être très divers : « On peut confesser des relations tendues entre prêtres au presbytère. Entre les classiques, les modernes, les tradis, les cols romains, les prêtres-ouvriers, les curés de droite, les curés de gauche... ce n'est pas tous les jours facile » (père Vincent). L'accueil hostile réservé par l'Église aux ouvrages de Marc Oraison atteste de la difficulté de tenir un propos s'écartant du dogme :

> En 1953, son ouvrage *Vie chrétienne et problèmes de la sexualité*, dans lequel il tentait de prendre en compte les données psychanalytiques pour faire avancer les conceptions de la morale traditionnelle, est mis à l'Index. [...] En 1966, à la suite de la parution de son livre *Le mystère humain de la sexualité*, il lui est défendu de poursuivre ses travaux sur la psychanalyse, de faire des conférences et de publier ses ouvrages[1].

Les impasses d'une pratique sans amour

Si les psychothérapeutes et même le clergé abandonnent le chemin de l'amour, qui reste-t-il dans notre société pour prendre la défense de l'intimité?
Susan Baur

Sur la base des conditions nécessaires à une relation « suffisamment bonne[2] » dans la durée, et au-delà des questions de résultat, y a-t-il des caractéristiques propres à décrire les approches des trois types de professionnel·les dans la réalisation de leur prestation? La prédominance du caractère technique ou relationnel affecte la place donnée à l'usager au sein du dispositif. Grisélidis Réal affirme la nécessité d'avoir « beaucoup de diplomatie, de patience et de technique ». Cette dernière est attendue en tant qu'élément de compétence. Attention néanmoins à ne pas la considérer comme fin en soi au sein de métiers où la dimension relationnelle est incontournable. Plus la relation est favorisée par le professionnel, plus l'usager sera considéré comme sujet, respectable et

1. Marie Romanens, *Le divan et le prie-Dieu*, Desclée de Brouwer, 2000.
2. Selon l'expression de Donald Woods Winnicott (1896-1971), pédiatre et psychanalyste.

respecté. Les qualités socialement associées aux termes masculin/féminin me semblent utiles pour distinguer les pratiques.

La religion catholique est marquée par le masculin : « Le confesseur est pasteur, père, maître, éducateur, juge spirituel et même médecin qui discerne et propose sa cure. » La dimension explicitement féminine du prêtre fait l'objet d'une dizaine de lignes à peine dans les *Éléments pour aider les confesseurs*, dont la phrase suivante : « La spiritualité mariale du prêtre laissera entrevoir, dans sa façon d'agir, le Cœur maternel de Marie comme un reflet de la miséricorde divine. » On appréciera la modération de l'expression « laisser entrevoir ». Pourtant, Marie est « celle qui connaît le plus à fond le mystère de la miséricorde divine ».

Céline Béraud rapporte que le titre de directeur spirituel disparaît au profit de celui d'accompagnateur spirituel, signe du désir de l'Église d'épouser le courant égalitariste traversant nos sociétés, loin du modèle infantilisant qu'évoque le terme de direction[1]. Avec quel impact ? « Le règne de "l'individu souverain" ainsi que le droit à la reconnaissance de toute sa singularité se manifestent pleinement dans l'expérience religieuse. » Néanmoins, suffit-il de changer l'étiquette pour passer à une position de *care*, et que la direction laisse place à l'esprit d'accompagnement ? Le pénitent appelle encore souvent le curé « mon père », résonant avec un « Notre Père » divin. Malgré cela, la réconciliation pencherait-elle du côté féminin ? La *Théologie morale à l'usage des curés et des confesseurs* précise que « les principales qualités qu'un confesseur

---

1. L'expression « directeur spirituel » disparaît certes de la communication destinée au grand public, mais pas des documents officiels : rappelons que l'ouvrage *Le prêtre ministre de la miséricorde divine* (2011) a pour sous-titre *Éléments pour aider les confesseurs et les directeurs spirituels*.

doit avoir sont la sainteté, le zèle, la charité, la douceur et la fermeté, la science, la prudence et la discrétion ».

Le livre de Vincent Mongaillard offre quelques surprises sur la manière dont les curés pratiquent le sacrement. Tout d'abord, ils semblent avoir globalement intégré le changement d'orientation de l'Église, se faisant l'écho d'un sacrement qui aurait perdu toute dimension culpabilisante, contrairement à une société source de persécution : « La société passe son temps à nous montrer du doigt [...]. Dans le confessionnal, les gens ne sont pas jugés, pas enfermés, pas emprisonnés. Au contraire, c'est une libération qui s'opère » (père Denis). Rappelons que cette libération, si efficace qu'elle puisse être, n'est pas sans conditions. Le pénitent doit sincèrement regretter ses actes. Pas d'absolution pour celui qui confesse un péché (l'adultère en particulier, souvent cité par les prêtres) sans intention d'y mettre fin. Mais ce n'est pas tout. Selon le *Catéchisme* :

> L'absolution enlève le péché, mais elle ne remédie pas à tous les désordres que le péché a causés. Relevé du péché, le pécheur doit encore recouvrer la pleine santé spirituelle. Il doit donc faire quelque chose de plus pour réparer ses péchés : il doit « satisfaire » de manière appropriée ou « expier » ses péchés. Cette satisfaction s'appelle aussi « pénitence ».

La façon dont les prêtres abordent la question de la pénitence révèle l'infantilisation dans laquelle ils tiennent encore parfois les pécheurs. Les qualités prônées par l'institution catholique sont inégalement distribuées entre les prêtres. Vincent Mongaillard rapporte quelques témoignages de prêtres aux pratiques radicalement opposées.

Parmi les détracteurs de la pénitence, le père Antoine explique : « Je ne donne jamais de pénitence. [...] Il faut dépasser cette mentalité enfantine. Moi, je dis au confessé : vous choisissez vous-même, par votre conscience, la réparation qui vous semble la meilleure. [...] Je donne systématiquement l'absolution. Je laisse Dieu être Dieu. » Père Daniel : « Je pardonne dès qu'il y a acte de contrition, dès que j'entends une volonté de trouver une solution malgré la souffrance. [...] La démarche de confession représente déjà un événement en lui-même, un petit exploit. » Le célèbre curé d'Ars allait encore plus loin, dans une démarche sacrificielle manifeste : « Il avait la réputation d'exiger des pécheurs de très légères réparations, prenant pour lui la peine : "Je leur donne une petite pénitence et je fais le reste à leur place." »

À l'inverse, certains prêtres donnent des pénitences très précises, loin de se réduire à la récitation de quelques Ave Maria ou Notre Père : « Au procrastinateur qui me répète que c'est le bordel dans son appartement, je lui demande de ranger sa chambre avant la fin de la semaine », raconte le père Emmanuel. Même méthode pour le père Arnaud : « À une personne accro au portable, je vais lui demander d'éteindre pendant une heure. À un homme dur avec sa femme, je lui suggèrerai de revenir à la maison avec un bouquet de fleurs. »

Le père Alexis, lui, a une approche qui rappelle les conseils que l'on pourrait entendre dans les sphères liées au « bien-être », voire chez certains psys : « À celui qui répète qu'il est nul, incapable de rien, qu'il est pessimiste avec lui-même, je propose qu'il s'offre un cadeau. [...] Je lui dis : aimez votre vie. » Pourtant, je ne pense pas que la qualité thérapeutique de la prestation ait un lien avec ce type de pénitence. Une fois encore, la question relationnelle est centrale. Au-delà de la pénitence, au-delà de l'absolution, « reconnaître la vérité est toujours libérateur » (père Jean-Luc). D'où l'importance des conditions autorisant à la dire.

Alors, quand ce sont les pécheurs qui réclament la pénitence, il ne faut pas en tenir le curé pour seul responsable. Ils demandent autre chose à travers celle-ci. Dans le champ psy, même si le terme de pénitence est hors de propos (et plus encore l'absolution qui en résulte), l'infantilisation peut être induite par certain·es patient·es. Je me suis plus d'une fois entendu répondre « je ferai mes devoirs » à une suggestion d'écrire les rêves. Quant à l'infantilisation en compagnie de la pute, je rappellerai juste l'histoire de Grisélidis Réal au sujet du client aux prises avec l'image de la mère et de l'allaitement.

Concernant les compétences idéales du psy, la double présence des attitudes dites féminines et masculines[1] est attestée par Marie Romanens :

> L'attitude la plus juste pour l'analyste réside dans une subtile alliance des deux éléments, féminin et masculin : être capable à la fois de résonance empathique et de recul éclairant, d'écoute réceptive et de réflexion créatrice, d'unisson et de séparation, de bienveillance et de fermeté. Elle est possibilité de se laisser mouvoir par la rencontre en même temps que capacité à se tenir dans la distance. Elle est fantaisie débordante et rigueur de la loi.

Dans *Les dragons du sexe*, Grisélidis Réal identifie, selon une terminologie comparable, les ingrédients contribuant à la valeur thérapeutique de son métier :

1. Il ne s'agit pas de désigner par là les êtres humains, mais les qualités socioculturellement associées à ces deux polarités (avec tout ce que cela peut comporter de stéréotypes).

Je crois honnêtement qu'un homme traité avec toute la science[1], la tendresse et la violence qui s'imposent peut dans les mains d'une femme, sous sa langue et dans son corps, oublier par moments ses fantasmes, sa vieille mère castratrice, et ses terreurs d'enfant.

Sous les différences de langage, ne reconnaît-on pas dans ces termes de tendresse et violence (sans oublier la science) les attributs que devraient posséder tant le curé que le psy ? Ces modalités, associées au développement de tout être, peuvent prendre des formes extrêmes : « C'est épouvantable de se dire qu'on a contribué au bien-être d'un homme en le traitant comme un chien. C'est pourtant ce qu'il nous demande, et nous paye pour ça », témoigne encore Grisélidis Réal. Jamais, dans ma perspective en tout cas, un psy ne pourra envisager de traiter un patient comme un chien. Ne pas nuire est un des principes fondateurs du soin psychique. Pour autant, je me suis parfois aperçu, a posteriori, que des patients avaient mal vécu certaines de mes interprétations.

Le soin, traditionnellement associé au féminin, est également un élément essentiel de ces métiers. Pas de doute pour Françoise Gil : « Le souci de l'autre, dans l'acte prostitutionnel, s'intègre au concept du *care*, qui questionne globalement la place de la sollicitude, du soin et des sentiments dans le système social. » Cela s'applique-t-il à l'acte de confession ? Le curé n'est pas associé à l'image du guerrier. Pas viril, pas du côté du masculin, il s'inscrit pourtant dans une religion patriarcale… tout en revendiquant sa capacité à la miséricorde mariale. La pute est, quant à elle, hyperféminisée et utilise ce qu'elle a

1. Il ne s'agit probablement pas ici de « science » au sens moderne et circonscrit de la méthodologie scientifique, mais plutôt de la connaissance au sens large.

de biologiquement féminin – les organes sexuels – sans pour autant être en position de *care*. À quoi cela tient-il ?

À l'amour. C'est l'argument principal et radical, au risque de choquer, de Susan Baur : « Écarter l'amour – l'intimité, l'affection, l'attirance physique et même la jouissance et le réconfort de rester inconsolable – ne peut que nuire à la thérapie même. » La tentation techniciste, contrôlante, sécuritaire, prétendument protectrice, est destructrice de lien social. Pour l'anthropologue François Laplantine, l'intime est un « régime de socialité qui n'est plus celui de l'emprise mais du lâcher prise et de la détente ». Plus encore, « l'intime peut être le lieu et le temps de la résistance à l'instrumentalisation et à la dépersonnalisation des rapports sociaux ».

Susan Baur exprime son inquiétude au sujet de la situation des États-Unis. D'une part, les thérapies s'y font sous le contrôle des compagnies d'assurance, dont les intérêts ont peu à voir avec le bien-être des patients. D'autre part, la judiciarisation de la société et la défense contre les abus ont peu à peu fait basculer le pouvoir du côté des patient·es. Prenant du recul, elle écrit : « Il est clair qu'on ne peut pas tracer une ligne entre les responsabilités des thérapeutes et celles des patients, et que le pouvoir qui accompagne ces responsabilités passera des uns aux autres en fonction de l'évolution culturelle. » Contraint·es à être de simples technicien·nes suivant des protocoles, les thérapeutes américain·es n'osent plus prendre de risques. « Le pouvoir et la responsabilité du thérapeute sont réduits comme jamais […], la psychothérapie devient un service standardisé fourni désormais par un système et non plus dans le cadre privé d'une interaction entre deux individus. » L'objectif réel de ce service standardisé serait-il de produire et réparer des personnes dont le système peut disposer comme il le souhaite ?

Comme l'exprime Tobie Nathan, « les systèmes thérapeutiques constituent [...] des forces sociales et politiques extrêmement puissantes, quoique les thérapeutes prétendent toujours qu'ils ne travaillent qu'au soulagement de la souffrance individuelle ». La formation de différents types de psys répond aux logiques de forces sociétales potentiellement conflictuelles. Si le système dominant peut fabriquer les thérapeutes dont il a besoin, qu'il fait de ceux-ci un outil supplémentaire de contrôle, les patient·es ont peu de chances de passer à travers les mailles du filet... Toutefois, Susan Baur se veut optimiste, combattante :

> Bien que la thérapie serve les intérêts de la culture dominante et tende à réfréner plutôt qu'à encourager les vraies révolutions, dans le cadre du code de conduite instauré par notre société, les cliniciens poussent leurs patients à quitter les sentiers battus et à expérimenter de nouvelles manières de penser, de sentir et de se comporter.

Vingt ans après la parution de l'étude de Susan Baur aux États-Unis, faut-il s'inquiéter à notre tour des conséquences d'un tel fonctionnement sociétal ? Début 2022, en France, le « service standardisé fourni désormais par un système » se renforce : le dispositif MonPsy permet le remboursement de consultations psychologiques en libéral[1], selon des règles de fonctionnement et des critères qui ne sauraient faciliter la relation thérapeutique. MonPsy donne au médecin traitant le pouvoir décisionnel d'orienter vers tel ou tel psy, et ce pour

1. La prise en charge de soins psychologiques par la Sécurité sociale (spécificité par rapport aux États-Unis) a toute légitimité. Nombre d'institutions assurent depuis longtemps des suivis sans frais pour l'usager, mais elles sont généralement saturées. Et... fonctionnent-elles bien ?

un nombre de séances fort limité. Cela contredit le code de déontologie des psychologues qui, dès son premier principe, entend favoriser « l'accès direct et libre de toute personne au psychologue de son choix ». Susan Baur insiste sur le risque d'abus en cas d'emprise de la technicité :

> Si professeurs, thérapeutes et membres du clergé font un adieu affolé à l'intimité, si ceux qui aident et ceux qui sont aidés se sentent frustrés d'être dans une relation entièrement gérée et non plus authentique, alors il se pourrait que le nombre d'abus sexuels flagrants augmente au lieu de baisser.

Il ne s'agit pas de questionner la responsabilité des criminels, mais de dénoncer l'évolution d'un système vers une technicisation déshumanisante, qui aboutit à des comportements cyniques, froids, pouvant mener à des abus. Si l'on ne peut pas parler d'abus de la part des putes, leur situation me semble relever de la position défendue ici. Pas plus que le psy ou le curé, la pute n'accepte d'être dépossédée de sa subjectivité. Plus la société cherche à contrôler sa pratique en empiétant sur son autonomie, plus la pute est victime d'abus. Ultimement, le professionnel trinque lorsqu'il ne lui est pas permis d'exercer son métier dans des conditions sur lesquelles il a un certain contrôle. Il faut en appeler à sa responsabilité plutôt que de l'infantiliser. Sous peine d'en faire un·e professionnel·le craintif·ve. Le désir d'élimination de tout risque est contre-productif. Ainsi conclut Susan Baur :

> Les résultats de plusieurs études suggèrent qu'une thérapie efficace implique une relation intense, intime et affective entre un thérapeute et un patient qui se correspondent [...]. En dominant notre peur naturelle de l'étranger, l'amour nous permet

d'entrer en contact avec nos semblables, de dépasser notre résistance au changement.

À l'inverse, une confession ou une passe sans amour, sans ouverture, reste un geste technique dont l'usager peut sortir soulagé. Vraisemblablement pas davantage. Comme le dit François Laplantine, « l'intime est un mode de relation opposé à la fermeture et au repli sur soi-même ».

Transfert, contre-transfert, hors transfert

En dépit de la meilleure mise en place possible des conditions de pratique, la relation entre professionnel·le et usager ne peut échapper aux malentendus, incompréhensions, sentiments quelquefois peu avouables, d'un côté comme de l'autre. Dans le champ psy, on parle de transfert lorsque le patient attribue au psy des caractéristiques initialement associées à un de ses proches, et de contre-transfert pour désigner certains sentiments éprouvés par le psy envers le patient. Dans un article sur la confession et la direction de conscience au XIXe siècle, Caroline Muller analyse l'évolution de la relation entre prêtre et pénitent·e, et l'analogie avec la question transférentielle :

> Ces confidences peuvent faire dériver la relation spirituelle vers une relation personnelle et gommer le statut particulier du prêtre censé incarner l'autorité de Dieu. […] La relation spirituelle au directeur (ou au confesseur) est ainsi traversée de différents sentiments : l'amitié, la confiance, l'amour filial voire le sentiment amoureux. […] La métaphore du médecin et du patient est le premier indice de la relation personnelle qui s'établit entre directeur et dirigés.

Tout n'est pas transfert. Les sentiments peuvent être réels. En 1979, dans une correspondance avec Jacques Vallet, le fondateur de la revue *Le fou parle* dans laquelle Grisélidis Réal a été publiée, celle-ci livre subitement ses pensées à propos d'un client qualifié de « cas psychologique n° 2 » :

> Malgré l'argent qu'il me donne, c'est exaspérant à la fin de lui dorloter ses impuissances. J'en ai marre. [...] Je lui ai fait lire une demi-douzaine de livres « cochons » et psychanalytiques. En vain. J'ai essayé les coups, les menaces, le whisky. [...] Je vais le refiler à des collègues « sadiques » et si ça ne marche pas et qu'il me revienne encore, je crois que ça va me mettre dans une telle colère que je vais lui faire des choses horribles[1] !

Elle se sent tellement impliquée dans le bien-être de ses clients qu'elle en arrive à en parler longuement à un éditeur. Elle voudrait sortir ce client de sa position de passivité, avec les moyens dont elle dispose, bien différents de ceux d'un·e psy. Elle avoue, enragée, son impuissance et sa lassitude. Y a-t-il des sentiments que les trois professionnel·les auraient le droit d'éprouver envers l'usager, et d'autres qui leur seraient interdits ? Cruciaux sont les choix qu'ils opèrent lorsqu'ils se sentent débordés par leurs sentiments. Comment le curé fait-il face à son désir, qu'il soit contre-transférentiel ou réel, pour un ou une de ses ouailles ? Susan Baur rapporte les conclusions d'une étude publiée par David Rice (lui-même ancien dominicain) en 1990, dans un ouvrage au sujet des prêtres défroqués[2] :

1. Lettre de Grisélidis Réal à Jacques Vallet du 11 décembre 1979.
2. David Rice, *Shattered vows. Priests who leave*, William Morrow & Company, 1990.

> Les prêtres que Rice estime productifs [composent avec] leurs désirs physiques en vouant un amour sans faille à Jésus et à leurs paroissiens, avec une confiance constante en eux-mêmes, et avec des formes acceptables d'intimité à l'extérieur de l'Église.

D'autres émotions surviennent parfois. Lorsque le professionnel est engagé dans la relation avec l'usager, il peut éprouver des affects d'ennui, d'impatience, de haine, de peur, d'attirance, de rejet... Le père Cédric témoigne ainsi : « J'ai reçu des aveux d'inceste émanant de gens souvent en fin de vie. Trente ou quarante ans après les faits qui ont pourri la vie de toute la famille, ils avouent. Sur le coup, j'avais envie de leur foutre mon poing sur la gueule. »

Sur le versant des usagers, je repense au comportement inhabituel d'une patiente. Notant le numéro de séance sur chaque talon de chèque, elle tenait le compte de ce qu'elle me payait. Décrivant une relation hiérarchique entre nous, peut-être d'ordre transférentiel, elle semblait se détester d'avoir besoin de moi. La mauvaise image qu'elle avait d'elle-même dans ses relations aux autres était réactivée : « Je me sens inférieure à vous, je ne suis que votre gagne-pain. » De la même manière, on a vu que, une fois soulagé de la pulsion sexuelle qui lui a permis de surmonter sa honte initiale, le client de la pute projetterait sur elle le mépris éprouvé envers lui-même. Est-ce que cela fait partie du tarif de la passe ? Quoi qu'il en soit, il ne suffit pas de rejeter la faute sur l'usager. Il ne peut être tenu pour seul responsable d'une interaction dégradée. La stigmatisation, phénomène social, est contagieuse. Malgré tout le respect que peuvent chercher à se manifester la pute et le client, leur relation reste perméable à la violence et au mépris. Les racines de ces affects relèvent moins des individus singuliers que des places sociétales qu'ils occupent à ce moment-là, dans ce contexte-là. Stéphanie Pryen identifie les rapports d'utilisation, de compréhension et d'incompréhension, de qualité variable dans les deux sens de la relation, putes comme clients se racontant à eux-mêmes une histoire :

> Toutes insistent sur le décalage entre ce que pense obtenir le client, et ce qu'elles lui donnent réellement. Mais avec plus ou moins de volonté d'y répondre par la notion de « service public », ou par cynisme et plaisir à avoir réussi à le tromper. Les données de Charles Winick (1962) soulignent combien les attentes des clients ne peuvent trouver de réponse auprès des prostituées qui s'efforcent de tenir cette distance : 47 % des répondants pensent que la prostituée peut tomber amoureuse d'eux, et 66 % pensent qu'ils pourraient tomber amoureux d'elle, évoquant cette possibilité en disant qu'elle ne les ferait donc plus payer.

En quoi le pécheur quittant la confession éprouve-t-il quelque chose de différent du client quittant la pute ? N'ont-ils pas tous deux laissé le mépris d'eux-mêmes, l'un pris en charge par le curé, l'autre projeté sur la pute ? La pute méprisée devient l'incarnation du péché, mais elle reste cachée, tandis que le client retourne tranquillement à son monde. À l'inverse, le pénitent a été capable de traverser la honte, d'avouer, avant d'obtenir l'absolution, le pardon. Cela, la pute ne peut l'offrir. Le curé est l'instrument d'un pardon divin, et respecté par le pénitent.

Par ailleurs, le comportement du client peut s'enraciner dans sa propre biographie (elle-même restant le produit d'une société). Grisélidis Réal écrit ainsi :

> Il y a aussi, bien sûr, des hommes qui ont été humiliés dans leur enfance, ou qui n'ont jamais pu s'affirmer vraiment, et qui

viennent nous trouver pour se venger en quelque sorte. Ils ont besoin de nous traiter plus bas que terre pour se sentir mieux. Nous ne sommes pas dupes, mais c'est quand même douloureux et pénible. D'autres encore viennent pour être humiliés eux-mêmes.

Aspects familiaux et sociétaux, auxquels le professionnel n'échappe pas non plus. Par sa position, il est en outre davantage responsable de la relation éphémère qui va avoir lieu. Souhaite-t-il se servir de l'usager pour lui soutirer de l'argent, sans égard pour lui ? L'usager traité ainsi le ressentira sûrement. Réciproquement, selon Norbert Campagna, les clients « ne se rendent pas déjà indignes en recourant aux services d'une personne prostituée, mais en traitant cette personne comme un pur objet ». Quel type de relation pourrait-il exister entre eux ? Susan Baur en révèle la difficulté dans le champ psy :

> Plutôt que de tourner le dos à la complexité de l'intimité dans la thérapie, nous devrons étudier l'étrange partenariat entre ces amis qui n'en sont pas tout à fait, entre ces parents et ces enfants qui n'ont pas de lien parental, et entre ces amoureux qui ne sont pas censés passer à l'acte.

Sans passage à l'acte, mais avec un « sentiment de liberté réciproque » permis par le cadre. Dans mon activité professionnelle, je prends des risques relationnels que je n'ose pas toujours prendre en dehors de celle-ci. À l'intérieur du cadre, j'ai un sentiment de liberté plus grand, lié au sentiment d'être investi par le patient afin de l'aider. Mon sentiment de responsabilité en est d'autant plus vif. Cette liberté d'oser est centrale pour nombre de théories et pratiques psychothérapeutiques. Dans les psychothérapies psychanalytiques, par exemple, coexisteraient trois niveaux de réalité[1] : le premier serait celui de la vie ordinaire, relevant « d'un rapport de service » contractualisé ; le deuxième celui de la relation thérapeutique, où « la demande de soin [...] inscrit la dyade dans un rapport dissymétrique de "spécialiste" [...] à patient » ; dans le troisième, celui de la relation transférentielle, « tout se passe "comme si" le patient et le psychothérapeute pouvaient s'essayer à être différemment ».

La passe est également un lieu où les pratiques peuvent sortir de l'ordinaire. Lors d'une interview au journal suisse *Femina*, Grisélidis Réal fournit une analyse saisissante des catégories de clients à travers leurs attitudes et comportements :

> Une fois, un instituteur français est venu me trouver. Après, il m'a dit en partant : « Nous sommes tous des salauds ! » C'était dit avec beaucoup de simplicité et de sincérité, et cela m'a touchée. Il y a aussi des hommes tellement hypocrites ou tellement frustrés qu'ils essaient de nous avoir aux sentiments. Si ça ne marche pas, ils vous insultent, vous crachent dessus. Et puis, il y a ceux qui se jouent à eux-mêmes la comédie de l'amour – c'est le pire de tout. [...] Ça m'est arrivé personnellement deux ou trois fois, et ça n'a jamais marché. Comment voulez-vous qu'un homme tombe amoureux d'une femme qui fait l'amour avec d'autres deux ou trois fois par nuit ? Ce serait du martyre ou du masochisme. J'en ai connu qui voulaient jouer à Pestalozzi en se disant : « Voilà une pauvre femme qui est tombée. Je vais lui

1. Selon Arnold Howard Modell (*Others Times, Other Realities. Toward a theory of psychoanalytic treatment,* Harvard University Press, 1990), cité par Alexandre Har et Roland Jouvent, « Psychothérapies psychanalytiques », *in* Serban Ionescu et Alain Blanchet, *Psychologie clinique, psychopathologie et psychothérapie*, *op. cit.*

offrir mon amour. » En réalité, dans ces cas-là, ce sont eux qui ont besoin d'amour, pas nous !

Norbert Campagna révèle quelques enjeux émotionnels, éventuellement transférentiels, de part et d'autre de la relation :

> Les personnes prostituées sont souvent confrontées à la naïveté de certains clients, et si cette naïveté peut parfois susciter de la pitié – comme lorsqu'une personne proche de la dépression s'imagine obtenir un peu d'amour de la prostituée –, elle peut aussi susciter de la dérision – comme lorsque le client, sûr de lui-même et de ses compétences en matière sexuelle, s'active frénétiquement en espérant faire jouir la prostituée.

J'estime légitime qu'une « personne proche de la dépression s'imagine obtenir un peu d'amour » de la part du psy. Plus que de se l'imaginer, il importe, dans la dépression plongeant l'être au plus profond du sentiment de solitude, de sentir la présence de l'autre, fût-il un professionnel rémunéré pour cela, à même de lui faire sentir qu'il est digne d'amour. Quant à la pitié, le premier sens donné par *Le Petit Robert* est « sympathie qui naît au spectacle des souffrances d'autrui et fait souhaiter qu'elles soient soulagées ». Pour la pute, je n'en sais rien, mais un·e psy qui n'éprouverait plus cette sympathie envers son patient ferait mieux de changer de métier. Cela s'appelle la dépersonnalisation et c'est un des critères du burn out. J'y reviendrai, tout comme sur la question des mécanismes psychiques de cloisonnement permettant à la pute de ne rien ressentir lors du rapport sexuel – et rendant impossible pour le client de la faire jouir. Lorsque celui-ci se demande comment rendre la pute « heureuse », le mécanisme transférentiel pourrait être analysé ainsi : là où il craint de ne pas être à la hauteur avec les femmes qu'il ne paie pas, il espère trouver chez la pute[1] de quoi redorer son blason. Car dans les trois métiers dont je parle ici, l'arrogance de l'usager accompagne parfois sa mise à nu. Cette arrogance n'est qu'un cache-misère, dont le professionnel n'est pas dupe. L'usager peut faire le malin, mais s'il consulte un psy, sollicite une pute ou s'agenouille pour se confesser, c'est par nécessité. Le client ne préférerait-il pas sentir que la femme, là, éprouve envers lui une inclination sincère ? Ainsi en témoigne de façon bouleversante Grisélidis Réal :

> Y a des hommes qui sont terriblement blessés dans les clients, faut pas croire qu'ils vont là pour le plaisir. En réalité ils y vont presque comme à la mort. Pour eux c'est presque une souffrance d'aller faire l'amour. Ils n'ont même pas d'autre moyen d'aller faire l'amour qu'en payant. Et ça les fait doublement souffrir, ça les humilie encore davantage.

Pour la pute comme pour le psy, montrer à son client un intérêt pour la personne réelle et singulière est de la plus haute importance. En cela, ce que fait la pute, au-delà du rapport sexuel en tant que tel, peut avoir une dimension thérapeutique. Les putes confirment que le client vient quelquefois juste pour être écouté, pour se sentir moins seul. Lui aussi voudrait se sentir aimé. Dans le champ psy également, l'évolution de la notion de transfert remet l'amour au cœur de la

1. Il s'agit moins de la travailleuse du sexe sollicitée à tel moment que de la fonction qu'elle représente. Comme le transfert envers le psy peut être moins lié à l'individu qu'à sa fonction.

problématique. C'est la position du philosophe Irving Singer, rapportée par Susan Baur :

> Les parents et les thérapeutes représentent une autorité : leur amour et leur avis comptent pour le patient. Ce dernier fera et croira tout ce qui confortera cet amour. En d'autres termes, les tentatives incessantes pour conquérir l'amour du thérapeute constituent l'élément clé du transfert, et non pas la ressemblance qui existe ou n'existe pas entre le parent du patient et le thérapeute.

Néanmoins, le psy comme la pute savent qu'éprouver des sentiments amoureux (au sens d'une relation de couple) envers leur client ou patient est signe d'une entrave à la bonne réalisation de leur boulot. Le psy est censé y réfléchir, analyser son contre-transfert, afin de pouvoir aider au mieux son patient, car il est conscient que celui-ci compte sur lui pour l'aider à traverser ses problèmes. C'est l'origine de sa consultation. Ce n'est pas forcément le cas du client de la pute : il vient pour se soulager, vraisemblablement sans espérer trouver des solutions. Or c'est peut-être par l'amour de celle-ci qu'il en trouvera.

Dans l'article de Christine Delory-Momberger « "La prostitution est un métier." Paroles croisées », paru en 2008 dans la revue *Sociétés*, Claudette Plumey donne à voir sa sensibilité envers le client en difficulté, et conclut : « C'est notre expérience du corps et de la psychologie qui nous donne du savoir dans ces situations. [...] La prostitution est salutaire pour la santé mentale de certaines personnes. » Elle raconte avoir donné à un client des moyens techniques permettant de retarder l'éjaculation. Celui-ci l'en a remerciée quelque temps après, heureux d'avoir enfin des relations sexuelles satisfaisantes dans son couple. Une autre anecdote résonne singulièrement dans le cadre de ce livre :

> Un jour un monsieur me téléphone et on prend rendez-vous. Quand je lui ouvre la porte, je vois qu'il est paralysé du côté gauche et qu'il est en fauteuil roulant. Je suis croyante et il m'est venu une image. J'ai vu le Christ avec les paralytiques et les pestiférés et je me suis dit : « Tu as choisi ce métier, fais-le jusqu'au bout. Pourquoi cet homme n'aurait pas un moment de bonheur ! »

Que ce soit par sentiment de solitude ou de faiblesse, on retrouve des motivations de l'usager pouvant aussi bien conduire chez le psy que chez la pute. Quel est cet amour recherché ? Pourquoi parle-t-on de transfert ? Dans quelle mesure ce qui passe entre patient et psy est-il partie intégrante de la thérapie ? Susan Baur offre un aperçu de l'évolution historique de cette question dans le champ psy :

> Mesmer[1] avait découvert que la présence même du thérapeute – son magnétisme animal – produisait sur les patientes des effets perturbateurs quoique salutaires. On estima toutefois que sa méthode reposait trop sur l'attirance sexuelle pour être thérapeutique[2]. [...] Un siècle plus tard, Freud retrouvait le même phénomène, mais il le nomma l'amour de transfert. [...] Les psychologues refusèrent une nouvelle fois de reconnaître une quelconque implication personnelle dans le couple

1. Franz-Anton Mesmer (1734-1815), médecin allemand, fondateur de la théorie du magnétisme animal.
2. Le manuel déjà cité de *Théologie morale à l'usage des curés et des confesseurs* considérait l'exercice du magnétisme comme « dangereux sous le rapport des mœurs ».

> thérapeute-patient […]. À cause de la peur qu'ils avaient de transgresser les tabous sexuels, ils ont été dans l'incapacité de voir et d'estimer la profondeur et l'irrationalité du lien qui existe entre le thérapeute et son patient.

Malgré les époques, les mentalités ou les dénominations, les principes opérants de la psychothérapie restent inatteignables par une rationalité positiviste. Il m'est arrivé de sentir que telle patiente – ne me viennent que des exemples de femmes – cherchait à me faire plaisir en m'apportant quelque cadeau, à s'assurer de l'amour que je pouvais lui porter, que je ne la blâmais pas de ses quelques minutes de retard. Susan Baur apporte des éclairages sur ce concept originel de transfert et l'approfondit :

> Quand le transfert a lieu, le patient projette sur le thérapeute toute la force et la sagesse dont il pense qu'il aura besoin pour être protégé. À ce moment-là, tout semblant d'égalité vole en éclats. Le thérapeute se retrouve doté de pouvoirs magiques. La psychanalyste Ethel Person pense que le transfert est une résurgence naturelle de nos peurs. À travers la religion comme la thérapie, nous essayons, d'après elle, de domestiquer notre terreur face à la condition humaine en dotant Dieu ou le thérapeute de la force nécessaire pour que nous nous sentions en sécurité. Bien entendu, cela crée une nouvelle série d'inquiétudes : que se passerait-il si notre protecteur se mettait en colère ? Que peut-on faire pour le rendre heureux ?

S'agit-il de briser les illusions, pour parvenir à une relation dans laquelle le transfert disparaîtrait ? Le neurologue et psychanalyste Sándor Ferenczi considérait l'amour de transfert comme une construction artificielle liée au comportement du thérapeute. Susan Baur écrit à son sujet : « Il constatait que les analystes aimaient se sentir supérieurs, admirés, adorés. Et il avait la conviction qu'à force d'interpréter tout ce que faisaient ou tout ce à quoi rêvaient leurs patientes comme le reflet de leurs sentiments envers leur thérapeute, ils avaient petit à petit fabriqué l'amour de transfert. » Sándor Ferenczi s'éloigna peu à peu de la technique de frustration prônée par Freud, pour aboutir à l'hypothèse que « lorsque les traitements étaient longs et l'analyse réussie, un lien réaliste, en opposition à une relation imaginaire ou à un transfert, s'établissait entre l'analyste et le patient ».

Malgré la réalité de la relation, il est peu envisageable que les mondes de l'usager et du professionnel se mêlent hors du contexte spécifique de la prestation. Un usager peut faire entrer dans son cercle privé son médecin généraliste, son dentiste, son avocat… voire son curé, parfois partagé par les membres de la paroisse qui se fréquentent. Le curé peut connaître toute la famille, dont les différents membres se confessent à lui. Il peut être amené à faire le catéchisme aux enfants du couple qu'il a marié. Partager son psy ? Hors de question. Non seulement ses secrets risquent d'autant moins d'être divulgués qu'il tient son psy loin de son univers familier, mais se retrouver en présence de son psy hors du cabinet peut en outre renvoyer le patient à ce qu'il lui a dévoilé et générer un profond malaise[1]. Quant à la pute, Françoise Gil relève que, « dans leurs rapports à la prostituée, les hommes ont des

1. J'écris ces lignes dans une période marquée par la pandémie de Covid-19, laquelle me conduit à ne proposer que des consultations à distance : certains patients ont refusé ce dispositif parce qu'ils ne voulaient pas s'exprimer depuis leur domicile, quelle que soit leur situation familiale. Ce qu'ils avaient à dire ne pouvait être déposé ailleurs que dans mon cabinet.

désirs contradictoires : disposer d'un accès sexuel facile à "la femme" tout en ayant la possibilité de l'écarter de son cercle officiel de convivialité ».

Les résultats pour l'usager

Dans son article intitulé « La prostitution : profession ou exploitation ? », publié en 2003 dans la revue *Éthique publique*, Diane Lavallée, présidente entre 1998 et 2006 du Conseil du statut de la femme (créé en 1973 au Québec), rapporte les résultats d'une étude des motifs de sollicitation :

> Pour expliquer leurs recours à la prostitution, les clients, qui sont majoritairement des hommes mariés, invoquent la solitude, des problèmes d'ordre sexuel, le désir d'obtenir des actes sexuels refusés par la conjointe et le souhait d'avoir une relation sexuelle brève et sans complication.

De ces raisons ressortent des contradictions. Que signifie désirer une relation où l'on n'est pas obligé de s'engager, tout en espérant qu'elle soulage du sentiment de solitude (et en étant marié…), voire qu'elle aide à résoudre des problèmes d'ordre sexuel ? Peut-être ces raisons ne coexistent-elles pas chez le même client. Je reconnais pourtant un comportement similaire à celui de nombre de patient·es traversant mon cabinet. De passage pour quelques séances, ils veulent juste des solutions, pas de complications, et ne s'engagent pas. Pas de relation entre nous, ou si peu. Pas de prise de risque. Pas de thérapie.

De façon générale, l'influence produit les résultats les plus riches dans la durée, en lien avec l'approfondissement de la relation dans la confiance et l'ouverture. Susan Baur considère que « dans une thérapie à long terme l'amour est une force formatrice et modelante qui crée, et donc maintient, ce que nous appelons les individus ». Selon Françoise Gil, les putes « considèrent apporter un soutien moral, un réconfort psychologique aux hommes rencontrant des difficultés dans leur vie amoureuse, sexuelle et sociale ». Les curés peuvent avoir une fonction comparable, dans le sens où, d'une part, « les confessions sont majoritairement de la morale privée, familiale et sexuelle [et] on entend beaucoup plus de souffrances que de péchés » (père Christian), et d'autre part « le pardon procure un apaisement immédiat » (père Patrick).

Si considérables que soient les services rendus aux clients et aux pénitents, je crois spécifique la démarche psychothérapeutique de transformation du patient, son « individuation[1] ». Une séance peut procurer du soulagement. D'autres sont difficiles, douloureuses, frustrantes. Parmi les enjeux de ce travail sur soi, il y a le changement de comportement ou d'attitude, la résolution de problèmes, l'émergence du désir profond.

La « petite mort » du soulagement pulsionnel permis par l'acte sexuel n'est pas la « mort à soi-même » impliquée par la transformation au cœur de la psychothérapie. En ce sens, l'expérience relationnelle avec le psy m'apparaît fondamentalement différente de celle avec la pute. Les objectifs à long terme sont dissemblables, même s'il peut y avoir une perspective de changement lorsque la pute se transforme en éducatrice. Françoise Gil l'a observé : « Ce rôle d'aide et d'éducation

1. L'individuation est le terme de Carl Gustav Jung pour désigner le processus de transformation. « L'individuation n'a d'autre but que de libérer le Soi, d'une part des fausses enveloppes de la persona, et d'autre part de la force suggestive des images inconscientes. » Ce n'est pas de l'individualisme : Jung fait de l'individuation le « synonyme d'un accomplissement meilleur et plus complet des tâches collectives d'un être ».

sexuelle est attesté par toutes les personnes qui vivent la prostitution en harmonie avec les valeurs qui leur sont propres. »

Dans quelle mesure le rapport que le pénitent entretient avec le curé lors de la confession est-il comparable à celui du patient avec le psy ? Revenons au sacrement de pénitence et réconciliation, du point de vue du pénitent. La dernière étape, appelée pénitence ou satisfaction, admet deux modalités : extérieure et intérieure. Le *Code de droit canonique* donne les conditions, moyens et résultats du sacrement :

> Can. 959 - Dans le sacrement de pénitence, les fidèles qui confessent leurs péchés à un ministre légitime, en ont la contrition et forment le propos de s'amender, obtiennent de Dieu, par l'absolution donnée par ce même ministre, le pardon des péchés qu'ils ont commis après le baptême, et ils sont en même temps réconciliés avec l'Église qu'en péchant ils ont blessée.

Irvin Yalom voit en cette capacité à pardonner un outil thérapeutique majeur échappant au psy. Dans son autobiographie, parue en français en 2018, il raconte comment, lors d'un voyage en Chine en 1987, il est entré dans une église catholique abandonnée et a réalisé un fantasme : s'asseoir à la place du prêtre dans le confessionnal.

> Je pensais aux générations de prêtres et imaginais ce qu'ils avaient entendu en confession : tant de remords, d'aveux de honte et de culpabilité. J'enviais ces hommes de Dieu, le don qui leur était accordé de prononcer ces paroles : « Vous êtes pardonné. » Quel pouvoir thérapeutique !

Que le pardon soit puissant, soit. S'agit-il d'une qualité thérapeutique ? Je vois dans la pénitence un moyen bien plus transformant, en ce qu'il relève davantage de la démarche du pécheur que de celle du curé. Le *Directoire pour le ministère et la vie des prêtres* souligne la « dimension médicinale de la pénitence, qui sert à la guérison et au pardon ». Dans la pénitence extérieure, le pécheur accepte ou choisit la punition, consistant en certaines actions, validant l'absolution prononcée par le curé. Tout autre est la pénitence intérieure, cette « conversion du cœur » destinée à faire la paix avec soi-même. Elle engage le pénitent dès l'aveu. Pour le père Arnaud, « confesser une poignée de médisances, c'est facile et indolore. Mais sortir un gros truc, un vrai grand péché, là, c'est plus difficile, il faut du courage, s'affronter, se mettre en vérité face à soi-même ». Selon le *Catéchisme* :

> La pénitence intérieure est une réorientation radicale de toute la vie, un retour, une conversion vers Dieu de tout notre cœur, une cessation du péché, une aversion du mal, avec une répugnance envers les mauvaises actions que nous avons commises. En même temps, elle comporte le désir et la résolution de changer de vie avec l'espérance de la miséricorde divine et la confiance en l'aide de sa grâce.

Aucune entreprise psychothérapeutique n'oserait formuler ainsi ses objectifs. Néanmoins, tant de patients aimeraient changer de vie, mettre fin à des attitudes et comportements qu'ils savent nuisibles pour eux-mêmes, pour les autres, et font difficilement confiance à ce qui les dépasse. En cela, la séance psy se rapproche de la pénitence intérieure, aboutissement du questionnement du pécheur : « Où me suis-je blessé moi-même ? » Marie Romanens analyse les possibles passerelles entre ces dimensions de l'être humain, ne se laissant réduire à aucune, pris dans des jeux d'influence devenus internes.

> Au cours de l'analyse, les sentiments religieux peuvent apparaître de deux manières. Soit ils interviennent dans le déroulement de la cure en lui créant des entraves. On bute sur une certaine religiosité qui sert les mécanismes psychiques de défense. Soit ils facilitent au contraire le processus. La foi qui semble établie sur des bases authentiques soutient et consolide le mouvement. [...] En sens inverse, les sentiments religieux et les aspirations à la transcendance peuvent se trouver parfois considérablement modifiés par les changements psychiques que produit l'analyse.

Les effets de ces pratiques d'influence que sont la psychothérapie et la confession ont été distingués par Victor Frankl, psychologue fondateur de la logothérapie. Dans *Corps-Âme-Esprit*, l'anthropologue Michel Fromaget récapitule les différences fondamentales identifiées par Victor Frankl entre les objectifs visés par le psy et le prêtre :

> Le premier recherche la guérison de l'âme, la guérison psychologique : le deuxième cherche à provoquer la métanoïa, la naissance à l'esprit, qui assurera le Salut de l'âme. [...] La guérison psychique s'accompagne souvent d'une ouverture à la question religieuse, d'une ouverture à l'esprit. Mais il y a là, pour le psychothérapeute, un effet de surcroît, non un but. À l'inverse, la métanoïa peut s'assortir d'une amélioration de la santé psychique, mais ce n'est nullement obligé et cette santé nouvelle doit rester pour le prêtre un effet de sa pratique.

Dans cette « anthropologie ternaire », l'auteur rappelle que *psyché* est le terme grec pour l'âme, située entre le corps, *soma*, et l'esprit, *pneuma*. Si le psy peut se trouver au contact du *pneuma*, le *soma* du patient est toujours impliqué. Et lorsque le curé s'adresse à l'esprit, les autres dimensions du pénitent sont engagées. Psy, pute et curé s'adressent à ces trois dimensions entrelacées de l'être humain, selon des points d'entrée distincts. L'émotion agit tout au long de ce continuum allant du sexe à l'esprit. Marie Balmary, psychanalyste, explique que le terme hébreu *nefesh* signifie « âme » et aboutit au verbe *nafash* : « être au large », « souffler », « se reposer ». Ces expressions sont quasiment synonymes dans le langage courant. Une fonction commune à la confession, au cabinet, ou à la chambre, me semble être d'offrir un espace et un temps où, provisoirement, on peut « prendre le large ». Partager, voire oublier, un instant, le poids de l'existence.

Les résultats pour le professionnel

Le psy, la pute et le curé pourraient être socialement envisagés comme des tout-à-l'égout des affects et des pulsions. Trois fonctions utiles à la société afin d'évacuer ceux-ci en toute discrétion. Mais comment ces trois types de professionnels vivent-ils leur activité, au-delà du statut social ?

Il y a fort heureusement des compensations pour ces professionnel·les, en sus de la rétribution financière. Grisélidis Réal prenait une revanche en se prostituant : « La plupart des putains sont elles-mêmes frustrées, elles ont manqué d'affection. Personnellement j'avais l'impression de me venger aussi en faisant le trottoir. » Pour Virginie Despentes, se prostituer fut un moyen de dédommagement et de reconstruction, jusqu'à parvenir à un autre regard sur les hommes : « En me les présentant sous un jour enfantin, plus fragiles, plus vulnérables, l'expérience m'a rendu les hommes sympathiques, moins impressionnants, plus attachants. Et accessibles, finalement. » Françoise Gil rapporte aussi que les putes « parlent de leur rôle de thérapeutes et de la satisfaction personnelle qu'elles en retirent ». Se joue en outre un rapport au monde dans lequel la perception de soi peut être restaurée. « Des personnes dont la construction identitaire a été malmenée, entravée ou bafouée trouvent dans le monde de la prostitution une opportunité pour se reconstruire. » Pour Sonia Verstappen :

> Les diverses réparations pour la prostituée peuvent donc en partie s'énumérer comme suit : la dignité rendue, le plaisir narcissique d'être choisie, être soi après avoir été non reconnue, le besoin corporel nécessaire, la gratification du travail bien fait, l'humanisme, l'affectif et l'émotionnel[1].

Le psychologue Alexandre Manoukian a étudié la relation soignant-soigné et la souffrance au travail. Dans un ouvrage relatif à l'épuisement professionnel, il écrit : « Qui pourrait tenir à un travail axé sur la relation sans en obtenir des bénéfices narcissiques[2] ? » Christophe Dejours analyse les mécanismes psychiques nécessaires au professionnel pour vivre au mieux son activité :

> Au centre du rapport santé-travail, le vécu du travailleur occupe une place particulière qui lui est conférée par la position privilégiée de l'appareil psychique dans l'économie psychosomatique. L'appareil psychique serait en quelque sorte chargé de représenter et de faire triompher les aspirations du sujet

1. Sonia Verstappen, « La prostitution : une forme de réparation ? », *in* Françoise Gil, *Prostitution : fantasmes et réalités*, ESF éditeur, 2012.
2. Alexandre Manoukian, *La souffrance au travail. Les soignants face au burn-out*, Lamarre, 2009.

dans un aménagement de la réalité susceptible de produire simultanément des satisfactions concrètes et des satisfactions symboliques.

Que recouvrent ces deux types de satisfaction, toujours reliés ? Les premiers « concernent la protection de la vie, le bien-être physique, biologique et nerveux ». Les seconds relèvent du « vécu qualitatif de la tâche. C'est le sens ou la signification du travail qui sont en cause dans leurs rapports avec le désir. [...] Cela dépend de ce que la tâche véhicule du point de vue symbolique ». Il est essentiel que la pute non seulement prenne soin de son corps, mais soit aussi en mesure d'attribuer une valeur symbolique à sa tâche, d'autant plus que celle-ci ne véhicule socialement rien de valorisé. Les études sur la souffrance au travail fournissent une argumentation conceptuelle envers qui voudrait refuser à la pute ce qu'elle-même affirme trouver dans son métier.

Éclaté entre de multiples activités collectives menant parfois à l'épuisement, le prêtre trouverait un répit pour lui-même dans la confession, en raison du dispositif de rencontre individuelle. Tel ce prêtre cité par Céline Béraud : « Il faut pour mon équilibre personnel que j'aie des lieux où je rencontre les gens personnellement et où j'aie l'impression de les aider personnellement. » Ou, pour le père Francis : « Mon job, c'est de tirer les pénitents vers le haut, de leur montrer que je les aime. La confession m'a ouvert les yeux sur le cœur des gens et aidé à être plus accueillant avec tout le monde. » Sentiment d'utilité directe, dans un acte de soin, validé par celui auquel on accorde son temps, son corps, sa psyché : autre vision commune des trois professions.

Un rapport de force ?

J'ai jusqu'à présent évité de donner à voir un autre versant de la comparaison entre psy et prêtre. Toutefois, des auteurs tels le sociologue Alois Hahn ou la philosophe Gaëlle Jeanmart dénoncent la confession et la psychanalyse comme techniques visant à prendre le pouvoir sur l'autre. Selon le premier :

> Il est manifeste que la psychanalyse moderne procède d'une manière analogue [à la confession]. Ici aussi, on vise à une forme d'autocontrôle par l'autodévoilement, l'analyste-confesseur étant également nécessaire pour éclairer le secret du soi et le sortir de l'inconscient [...]. Secret et voilement, contrôle de soi, occultation et manifestation, aveu et simulation ou dissimulation s'avèrent donc être, pour ainsi dire, les deux faces d'un processus que peuvent mettre en œuvre et encourager des objectifs religieux, thérapeutiques et politiques et qui a pour résultats les singulières autodomestications qui caractérisent la modernité[1].

Autodomestication ? Autocontrôle par autodévoilement ? Voilà qui passe à côté de la relation. Le travail psy cherche à mener de l'hétéronomie – en effet, le patient s'en remet au psy lorsqu'il le consulte, c'est même pour cela qu'il le fait – à l'autonomie. Non à l'autodomestication. Les propos d'Alois Hahn m'évoquent ce qu'il se produit lorsqu'on réduit la relation à un usage technique. Lorsque le rapport à l'autre n'a d'autre fin que son asservissement. C'est plus probablement

1. Alois Hahn, conférence donnée à Cologne en 1982 et traduite par Robert Guého, « Contribution à la sociologie de la confession et autres formes institutionnalisées d'aveu », *Actes de la recherche en sciences sociales*, n° 62-63, « L'illusion biographique », 1986.

là que l'on a affaire à la sauvagerie, qui ne tolère pas l'enfermement. Certes, les meilleures intentions ne suffisent pas toujours dans les dispositifs relationnels que sont la psychothérapie et la confession, et il n'est pas question de négliger les aspects contextuels dans lesquels ils prennent place. L'évolution, en France, de la confession catholique au cours de l'histoire manifeste bien comment un même instrument peut être manipulé selon des objectifs divers, voire opposés.

Gaëlle Jeanmart, quant à elle, persiste à vouloir discréditer la psychanalyse en en faisant un instrument pire encore que la confession : « C'est essentiellement grâce à deux procédés que le pouvoir exercé sur l'individu trouve à se développer en psychanalyse : 1/ le procédé classique de l'extorsion de l'aveu et 2/ le nouveau procédé de l'interprétation des aveux[1]. » Extorquer des aveux puis les interpréter afin de prendre le contrôle sur l'individu ? Mais... dans quel but ? Ce sont des individus en souffrance, entravés, qui consultent un psy de leur plein gré, afin de mieux se connaître, de sortir de leurs répétitions, bref, de se sentir plus libres. La sollicitation de ces trois types de professionnel·les que sont le psy, la pute et le curé n'est-elle pas avant tout une prière afin de se sentir vivant, désirant, sujet ? Je ne crois pas que le but de la psychanalyse soit la normalisation ou l'asservissement. Peut-être est-ce une illusion – la même illusion dont seraient victimes les putes qui revendiquent l'*empowerment* ?

Renversons l'argument. L'illusion ne serait-elle pas plutôt du côté de ceux qui ne peuvent envisager les relations humaines hors des rapports de force ? Loin de moi l'idée de

1. Gaëlle Jeanmart, « Genèse de la confession : la découverte de la conscience de soi comme mauvaise conscience », *Horizons philosophiques*, n° 10, « Écritures et confessions », 1999.

vouloir trancher. Je désire en revanche cultiver la possibilité d'autre chose. Ne faudrait-il rien tenter, dans la relation à l'autre, qui amène à s'ouvrir et se découvrir ? L'amour est une prise de risque, un dévoilement. Selon Carl Gustav Jung, « là où l'amour est absent, la puissance occupe la place vacante ». Lorsqu'on croit que c'est la relation qui soigne et que toute relation authentique passe par des prises de risque, ce qui nécessite une confiance initiale, on voit comment nourrir la peur nuit à l'ensemble des acteurs. Pour Irvin Yalom, « lorsque la "technique" est mise en avant, tout est perdu ; l'essence même de la relation authentique est d'être exempte de toute manipulation et de constituer un élan vers l'autre émanant de tout son être ». Moult prétextes peuvent conduire à une inversion des valeurs : efficacité, rentabilité, adaptabilité de la « ressource humaine » à la société, etc. Cependant, pour le champ psy au moins, je ne vois pas comment l'approche symptomatique et pathologisante pourrait permettre à la honte de se dire, à la réconciliation, avec soi comme avec l'autre, d'advenir. Le tout-sécuritaire veut se faire passer pour protecteur là où il est oppressif, répressif, et porte en germe des conséquences désastreuses. Pour Susan Baur :

> Il y a de nombreuses raisons pour que toutes les formes de thérapie qui utilisent la passion soient rejetées par notre culture. L'une est qu'il paraît trop dérangeant que la psychothérapie se serve de méthodes aussi irrationnelles et non scientifiques que celle de l'amour pour faire son travail éminemment raisonnable. […] La deuxième raison […] est qu'une telle recherche serait mauvaise pour les affaires de la psychothérapie. L'amour a toujours et en tous lieux brisé les barrières entre « nous » et « ils », et reconnaître ouvertement sa nécessité dans la thérapie nous forcerait à repenser et réorganiser notre système de santé mentale.

Sans amour, la technique ne peut fonctionner correctement. S'y cantonner augmente même le risque de relation d'emprise sur l'usager. Pour l'autrice, les thérapeutes fonctionnant de la sorte « n'ont aucun souci pour leurs patients, ne se soucient pas de leur bien-être et satisfont délibérément leur propre appétit sexuel ». Toutefois, n'être que dans l'amour, sans se soucier du cadre, mettrait le professionnel du côté de la position sacrificielle, nocive, à terme, pour les deux protagonistes. L'argent a dans cette perspective un rôle capital, en certifiant le caractère professionnel de la prestation. Ce n'est pas synonyme d'absence d'amour. La vision idyllique selon laquelle « le véritable amour est gratuit » passe, dans le cadre d'une prestation professionnelle, à côté d'un certain principe de réalité. Le fournisseur de service a besoin d'argent pour vivre, et l'usager qui le sollicite le lui fournit en échange de la prestation. Pourquoi, sous prétexte d'échange d'argent, faudrait-il en déduire l'impossibilité de l'amour ? La possibilité de l'amour me semble reposer sur autre chose que l'argent. L'amour ne s'achète pas, ne se vend pas, ne se convoque pas sur demande. En ce sens, il est gratuit.

Susan Baur promeut ultimement la thérapie relationnelle, dont le développement récent peut être lié au fait que le métier de psychologue est maintenant exercé par davantage de femmes que d'hommes. Elle souligne que le questionnement porté par ces thérapeutes l'est également par les femmes de l'Église – probablement protestante, puisque l'Église catholique maintient les femmes à l'écart. « Plus libres de parler de l'amour en thérapie que les hommes, [elles] examinent l'amour qu'elles éprouvent pour leurs patients et leurs paroissiens [et] concluent que la thérapie est une affaire risquée. »

« Une affaire risquée » ? Les putes seraient probablement d'accord ! Dans ces trois pratiques, des processus similaires sont développés par les professionnel·les, dans l'objectif de réduire les risques tout en prenant soin le mieux possible de l'usager.

5

Bonne distance, contrôle et cloisonnement

Bonne distance

Françoise Gil signale que l'enseignement de « la "bonne distance" avec le client est primordial. C'était la toute première chose qu'on apprenait aux nouvelles dans les maisons closes ». Le psy ne peut lui non plus éluder cette question. Trop loin, le patient peut ressentir son manque d'implication. Trop proche, le psy peut se laisser envahir par la souffrance du patient, la prendre sur lui, voire pour lui, sans parvenir à l'élaboration du contre-transfert. Cette dernière vise non seulement à se dégager d'émotions parfois lourdes, mais aussi à apporter une aide de meilleure qualité.

Concernant le curé, Caroline Muller relève que, le confesseur étant au XIXe siècle une des rares personnes du genre masculin que les femmes pouvaient approcher avant d'être mariées, il lui arrivait de recevoir des confidences dépassant le cadre de la confession, dans le sens où elles ne se limitaient pas aux questions de péché. L'Église avait repéré les risques inhérents à cette situation propice à une grande proximité : « On recommande de veiller à ce que le confesseur ne soit pas "trop humain" et les manuels destinés au clergé insistent sur la distance qu'il convient de garder lorsque l'on confesse une femme. » Selon la *Théologie morale à l'usage des curés et des confesseurs*, « de toutes les fonctions saintes, la plus délicate et la plus dangereuse pour le prêtre est sans contredit d'entendre les confessions [en raison des] différentes tentations qu'on rencontre si souvent dans le tribunal de la Pénitence ». Danger et tentation concernent sûrement plus le passage à l'acte sexuel que la difficulté à écouter.

On m'a déjà demandé comment je pouvais passer des heures auprès d'individus me livrant leur vie, leurs larmes, leurs drames, leurs pratiques sexuelles qui me semblent parfois étranges… Pour Monique Selz, accueillir la honte « suppose une disponibilité ainsi que beaucoup de sérénité et de confiance quant à son propre lieu à soi. C'est être prêt à accompagner le patient dans des lieux chaotiques, où il ne sera pas toujours facile de distinguer soi de l'autre ». Il m'arrive, des heures, des jours après une séance, de rester imprégné d'une intimité au-delà de ce que je souhaiterais. L'argent peut contribuer à la capacité de mettre à distance.

Au sujet du travail du sexe, Stéphanie Pryen atteste que « la forme monétaire est la condition nécessaire à sa possible réalisation puisque c'est elle qui permet le non-engagement, l'absence de conséquences et la disponibilité ». Nécessaire, mais pas suffisante. La chercheuse identifie les conditions de mise en œuvre de cette bonne distance et pointe l'importance de la maîtrise des savoir-faire :

> Les pratiques sexuelles proprement dites restent le support de la relation mais des capacités relationnelles sont exigées par le service au client, qui comprend également l'écoute et le jeu du « faire-croire » […]. Ces savoir-faire, techniques et relationnels,

> reproductibles et instrumentalisés, font partie de la définition légitime du métier. […] Ainsi, il s'agit d'établir la bonne distance, d'utiliser son corps sur le mode du « faire-croire » et d'être à l'écoute – pour différents motifs – du client.

Des éléments concrets permettent à la prostituée de construire des repères pour différencier les actes sexuels, pratiqués dans la vie privée comme professionnelle : un prénom spécifique, une tenue dédiée, des horaires de travail fixes, le refus de parler de sa vie privée dans le cadre professionnel, l'utilisation du préservatif ou encore « un accès au corps morcelé et codifié » puisque « les territoires corporels sont découpés et leur accès est interdit ou permis, dans des conditions de tarification et d'utilisation spécifiées ».

Une autre dimension de cette question de la bonne distance est soulevée par Stéphanie Pryen, en référence à l'analyse du « drame social du travail » du sociologue Everett Hughes, selon lequel « une partie du drame réside dans le fait que ce qui est travail quotidien et répétitif pour l'un est urgence pour l'autre ». Cela s'applique à nombre de relations entre client et fournisseur. Celui-ci répond tous les jours, dans son travail, à ce qui n'arrive qu'exceptionnellement à celui-là. Dans le cas de la prostitution, Stéphanie Pryen évoque l'importance de la résolution du conflit entre bonne distance et théâtralisation. « Et la capacité à écouter, à laisser l'univers privé du client envahir la relation prostitutionnelle, fait partie de cette routine. » Cette capacité d'écoute dans l'activité prostitutionnelle acquiert là une dimension supplémentaire : elle n'est pas seulement un atout, elle est indispensable.

Qu'en est-il du sentiment de répétitivité pour le curé, alors que la confession implique une ritualisation bien plus marquée que la séance psy ? Comment ne pas tomber dans la routine, au sens négatif du terme ? La capacité à se renouveler, à renouveler son regard sur l'autre, ne se retrouve pas chez tous les curés : pour le père Cédric, « confesser est la chose la plus ennuyeuse au monde, c'est répétitif ». D'autres restent admiratifs devant la démarche du pénitent, à l'image du père Victor : « Je suis hyper-démuni, je ne sais jamais au départ ce que porte la personne. Je ne suis pas sûr d'avoir les moyens de l'accompagner quand elle m'ouvre son âme qui est un sanctuaire. » Le père Christophe, lui, est « attentif à ne pas tomber dans l'autoritarisme et la routine. La tentation est pourtant grande. Il faut se dire qu'à chaque fois, la rencontre est unique » ! Il admet sa proximité avec le psy, et les limites du pouvoir de la confession face aux difficultés du pénitent : « Entre l'engagement – je désire profondément ne plus recommencer – et la réalité des actes, entre vouloir et pouvoir, il y a un fossé. J'oriente alors vers une aide extérieure. »

Bonne distance et théâtralisation répondent-elles à la tension entre l'urgence du patient et ma routine de psy ? Cette dernière implique, paradoxalement dans le sens où elle vise à éviter le sentiment routinier, une aptitude à régénérer mon attention entre deux séances. Certaines séances m'habitent longtemps après leur fin, mais je me dois d'être disponible au patient qui arrive, à son urgence, et de laisser mon attention se dégager de celui qui part, afin de retrouver une « bonne distance ». Dans l'urgence, le patient peut-il se contenter d'un psy qui l'écoute à peine, et le client d'une pute qui ne fasse guère plus que mettre son corps à disposition ? La théâtralisation, au sens de la simulation d'un intérêt pour le patient, ne saurait contenir de valeur thérapeutique. Cela est probablement similaire pour la pute. Stéphanie Pryen repère deux attitudes professionnelles divergentes :

> Ce sont peut-être les plus anciennes, ayant des clients réguliers depuis longtemps, qui revendiquent le plus cette fonction [d'écoute]. Les plus jeunes insistent de la même manière sur leur rôle à écouter. [Mais] cette pratique relationnelle se conjugue davantage sur le mode du cynisme.

Rire et humour

Chez la pute, Françoise Gil souligne l'importance de la capacité à rire du monde : « Rire d'une condition humaine qu'on a tout le loisir de disséquer permet de s'en distancer pour exister en tant que groupe spécifique, lié par une commune expérience et partageant un regard commun sur un monde qui se présente dans toute sa nudité. » Le rire est à la fois mise à distance des autres et moyen de se reconnaître, de se constituer en communauté. Le père Cédric témoigne : « La plus belle confession entre prêtres, c'est de terminer dans un éclat de rire. » Entre putes, Stéphanie Pryen affirme que ce mécanisme est notamment utilisé au sujet de la violence et permet de « partager ces tensions avec d'autres qui peuvent les imaginer pour les avoir vécues, et prendre de la distance quant au risque objectif sensible, physiquement perceptible. »

Entre psys, on rit parfois des patients, pour mettre à distance des ressentis douloureux. C'est autre chose que rire avec le client, comme dans l'exemple de jeu de rôle raconté par Sonia Verstappen. Dans la pratique psy, ce rire me semble important. L'éclat de rire chez le patient peut signer une prise de conscience. À l'image de cette patiente qui m'a un jour dit : « Comment apprécier ma vie telle qu'elle est aujourd'hui ? Sans trop me fixer d'objectif. » Je lui ai répondu : « Autre que celui des moyens pour apprécier votre vie… » Sa contradiction lui sauta aux yeux. Elle fut prise d'un fou rire dont je crois aux qualités thérapeutiques.

Est-il possible de parler d'humour pour le curé ? Même si le propos concerne plus l'accompagnement spirituel que la confession, les très sérieux *Éléments pour aider les confesseurs* recommandent l'humour afin de prendre du recul : « Une note de sain "humour" ne doit pas manquer : s'il est authentique, il sera toujours respectueux et contribuera à redimensionner beaucoup de problèmes artificiels et à vivre plus sereinement. » Le père Jacques en examine différentes dimensions, revendiquant un effet thérapeutique :

> L'humour permet de prendre de la hauteur, de la distance, de relativiser, c'est une arme thérapeutique très utile, c'est une manière de dire au pénitent : vous n'êtes pas l'acte que vous confessez. Cela permet aussi au prêtre de ne pas se mettre dans une situation de toute-puissance.

À l'opposé de l'humour, voire du rire, remarquons que, dans notre société en général comme au sein des trois espaces relationnels étudiés ici, les pleurs ne font pas l'objet de la même considération. Ils sont même discrédités quand ils proviennent du professionnel. Comme si c'était faiblesse, incompétence. Le curé d'Ars, confesseur exemplaire ayant exercé pendant quarante et un ans au XIXe siècle, est pourtant cité pour sa capacité à pleurer. Voici l'anecdote, rapportée par Vincent Mongaillard, à travers ce dialogue : « "Pourquoi pleurez-vous ?" interrogeait un pénitent découvrant son confesseur en larmes. "Oh mon ami, je pleure de ce que vous ne pleurez pas", rétorquait-il. » Il peut m'arriver de prononcer les mots, d'exprimer les émotions, que le patient est encore peu capable de trouver, de montrer. Dans certaines limites : il y a quelques années, une patiente de mon âge me bouleversait par son intense mélange de douceur et de blessure. Une terrible inhibition dans l'expression. De vains efforts pour ne pas laisser paraître sa souffrance. À la fin de notre sixième séance, quelques larmes ont coulé de mes yeux. À la séance suivante, elle m'annonçait froidement la fin de notre travail. Sans référence à ces larmes, elle me remercia, m'assurant de son mieux-être. Je reste persuadé que la raison de cette interruption était dans ces larmes. Notable asymétrie culturelle dans l'acceptation de l'expression émotionnelle, même dans ce cadre.

Tous acteurs ?

Quels sont les mécanismes psychiques mobilisés par la pute pour exercer son métier? Analysons le huitième point du manifeste du féminisme pute : « Savoir que la sexualité et le genre sont des rapports et identités non pas naturelles ou immuables mais construites socialement et que nous performons telles des actrices. » Lorsque le Strass parle de « performer telle une actrice », ça a peu à voir avec la performance du sportif en quête d'un record. Cela renvoie à la performativité, à la capacité de jouer la pute. Un témoignage recueilli par Françoise Gil l'illustre : « C'est une pièce de théâtre, là je vais me produire dans une pièce ni plus ni moins, d'ailleurs, je me déguise, je me maquille. » Céline Béraud a identifié un processus comparable chez les religieux : « Les personnels ecclésiaux, clercs comme laïcs, développant des comparaisons avec le théâtre et plus globalement le spectacle, sont pleinement conscients d'une forme d'appréhension de la validité d'un rituel comme d'une mise en scène réussie. »

Néanmoins, concernant la pute, cela ne révélerait-il pas surtout un mécanisme de défense ? Doit-elle se dire que ce ne peut pas être elle-même, profondément, qui est en train de faire ce qu'elle est en train de faire ? Doit-elle penser cela comme un rôle afin de le rendre supportable ? Une relation sexuelle dans le cadre prostitutionnel ne vise pas à représenter une fiction. La position d'actrice désignerait la place psychique à investir lors de la passe, indispensable à l'équilibre psychosomatique de la pute.

Cette question rejoint celle de la bonne distance, qui relève parfois d'un mécanisme de cloisonnement. Il s'agirait de la capacité à être dans un personnage, à jouer un rôle pleinement, dans la perspective de « la réalisation d'une performance non liée au plaisir mais effectuée dans un but artistique, économique, ou de générosité liée au plaisir d'autrui » (selon les auteur et autrice de *Fières d'être putes*, Maîtresse Nikita et Thierry Schaffauser). Pour Stéphanie Pryen :

> La prostitution est d'une certaine manière schizoïde. La séparation du corps et de l'esprit lors de l'échange est en effet souvent invoquée par les personnes impliquées. [Mais cette expérience] n'est pas invivable, puisque des personnes la vivent et surtout peuvent en rendre compte et [lui] donner un sens. Et cette dissociation n'est peut-être pas le propre de la prostitution, mais constitue peut-être une dimension plus transversale des rapports sociaux.

Le psy développe également des mécanismes psychiques pour se distancier de son vécu professionnel. Alain Blanchet ne parle pas de performance d'acteur, mais son vocabulaire en est proche : « [L'espace psychothérapeutique] n'est pas un lieu où l'on joue, mais où l'on rejoue l'action, et en ce sens la scène psychothérapeutique, comme celle d'un théâtre, mêle étroitement émotion et fiction dans une représentation distanciée du fait. » Mon identité de psy et mon identité personnelle ne sont pas superposables. Le cadre vise à garantir cette distance entre les deux, assurant que mes actes, et parler en est un, restent à l'intérieur de celui-ci. L'authenticité relationnelle revendiquée dans ma pratique a des limites.

Pute, psy et curé doivent ainsi développer des compétences de distanciation. Christophe Dejours souligne les « ambiguïtés des stratégies de défense, vis-à-vis de l'action », en ce qu'elles « sont légitimes dans la mesure où elles protègent le sujet contre la maladie mentale, mais elles peuvent aussi être un obstacle majeur à l'action individuelle et surtout collective en faveur de l'amélioration du rapport sujet/travail ». J'y reviendrai dans le chapitre sur les risques socioprofessionnels.

Apprendre à se protéger ?

Dans *Fières d'être putes*, le mécanisme psychique requis pour fonctionner est explicite : « La prostitution est un art, une performance complètement dissociée de ses propres sentiments. » Pour le psy, le terme « dissociée » n'évoque rien de bon, surtout à côté de l'adverbe dichotomique « complètement ». De quel mécanisme s'agit-il et dans quelles circonstances est-il actif? Françoise Gil observe que « pendant la pénétration, les femmes gardent toujours le contrôle de la situation ». Quand le corps est le plus engagé, le psychisme trouve une façon de se défendre ou de se protéger (deux façons de voir ce qui peut être perçu comme un même geste). Est-ce parce qu'il s'agit du moment où le corps de la pute est le plus vulnérable, l'intimité physique la plus grande, que ses pensées doivent au contraire s'éloigner le plus possible de ce qui est en train de se produire, ou plutôt se souvenir de la raison fondamentale de ce travail : l'argent ? Où est passée la pute-psy-sociologue-assistante sociale ? Seul resterait le motif économique, ultime justification à ce qui la conduit à se faire pénétrer par des inconnus.

A-t-elle d'autre choix que de penser à quelque chose d'aussi désaffecté que l'argent ? En contrôlant son ressenti, la pute en est-elle prisonnière, en ce qu'elle ne peut l'exprimer ? Prendre du plaisir avec un client peut brouiller le cadre de la passe, ouvrir la porte au sentiment. Et lui montrer du déplaisir serait du plus mauvais effet. La pute doit, dans les deux cas, dissimuler son état émotionnel, faire de son corps un outil de travail. Ce moyen de se protéger s'apprend, explique Françoise Gil :

> Ce corps qui est mis en scène à chaque passe n'est pas « abandonné » au bon vouloir du client. Il devient au contraire l'instrument qui permet de ne pas se perdre dans les méandres des affects accompagnant la relation sexuelle. Cet état d'esprit est le résultat d'un apprentissage, d'une construction que toute personne prostituée est appelée à réaliser pour préserver son intégrité.

La pute doit garder le contrôle, ne pas être à la merci de l'autre, et elle le revendique. Gail Pheterson rapporte que la plupart des prostituées reconnaissent que la capacité à séparer l'amour du sexe est vue comme une compétence dans le métier. Françoise Gil développe les modalités de cet apprentissage :

> Les actes physiques étant les mêmes, le risque de confusion est toujours présent. Les prostituées traditionnelles le savent et construisent des barrières symboliques qui leur permettent d'appréhender travail et vie privée sous des angles différents. Elles emploient très fréquemment le terme « cloisonner » pour exprimer cette gestion différenciée de la sexualité. Une matérialisation de cette volonté est mise en place, dans l'attitude, dans le langage, dans les vêtements [...]. Toutes ces pratiques sont destinées à éviter le risque de confusion, elles permettent d'avoir une vie amoureuse en dehors du travail et font partie de cet apprentissage indispensable pour être à même de maîtriser à la fois leur activité et leur vie privée.

Parmi les barrières symboliques, embrasser sur la bouche est la marque ultime de l'intimité, c'est pourquoi les putes le refusent : « Le baiser est une demande qui n'est jamais exaucée par les travailleuses du sexe. C'est une pratique qui relève exclusivement de la vie privée. » On pourrait s'en étonner, vu qu'elles permettent à des sexes de pénétrer dans leur bouche, ainsi que dans leur sexe. Cela peut sembler autrement plus intime qu'un baiser ! Mais s'embrasser sur la bouche est un acte traditionnellement réalisé juste après la prononciation du mariage entre deux êtres, c'est la reconnaissance de l'union. L'essentiel est de construire des éléments de pratique permettant de différencier les espaces, d'avoir des repères sur lesquels on ne transige pas, car ce sont eux qui permettent de continuer à fonctionner. « L'absence de sentiments amoureux entre client et prostituée inhibe la relation de dépendance affective qui pourrait servir de point d'appui à la manifestation de domination du client sur la prostituée. » Lorsqu'une pute embrasse son client, cela peut signifier qu'elle commence à éprouver des sentiments pour lui. C'est un risque lié à la fidélisation de la clientèle, d'où l'importance d'avoir des éléments de cadre, des repères. Ne pas embrasser le client est à la fois un marqueur externe du rapport au client et un marqueur interne du rapport à la communauté.

Le psy n'est-il pas confronté à ce risque de confusion entre privé et professionnel ? Dans les deux cas, il écoute, il parle. Ses instruments sont les mêmes, d'où l'importance des « barrières symboliques ». Quelles sont-elles, alors que le cloisonnement semble justement à éviter ? Quel équivalent à ce mécanisme de protection ? Je perçois une différence fondamentale entre l'évasion psychique de la pute lors de l'acte sexuel et l'attitude du psy devant rester disponible et à l'écoute du client. Toutefois, il existe des moments où ce que me fait vivre le patient me donne envie d'être ailleurs. Lorsque je m'ennuie, j'ai la plus grande peine à maintenir mon attention. Est-ce un mécanisme de défense ?

Le rapprochement avec le mécanisme de protection psychique développé par la pute face au client m'évoque plutôt les séances où les dires du patient heurtent violemment ma sensibilité. Je pense par exemple au cas de Danielle, venue me consulter une seule fois. Alors tout débutant, j'avais mis plusieurs jours à me remettre de ce qu'elle m'avait confié, tant son parcours de vie m'avait rempli d'effroi. Aujourd'hui, il m'arrive d'écouter des histoires dont les détails me mobilisent intensément, m'émeuvent profondément, mais je ne suis pas traumatisé comme j'ai pu l'être à l'époque. En quoi ai-je évolué ? Est-ce une question d'habituation ? De recul par rapport à ce qui peut me traverser ? De ma capacité à élaborer, transformer, avant d'évacuer ? « Garder pour soi » n'est pas une bonne option sur le long terme. S'il n'y a explosion, il y aura implosion… D'où l'importance de la souplesse psychique, du partage de ses expériences, avec des pairs par exemple, ou d'activités créatrices.

Là où je pressens une différence avec la prestation sexuelle, c'est que je ne peux pas savoir à l'avance ce qui va être dit. La pute a probablement une idée du déroulement « normal » d'une passe, au moins en ce qui concerne l'acte sexuel, auquel elle peut se préparer. De mon côté, je dois rester ouvert, sans pouvoir anticiper le moment où le patient va formuler le pire. À moins que ce ne soit d'abord une question d'expérience : plus on pratique depuis longtemps, qu'on soit psy ou pute, plus on peut rester ouvert·e à la surprise et, par suite, moins on en est affecté·e. Si j'affichais, malgré moi, une attitude de rejet de ce que dit le patient, cela conduirait vraisemblablement à l'échec thérapeutique. C'est bien dans la notion de bonne distance que je crois trouver des appuis. C'est là aussi une construction indispensable pour préserver mon intégrité. En quoi cette bonne distance est-elle différente du cloisonnement ? Le terme de distance implique un espace, un écart… pas une cloison.

Dans le cas du curé, des recommandations institutionnelles présentent plusieurs aspects envisageables sous l'angle de cette question. Placés en annexe des *Éléments pour aider les confesseurs*, ces textes sont, d'une part, un guide à l'examen de conscience destiné aux prêtres et, d'autre part, deux prières que le prêtre est encouragé à prononcer avant et après avoir écouté les confessions.

La première prière vise à rassembler les forces requises pour la pratique de la confession, mais aussi à en rappeler le cadre et les objectifs. Elle demande sagesse, discernement et nombre d'autres qualités permettant de pratiquer au mieux ce sacrement. Par exemple : « Fais que mon intention soit pure, mon zèle sincère, ma charité patiente et mon travail fécond. » Ou : « Fais que je sois aimable dans le réconfort des pécheurs, prudent dans la façon de les questionner et expert dans celle de les instruire. » On appréciera les dernières phrases de cette prière : « Que je ne traîne pas en des entretiens inutiles ni ne me laisse contaminer par ce qui est corrompu ; qu'en sauvant les autres, je ne me perde pas moi-même. » Se perdre soi-même, se laisser contaminer sont bien des questions relatives à la « bonne distance », au cœur de toute pratique relationnelle.

La seconde prière demande à Jésus, par deux fois, de pallier la négligence du confesseur. « Je confie à ton très doux Cœur tous et chacun de ceux que j'ai confessés et je te prie de les garder et de les préserver de toute rechute. » Cette prière serait-elle un procédé pour prendre de la distance ? En voici la première phrase :

> Seigneur Jésus-Christ, doux amant et sanctificateur des âmes, je te prie de purifier mon cœur, par l'infusion du Saint-Esprit, de tout sentiment ou pensée vicieuse et de suppléer, dans ta bonté et miséricorde infinie, à tout ce qui dans mon ministère serait cause de péché à cause de mon ignorance ou de ma négligence.

Dans ces deux prières, plus aucune trace de toute-puissance dans la place attribuée au confesseur, contrairement à d'autres passages des *Éléments pour aider les confesseurs* déjà cités. Peut-être est-ce lié à leur nature de prière et à leur place en annexe du manuel. Le prêtre est renvoyé à sa faillibilité. Certains en sont conscients, comme le père Arnaud : « La confession est une attention de tous les instants. Il faut qu'il y ait compassion, que le pénitent sente qu'on partage sa douleur. J'accepte de prendre sur moi ses souffrances. Je prie avant et après chaque confession. » Des témoignages recueillis par Vincent Mongaillard confirment les difficultés de ceux qui, comme les putes, cherchent à oublier ce qu'ils vivent dans le confessionnal, à l'instar du père Stanislas : « J'ai écouté toute la misère du monde. Mais je ne garde pas de souvenirs précis. […] Heureusement que ce n'est pas nous, les prêtres, qui portons les péchés mais le Seigneur. Parce que sinon, on se jetterait tous dans la Seine. » Les propos du père Pierre font entendre la même musique : « Il faut bien qu'on prenne de la distance sinon on se tire une balle dans la tête. »

L'examen de conscience pour le prêtre prend la forme d'un questionnement en vingt points, de courtes phrases tirées des quatre évangiles. Ces phrases, commentées à chaque fois par une série de quelques questions, servent de guide au prêtre sur le point de se confesser. Leur contenu couvre les principaux aspects du métier, au quotidien, et porte sur les relations aux fidèles, aux autres prêtres, à l'institution à laquelle il doit obéissance, mais aussi, plus que tout, au Christ, « vrai amour de [sa] vie ». L'engagement, la motivation, la dignité dans la fonction et l'exemplarité, l'humilité, la charité, la dévotion et la chasteté, voire le renoncement et le sacrifice, sont à interroger, encore et toujours : « Dans toutes mes actions, suis-je cohérent avec ma condition de prêtre ? »

Rigueur et rigidité

Comme le curé, le psy est soumis à une forme de répression[1] : l'utilisation de son corps dans le cadre professionnel est fort

---

1. La répression est une « opération psychique qui tend à faire disparaître de la conscience un contenu déplaisant ou inopportun : idée, affect, etc. En ce sens, le refoulement serait un mode particulier de répression » (*Vocabulaire de la psychanalyse*, *op. cit.*).

limitée et doit le rester. L'expression « passage à l'acte » désigne le débordement du cadre, en particulier à travers la décharge physique de la pulsion. Une patiente m'a dit un jour : « Je me sens seule, triste, j'aimerais que quelqu'un me prenne dans ses bras », ajoutant avec un rire timide, « mais pas vous, hein ». J'aurais pu la prendre dans mes bras sans me sentir outrageusement engagé envers elle. Mais donner corps au potentiel transfert érotique est interdit.

Toutefois circulent des histoires de psys dérogeant à la règle. Une règle fournit un repère par rapport auquel on mesure les écarts pour y réfléchir. Nous ne sommes pas des robots. J'ai fait dans ma trentaine un long travail analytique avec un homme plus âgé que moi. Nous nous embrassions pour nous saluer, nous appelions par nos prénoms et nous tutoyions. Assurément pas orthodoxe. Le travail réalisé ensemble a été d'une richesse extraordinaire, et profondément transformant. Aurait-ce été différent si l'affection réciproque avait été moins grande ? Concernant la fin du travail, probablement, puisque sa difficulté à me laisser partir était manifeste. Maintenant psy à mon tour, je le comprends : au bout de tant d'années de relation, on s'attache.

Freud était plus impliqué auprès de ses patient·es que ce qu'une certaine orthodoxie psychanalytique a préconisé à sa suite. Quelques psys célèbres évoquent leurs gestes affectueux envers des patient·es. S'ils en parlent, n'est-ce pas parce que c'est exceptionnel ? La transgression de la règle est-elle inévitable à un certain niveau ? Des psys revendiquent la prise de risque que constitue la possibilité de contact physique, dans un moment critique de la thérapie : tel geste supplémentaire, hors du cadre habituel, aurait permis la guérison. Est-ce en raison de l'interdiction du contact physique, si limité soit-il, que la transgression peut être une solution ? Parce qu'elle déconcerte ? Si elle devenait ordinaire, elle perdrait de son potentiel thérapeutique. Ces situations inattendues ne révèlent-elles pas surtout la force de l'amour dans la relation thérapeutique ? Soutenant cette thèse, Susan Baur remarque que « si le thérapeute reconnaissait l'affection qu'il porte [à] sa patiente, alors la blessure résultant d'un amour impossible deviendrait tolérable. Mais quand il refuse de reconnaître ses sentiments, il trahit avec mépris la relation ».

Si la rigueur est primordiale, la rigidité peut être contreproductive. Le cadre est fait d'éléments facilitant la bonne distance et doit être tenu avec souplesse. Lorsqu'on est convaincu du rôle de la relation dans l'efficacité thérapeutique, lorsqu'on prône l'authenticité dans la relation, jusqu'où peut-on aller ? Quelles sont les limites à respecter pour que l'acte soit thérapeutique et non aliénant pour le patient ? Pas de réponse définitive, sauf peut-être pour la relation sexuelle. Car entre adultes aux préférences sexuelles compatibles, la question sexuelle infiltre la relation thérapeutique. Susan Baur le confirme :

> L'attirance sexuelle, au cours d'une thérapie, est chose courante. Quelle que soit l'école de pensée […], plus des trois quarts des thérapeutes admettent qu'ils sont attirés sexuellement par certains de leurs patients. [Cela] fait partie des risques du métier. […] Plutôt que de l'éluder, il est beaucoup plus instructif de l'affronter et de faire l'expérience de l'ambiguïté inconfortable dans laquelle il nous place.

Conséquences à long terme

Norbert Campagna rapporte que « de nombreuses personnes prostituées disent ne plus être capables d'éprouver de vrai plaisir sexuel et donc de ne plus pouvoir mener de vie sexuelle normale avec un partenaire qui n'est pas leur client». Cette question se pose-t-elle du côté des psys? Certains peuvent-ils être amenés à ne plus pouvoir mener de vie relationnelle normale avec un partenaire qui n'est pas leur patient? La pratique d'un métier peut, dans la durée, agir en retour sur le professionnel. Christophe Dejours alerte sur les dangers impliqués par le clivage[1] : «Le fonctionnement psychique n'est pas divisible. L'homme qui est engagé dans des stratégies défensives pour lutter contre la souffrance au travail n'abandonne pas son fonctionnement psychique au vestiaire.» L'exercice du métier peut bénéficier du clivage, mais l'être humain en souffrira à plus ou moins long terme.

Il me semble distinguer peu à peu en quoi la pratique de mon métier me transforme. Lorsqu'on me demande si je n'en ai pas marre de me poser des questions, je réponds que je fais ce métier parce que je me pose des questions. Depuis toujours. J'ai en ce sens trouvé une profession qui me correspond. Néanmoins, passer des heures à écouter intensément les mots, mais aussi tout ce qui n'est pas dit et que le patient émet, n'est pas sans conséquence. J'ai tendance à être de plus en plus exigeant hors de mon cabinet, souhaitant que la qualité d'attention dont je suis capable puisse m'être accordée. Ma vie relationnelle avec quelqu'un qui n'est pas un patient est-elle encore «normale»? Vu d'en face, dans un contexte social usuel, dès que les gens apprennent que je suis psy, ils réagissent en général soit par le rejet, soit par l'envie de raconter leur vie. Est-ce parce qu'ils pressentent la «déformation

1. Le clivage désigne «le fait que [l'être humain], sous un aspect ou un autre, se divise d'avec lui-même», une situation de «coexistence au sein du psychisme de deux groupes de phénomènes, voire de deux personnalités qui peuvent s'ignorer mutuellement» (*Vocabulaire de la psychanalyse*, *op. cit.*).

professionnelle » ? De la même façon que la rencontre avec un dentiste donne envie de lui parler de nos problèmes dentaires, ou avec un maçon, des obstacles rencontrés lors de nos derniers travaux ? Vu sous cet angle, n'y aurait-il pas une explication autre que la stigmatisation lorsque, face à une pute, un homme est troublé dans sa sexualité (qu'il le vive sur le mode du désir ou du rejet) ? Serait-ce juste la fascination de la rencontre avec un·e professionnel·le ?

Dans une interview donnée au magazine érotique *Minuit plaisir*, Grisélidis Réal développe la question de l'épuisement, comme celle des ressources qui apparaissent et permettent de poursuivre l'exercice du métier :

> Je dirai que les deux points faibles de la femme prostituée sont évidemment tout ce qui touche à l'appareil uro-génital, et [...] son système nerveux. [...] Plus ça va, plus on vieillit, plus on se fatigue, on souffre, [...] on a tendance à s'aigrir et à s'affaiblir. Et pourtant, paradoxalement, il se fait à force d'habitude et de domination sur soi-même, d'expérience des hommes et des choses, comme une sorte de carapace de courage et de volonté qui nous protège, nous guide dans cette vie dangereuse et irrégulière. [...] Plus on s'use, plus on se fortifie aussi, plus on devient avisée, vigilante, prudente, intuitive et habile à sentir et déjouer les pièges. C'est l'affrontement quotidien avec tous les risques que l'on côtoie qui nous rend fortes et resserre nos mécanismes de défense.

Qu'en est-il pour le curé résidant en maison paroissiale ? Comment pourrait-il séparer métier et vie personnelle ? C'est l'objet d'une revendication croissante chez les jeunes prêtres. Céline Béraud remarque qu'ils insistent « sur la nécessité qu'ils éprouvent à connaître de véritables moments de hors travail.

Ils aspirent, comme la plupart de leurs contemporains, à une séparation plus stricte entre le temps professionnel et les autres moments de la vie». Lors de discussions au cours de l'écriture de ce livre, je me suis rendu compte que certains psys de ma connaissance disaient ne plus penser aux patient·es une fois fermée la porte du cabinet. Quel que soit le métier, j'ai au cours de ma vie rencontré des individus des deux bords (au moins dans les discours) : ceux pour lesquels le boulot reste au boulot, et ceux qui le rapportent à la maison, et qui souvent aimeraient ressembler un peu plus aux premiers… Je suppose que l'inverse est vrai : il y a ceux dont la vie privée ne fait pas irruption dans une journée de travail, et ceux qui peuvent penser à leur liste de courses. Qu'est-ce qui fait pencher plutôt d'un côté ou de l'autre ?

Je rapprocherais cela de l'idée selon laquelle il y aurait les professionnel·les considérant que leur activité relève de la vocation, de leur identité, et qui s'y engagent de tout leur être, et puis celles et ceux qui voient dans leur métier avant tout un moyen d'assurer leur subsistance, mais qui ne s'y intéresseront jamais vraiment. Dans quelle mesure le mécanisme de clivage est-il alors impliqué ? Je ne crois pas qu'il suffise d'avoir plus de temps hors travail pour ne plus penser au travail. Selon Céline Béraud, «la conception totale de la vocation, étroitement associée à un sens aigu de l'abnégation pouvant aller jusqu'à l'oubli, voire au sacrifice de soi-même, entre en contradiction avec les impératifs de réflexivité et distanciation». Au-delà du sens de la vocation, la pyramide des âges et le manque d'attractivité de la profession conduisent les prêtres à se retrouver en sous-effectif (chute de 70 % entre 1980 et 2017[1]). Pour

1. https://www.cath.ch/newsf/france-les-eveques-ont-demande-une-etude-sur-la-sante-des-pretres/

ne pas sombrer dans l'épuisement, ils doivent revoir la forme de leur engagement et acquérir de nouvelles compétences. La récente enquête menée par la Conférence des évêques de France permettra-t-elle de travailler dans cette direction ? J'y reviendrai dans la partie sur l'épuisement professionnel.

Cloisonnement et liberté

Le métier de pute est associé à des formes de violence telles que le clivage psychique serait inévitable. La femme qui se prostitue peut-elle, loin de son univers professionnel, renouer avec le sensible ? Comment gérer la tension éprouvée lorsqu'il faut cacher la façon de gagner sa vie ? Lorsque la pute n'exerce pas son métier, le stigmate colle à la peau de la femme. Le clivage peut-il fonctionner parfaitement ? Analysant l'expression « femmes publiques », Stéphanie Pryen interroge la possibilité pour les putes de séparer privé et public : « Ne sont-elles pas publiques aussi parce qu'elles ne peuvent échapper au regard qui s'immisce jusque dans leur vie privée, alors même que l'activité prostitutionnelle relève, dans les termes de la loi, d'une activité privée ? » Le cloisonnement chez la pute me paraît ainsi avoir deux aspects : un clivage interne lié au niveau d'intimité lors de l'acte sexuel, à la distinction entre les lieux du corps ; et la stigmatisation sociale, source externe de clivage (quand on fait le tapin, on se musèle soi-même).

Cette interdiction de parler est-elle paradoxale avec la liberté revendiquée par les putes ? Je ne pense pas. Au contraire même, car l'ordre social est toujours dérangé par celles et ceux qui refusent de se soumettre à ses règles. La société les cantonne à sa marge tout en les gardant à l'œil, afin de mieux connaître les contours de son propre espace. Françoise Gil écrit à propos de l'anthropologue Mary Douglas : « Constatant que le système rejette en principe tout ce qui lui paraît aberrant par rapport aux normes, à savoir les éléments marginaux, elle remarque que ces “anomalies” sont réintroduites dans le système pour en assurer un meilleur fonctionnement. » On sait par exemple comment le système capitaliste repère les mouvements alternatifs, et les récupère lorsqu'ils acquièrent une valeur marchande.

Qu'en est-il du côté du curé ? Le clivage n'est-il pas à la base de son métier, dans la mesure où il choisit de renoncer à la vie en société, à la vie conjugale, etc. ? On sait à quel point ce système peut être destructeur pour certains hommes ayant fait ce choix. On connaît les conséquences de la difficulté des prêtres à respecter leurs engagements. J'ai trouvé chez Susan Baur une source de réflexion sur la façon dont, parfois, ils traversent la question du désir. La psychiatre s'est longuement entretenue avec un prêtre, le père Walsh, et rapporte ses « vérités fondamentales sur ceux qui cherchent à aider les autres » :

> Premièrement, il a compris qu'ils doivent rester ouverts à l'amour et vigilants vis-à-vis de l'attirance physique. Son vœu de célibat n'est pas plus une solution à son problème que le code de déontologie ne l'est pour les cliniciens. Le serment et le code annoncent plutôt l'acceptation des formes particulières de tension qui accompagnent ce travail et qui doivent être tolérées. Comme les bons prêtres, les bons cliniciens font leur travail, écartelés par des désirs conflictuels. Deuxièmement, le père Walsh a compris que pour gérer la tension entre amour et désir, seul un amour plus fort peut être un contrepoids efficace. Les règles, les amendes, les menaces, le bon sens et la supervision, couramment utilisés, sont de piètres défenses contre la passion.

Plaisirs intimes

La relation sexuelle peut être thérapeutique avec la pute lorsque cela fait partie du contrat, du cadre, alors que le passage à l'acte avec le psy brise la thérapie. Non par nature, mais par culture. Pour autant, l'intimité permise par la consultation en cabinet rend possible le fantasme de la relation sexuelle entre psy et patient·e. Selon l'analyste Christopher Bollas, « le but d'un besoin sexuel n'est pas simplement la satisfaction du corps, c'est plus important que cela ; mon avis est que le désir de peupler le monde intérieur d'excitations et d'objets de désir est essentiel[1] ».

Reformulons l'argument du côté de la pute : lorsque le client vit avec celle-ci une relation d'intimité (plus explicitement tournée vers la sexualité que la séance chez le psy), son intériorité s'emplit de sentiments érotiques. Ce phénomène expliquerait-il que le client ne passe pas toujours à l'acte ? Partant des arguments de Christopher Bollas, Susan Baur déduit que « la communication entre deux êtres du sexe opposé[2] est un des grands plaisirs dont nous jouissons et qu'elle peut, sans exagération, être appelée une forme adoucie de satisfaction sexuelle ».

Certaines femmes me racontent leur intimité certainement plus que ce qu'elles diront jamais à leur partenaire de vie. Pouvoir enfin dire ce qui pèse à quelqu'un qui ne jugera pas, ou plutôt dont le jugement ne mettra pas en danger la relation, procure du soulagement, et constitue un premier pas vers un mieux-être. Certains conjoints ne s'y trompent pas, pourrait-on dire, en manifestant leur jalousie envers moi, le psy de leur conjointe. En outre, le psy ne sait-il pas des choses

1. Cité par Susan Baur.
2. Il s'agit bien sûr d'un cadre hétéronormé.

sur ce conjoint exclu du couple thérapeutique ? Insupportable pour certains, ce qui mène parfois à l'interruption de la thérapie. Pourquoi ce besoin d'aller raconter à un autre homme ce qui pourrait – devrait, selon eux – être dit dans l'intimité du couple conjugal, le seul couple légitime ? Est-ce qu'il écouterait mieux qu'eux, prendrait mieux soin de leur femme qu'eux ? En plus, elle le paie pour ça ! Voire prend du plaisir à se dévoiler à un inconnu, qui l'est de moins en moins au fur et à mesure des séances. Scandaleux. Plus sulfureuse encore, la position de Susan Baur :

> C'est seulement une fois que l'on est tombé amoureux d'un patient, que l'on observe sa propre façon de travailler et celle du système de santé mentale avec le regard de quelqu'un qui est amoureux, que l'on devient un thérapeute expérimenté. L'amour devrait être considéré comme un rite de passage dangereux.

Cette jalousie de l'époux envers le psy est-elle comparable à celle de l'épouse envers la pute sollicitée par son mari ? Dans un argumentaire incisif, Virginie Despentes soutient que les « femmes respectables » craignent la concurrence des putes, car elles seraient elles-mêmes sous contrat, marital, par lequel elles s'engagent « à effectuer un certain nombre de corvées assurant le confort de l'homme à des tarifs défiant toute concurrence. Notamment les tâches sexuelles ». Mais un biais réside dans la comparaison entre pute et épouse, psy et époux : comment mettre en balance un amateur avec un professionnel formé pour accompagner un usager vers un but spécifique, dans un cadre spécifique ? Un amateur se consacrant à une seule relation, quand le professionnel entretient de multiples relations, lui permettant d'améliorer ses savoirs, savoir-faire, savoir-être ?

6

Les risques du métier

Les risques du métier – ici violence, solitude, épuisement – ne sont pas propres aux individus qui y sont confrontés. Il peut y avoir une certaine variabilité dans les modalités réactionnelles de chacun, mais elles sont plus ou moins semblables. Christophe Dejours montre en effet l'existence de stratégies collectives de défense, spécifiques à chaque métier, plus puissantes que les mécanismes de défense individuels. Elles vont parfois jusqu'à les remplacer afin que le collectif puisse fonctionner, ce qui a pour conséquence d'occulter le travail lui-même comme source de souffrance. Contre quoi s'agit-il de se défendre à tout prix ? La peur, « rejeton psychique du risque que fait courir au corps la nocivité des conditions de travail [...] présente dans tous les types de tâches professionnelles ». Afin de contenir la peur se constituent des idéologies défensives, propres aux collectifs structurés autour d'un métier et, partant, relatives à « la nature de l'organisation du travail ». Le chercheur affirme que l'idéologie défensive « doit obtenir la participation de tous les intéressés ». Ceux qui la refusent finissent par être exclus. Le rapport aux pairs, voire aux institutions aptes à faire naître de telles idéologies, y est central. Cette analyse est-elle applicable à la pute, au psy, au curé ?

Violence

La documentation française sur la violence dans le cadre de la prostitution ne distingue pas les différentes façons d'exercer cette activité. Mais aux Pays-Bas, où la prostitution est légale depuis octobre 2000, on constate que la stigmatisation sociale à l'égard des femmes enregistrées comme travailleuses du sexe n'a pas diminué. Diane Lavallée rapporte quelques conclusions de l'étude du Conseil du statut de la femme sur la prostitution au Québec, qui indiquent l'étendue de la violence subie, et ses conséquences :

> Les prostituées doivent notamment composer avec un environnement extrêmement violent : violence des clients, violence des proxénètes, violence des policiers, violence d'autres prostituées et violence de la population. [...] Il résulte de cette violence d'importantes séquelles physiques et psychologiques. À tel point qu'un taux important de prostituées présentent des symptômes de syndrome de stress posttraumatique.

Des trois professions étudiées ici, la pute est celle qui prend le plus de risques. La mise en danger de son intégrité physique et psychique est évidente. Alors comment réduire les risques de violence ? D'emblée, le premier article du manifeste du féminisme pute montre une voie : « Imposer ses conditions aux hommes dans le cadre du contrat sexuel en en parlant avant, que ce soit au sujet de la durée, des pratiques, de la prévention et des règles du consentement. »

La violence subie par la pute peut être le fait du client. Dans son enquête sur la prostitution de rue, Stéphanie Pryen rapporte que les agressions sont nombreuses et fréquentes, concernent davantage celles qui travaillent la nuit ou le week-end, et que l'argent en est le principal motif. La chercheuse note des postures corporelles visant à se protéger dès la phase de racolage : « Adossées à une voiture, ou un pied s'appuyant sur un mur, la jambe repliée […], permettant alors de ne pas se faire surprendre par l'arrière en occupant une position défendable. » Le péril est omniprésent. Avec quels moyens pour y faire face ? « Les stratégies préventives consistent à “flairer” le danger, et à refuser le client s'il semble constituer un risque. Les stratégies proprement défensives sont diverses, et pas toujours efficaces. » Grisélidis Réal témoigne également de son apprentissage des réponses face aux menaces, et dit avoir développé « une grande intuition, une psychologie et un feeling qui [lui] faisaient sentir le danger ».

Cette compétence préventive relevant de l'intuition est primordiale dans la profession. Nul doute qu'elle se développe à partir de la capacité d'écoute, au-delà des mots, revendiquée par les putes. Dès les premiers échanges lors de la prise du premier rendez-vous, cette compétence me permet, à moi aussi, de percevoir l'individu auquel je vais avoir affaire. Les enjeux ne sont cependant pas semblables. Pour ma part, une mauvaise impression initiale est généralement associée à un abandon prématuré de l'entreprise thérapeutique, certain·es patient·es ne venant même pas à ce rendez-vous (sans me prévenir, la plupart du temps). C'est sans grande conséquence pour moi. Du côté de la pute, cela s'inscrit dans la difficulté, la quasi-impossibilité, de faire confiance dans un tel cadre, et répond à la nécessité d'une vigilance de tous les instants.

Même si, dans l'enquête de Stéphanie Pryen, le racolage se pratique dans la rue et peut donc être fait à plusieurs, limitant ainsi les risques, le moment de la passe est plus dangereux car individuel. La sociologue identifie plusieurs stratégies pour éviter l'agression sans perdre définitivement le client, parmi lesquelles la diplomatie et l'attitude maternante. Rendre l'argent est quelquefois la seule solution. Surtout, « ne pas montrer sa peur, cette dernière étant la marque de la fragilité et l'ouverture possible à l'agression ». Depuis 2015, le Strass offre des formations à l'autodéfense, avec le programme S.W.A.G. (Sex Worker Autodefense Group[1]). Au-delà des techniques de combat sont abordés des sujets comme la gestion du stress ou la lutte contre la stigmatisation, marque des multiples sources de violence pour la pute. La question est si lourde qu'elle revient à plusieurs reprises dans le manifeste. Dixième point : « Avoir le droit de dire oui autant que de dire non. Lutter pour la reconnaissance du viol comme crime, y compris ceux commis contre nous et pour lesquels nos plaintes sont rarement enregistrées. »

Car la violence subie par la pute ne se limite pas aux agissements des clients. Apparaît ici une source de violence plus globale : celle de l'État et de ses représentant·es. Trois ans après la promulgation de la loi pour la sécurité intérieure de 2003, qui réhabilitait la répression du racolage, l'association Les Putes en dénonçait les effets :

> Cette mesure répressive a eu des conséquences dramatiques sur nos vies, notre santé et nos conditions de travail : rafles et contrôles policiers qui obligent à travailler dans des endroits

1. Ce programme est devenu organisation indépendante en 2019.

isolés ; confiscation des préservatifs ; multiplication des arrestations jusqu'à la sortie des bus de prévention ; racket et violence accrue de la part des policiers et d'hommes que ce contexte peut encourager ; violences sexuelles de plus en plus fréquentes. Les conséquences sanitaires, notamment en termes de transmission du VIH et des MST, sont considérables.

Depuis le 13 avril 2016, le délit de racolage a été remplacé par l'interdiction d'achat d'acte sexuel. L'article du *Monde* « Prostitution : la loi qui va tout changer » commentait alors : « La France devient ainsi, après la Suède, la Norvège et l'Islande, le quatrième pays européen à pénaliser les clients de prostituées, dans l'objectif d'éradiquer la prostitution à terme. » En Suède, le dispositif légal permettant de criminaliser le client est entré en vigueur en 1999. Avec quels impacts ? Selon Françoise Gil, « il induit les mêmes conséquences que la répression du racolage, à savoir plus de clandestinité, avec son cortège d'effets pervers » et, par-dessus tout, une « vulnérabilité accrue pour les travailleuses du sexe ».

Les politiques répressives n'ont pas l'effet souhaité. Au contraire, on assiste à un accroissement des violences, provenant parfois de bandes organisées à des fins de racket et de chantage. Conclusion à nouveau vérifiée en 2018, ce qui mène la chercheuse Hélène Le Bail à affirmer dans *Le Monde* : « La loi sur la prostitution met en difficulté les personnes qu'elle était censée protéger mieux. » Les mêmes erreurs sont répétées. Comme s'il suffisait d'interdire et de sanctionner un comportement pour qu'il s'arrête. Au niveau collectif comme individuel, réprimer un comportement par une volonté intransigeante ne fait qu'en augmenter la poussée, jusqu'à l'explosion, là où une attention bienveillante et souple permet un écoulement plus fluide de cette activité énergétique. Occultée, la leçon de Freud sur le retour du refoulé.

Le quinzième et dernier article du manifeste du féminisme pute – « Refuser d'être une victime » – interroge le statut social de la pute, parfois cantonnée au rôle de victime, pour les multiples raisons socioculturelles déjà évoquées. Norbert Campagna rappelle que « certains ne pensent pouvoir respecter les personnes prostituées que dans la mesure où elles les considèrent comme des victimes. D'où la tendance à affirmer que toutes les prostituées sont des victimes et qu'il n'y a pas de prostituée libre ». Le sentiment de pitié sous-tendrait la raison pour laquelle certains posent un regard victimisant sur les prostituées. Cette attitude serait destinée à dissimuler le sentiment de mépris. D'après Françoise Gil, si la prostitution « reste une activité extrêmement difficile et dangereuse, c'est en raison du traitement qu'on lui impose, de [sa] stigmatisation [...], non en raison de sa nature même ».

L'anthropologue Pascale Absi a entamé au début des années 2000 une recherche sur la prostitution en Bolivie[1]. Posant d'emblée la différence avec la situation française, du fait du réglementarisme bolivien conduisant à une structuration de l'activité en maisons closes, la chercheuse apporte des arguments au sujet de la conception de la prostitution comme travail. Elle remarque que, si la confusion entre travail et effort mène à refuser le qualificatif de travail à ce qui n'est pas produit par l'effort, la prostitution ne devrait pas être victime de cette confusion, pour de multiples raisons : « L'évocation des longues veilles et le manque de sommeil, la consommation

1. Pascale Absi, « La professionnalisation de la prostitution : le travail des femmes (aussi) en question », *L'homme et la société*, n° 176-177, 2010.

obligatoire d'alcool, la violence, le vieillissement prématuré et la dégradation du corps ainsi que la marginalité sociale... » Par-dessus tout, Pascale Absi atteste de la destructivité de la puissance du stigmate autant là-bas qu'ici : « À l'image du "sale boulot" de leurs consœurs françaises, plus que les conditions concrètes d'exercice, le sentiment d'être jugées – mal – et leur marginalisation sont les principaux reproches que les prostituées boliviennes adressent à leur activité. » La seule exception, qui permet de donner de la légitimité à leur activité, est de l'inscrire dans le champ du travail féminin traditionnellement associé au sacrifice et à l'altruisme, en reversant l'argent gagné à la famille : « Ce n'est pas le revenu proprement dit qui convertit la prostitution en un travail [...], mais la qualité de celle qui le gagne et la façon dont il est dépensé. » Celles qui n'ont pas de famille à soutenir et qui gardent l'argent sont « assignées à la catégorie "vicieuses" ». Quel que soit le métier pratiqué, la façon dont il est perçu par l'entourage, et plus largement la société, détermine la façon dont le perçoit et le vit celle ou celui qui le pratique.

En quoi est-ce comparable avec la situation du psy ? J'ai déjà été confronté à l'argument : « Passer sa journée à écouter, assis dans un fauteuil, c'est pas un boulot. » Pourtant, le psychisme du psy peut être mis à rude épreuve par le patient. J'ai raconté l'unique séance avec Danielle, dont l'histoire de vie m'avait été si difficile à entendre. Certes, le psy a pour mission fondamentale de recevoir des patients en souffrance psychique. Ceux-ci déversent leurs angoisses et leurs fantasmes, même s'ils peuvent inspirer l'horreur et donner des cauchemars au psy. Le processus par lequel le psy est affecté par l'intermédiaire du récit est appelé « contamination par le traumatisme ». Il s'agit d'un stress traumatique secondaire, différent du stress posttraumatique identifié chez les travailleuses du sexe. Je me souviens d'une patiente à qui j'avais dit que son métier ne devait pas être facile. Elle m'avait répondu : « Et vous, dans quel état vous rentrez quand vous avez passé la journée avec des gens qui pleurent ? » Puis-je considérer qu'accueillir des pleurs soit quelquefois lourd à porter pour le psy, à l'instar de certains actes physiques ou verbaux pour la pute ? Quelles sont les conséquences d'être à ce point son propre outil de travail ?

Qu'en est-il du curé ? De même que l'État fait violence à la pute, l'institution catholique est-elle violente envers ses prêtres ? Pour Christophe Dejours, « la libre organisation du travail devient une pièce essentielle de l'équilibre psychosomatique et de la satisfaction [et] n'est autre qu'un aménagement du mode opératoire qui tient compte des aptitudes individuelles, des besoins de la personnalité ». Le contexte d'étude était le travail ouvrier en usine, mais le célibat imposé aux prêtres peut être vu dans une perspective d'organisation du travail. Élisabeth Roudinesco, historienne de la psychanalyse, rapporte comment, dès les années 1950, l'Église a introduit la psychanalyse dans le discernement des vocations des prêtres, notamment afin de travailler sur leur rapport à la sexualité. L'Église n'a jamais cru que l'abstinence allait de soi et prend soin d'aborder le sujet avec les candidats à la prêtrise. *La vocation du prêtre* explique ainsi que, « au plan psychologique, [la formation sacerdotale] vise la constitution d'une personnalité stable, caractérisée par une affectivité équilibrée, la maîtrise de soi et une sexualité bien intégrée ».

Qu'est-ce qu'une sexualité bien intégrée lorsque l'abstinence est la règle ? Remontons encore dans l'histoire. Le sociologue Olivier Bobineau rapporte en 2017, dans un entretien au *Monde*, l'existence d'« un document de l'Église catholique datant de 1922 [qui] condamne le "délit de sollicitation", qui consiste pour un prêtre, à l'occasion de la confession, à solliciter du pénitent des faveurs sexuelles ». J'ai cité l'ouvrage accusateur de Francisque Bouvet sur la confession et le célibat des prêtres, datant de 1845. Paru la même année, le premier volume du manuel de *Théologie morale à l'usage des curés et des confesseurs* met en garde contre le danger de la confession, à cause de la tentation.

Je crois volontiers que des êtres peuvent renoncer à la sexualité. Dans le chapitre sur le contre-transfert, j'ai cité les solutions, relayées par Susan Baur, utilisées par des prêtres pour dépasser la tentation de la chair : confiance en soi, force de la vocation, amour universel, ainsi que « des formes acceptables d'intimité à l'extérieur de l'Église ». Cependant, pour d'autres, lorsque l'âge avance, que les engagements et l'énergie de la jeunesse s'éloignent, que les issues pulsionnelles trouvées jusque-là ne suffisent plus, la répression finit par ne plus fonctionner. Mais a-t-elle jamais fonctionné ? Susan Baur insiste sur l'importance de ne pas considérer l'attirance physique comme un ennemi, position au cœur du processus répressif.

Est-il temps d'abolir l'obligation de célibat pour les prêtres ? La rigidité de l'organisation du travail sur ce point est telle que l'élaboration psychique peut ne pas suffire. Christophe Dejours conclut : « Dans certaines conditions, une souffrance émerge, qui a pu être imputée au choc entre une histoire individuelle porteuse de projets, d'espoirs et de désirs et une organisation du travail qui les ignore. » La soumission du curé à ce qu'il a accepté pour faire partie de l'institution peut devenir intenable.

Solitude et isolement

Que l'on soit psy, pute ou curé, s'il existe une communauté de praticien·nes dont on peut être plus ou moins proche et avec laquelle partager au sujet de sa pratique, ces trois métiers se pratiquent généralement en solitaire. Comment se manifeste cette question de l'isolement ?

Dans le monde de la psychanalyse, les communautés prennent la forme de sociétés, au sein desquelles sont formés les membres partageant les mêmes façons de voir. Le psy peut-il s'abstraire des prolongements idéologiques des différentes approches ou institutions ? Cela paraît dangereux. Au-delà de l'isolement socio-professionnel qui peut en résulter, il y a un risque de succomber à l'illusion de toute-puissance : s'en remettre à un regard extérieur est un garde-fou. La recherche de supervision peut se heurter à la différence des approches. Lorsqu'on revendique, comme c'est mon cas, de n'appartenir à aucune école, il peut être difficile de trouver un superviseur, lui-même étant le plus souvent membre d'une école ou d'une société, et supervisant ceux déterminés à s'engager dans le même mouvement. Une alternative peut être de participer à des groupes d'intervision, permettant d'échanger autour de situations cliniques, de thèmes spécifiques, etc. Le psy peut, par ce biais, s'inscrire dans un collectif de pairs. Il n'est cependant pas facile de trouver un groupe rattaché à aucune idéologie précise. Or le regard du groupe a des effets sur la perception de sa propre pratique.

Au niveau sociétal, la communauté de psys semble éclatée. L'histoire des luttes entre les différents courants psys l'illustre. L'historienne Annick Ohayon qualifie ainsi d'« impossible » la rencontre entre psychologie et psychanalyse en France[1]. Le

1. Annick Ohayon, *L'impossible rencontre. Psychologie et psychanalyse en France (1919-1969)* [1999], La Découverte, 2006.

syndicalisme pourrait être une forme pertinente de regroupement, mais il a bien des difficultés à s'implanter dans le milieu psy. Y a-t-il dans la personnalité du psy, notamment dans le cas de l'exercice en libéral, une tendance à s'éloigner de tout ce qui risquerait de l'aliéner ? L'autrice précise qu'après la Seconde Guerre mondiale le parti communiste – pardon pour le glissement entre communisme et syndicalisme – voyait la psychanalyse comme une « idéologie réactionnaire ». Comment auraient-ils pu se rejoindre ?

L'existence d'un collectif de pairs est encore plus décisive chez les putes que chez les psys, car l'isolement conduit à plus de dangerosité dans la pratique. Françoise Gil décrit en effet le monde de la prostitution comme « un monde atomisé, composé en quelque sorte d'électrons libres ». Le besoin de se regrouper a donné naissance en France, en 2009, au Strass. Il y a maintenant, chez les psys comme chez les putes, un syndicat, mais quel en est le poids dans la profession ? Des raisons psychologiques et sociales se trouvent derrière cette difficulté à s'organiser, se rassembler.

Françoise Gil consacre un chapitre de son ouvrage aux « mouvements de défense des droits des prostitué-es/travailleurs du sexe ». Créée aux États-Unis en 1973 par Margo St. James et ses collègues, la première association pour la défense des prostitué·es aboutit à la création en 1984 d'une organisation internationale de défense des droits humains des prostitué·es. « En 1985 est organisé à Amsterdam le premier congrès mondial des prostitué-es au cours duquel la charte des droits des prostitué-es est adoptée. » À l'issue du deuxième, en 1986, est affirmé « le droit des femmes à commercialiser leur activité et à gérer seules les gains qu'elles en tiraient, [et] leur droit à exercer cette activité professionnelle ». En 2005 prend place, à Bruxelles, la conférence internationale des travailleurs et travailleuses du sexe. Parmi les aboutissements de cette conférence figure la Déclaration des droits des travailleurs du sexe en Europe : « Les droits revendiqués sont le droit à ne pas être discriminé, le droit de disposer de son corps, le droit d'être entendu, le droit de s'associer et de se réunir, le droit à la mobilité. » En un mot, *empowered.*

Les travailleur·euses du sexe revendiquant l'*empowerment* ont un rôle critique dans cette lutte. Leur insoumission est ancienne, comme le mentionnait Françoise Gil à propos de leurs parcours de vie, et perdure. « Nettement plus politisés que beaucoup de leurs collègues, ils et elles disposent d'un capital culturel élevé qui permet de conceptualiser les questions de sexe et de genre… » Voire de créer un syndicat autogéré, comme le Strass. Et de rédiger le manifeste déjà cité. En voici le deuxième point : « Pouvoir travailler avec d'autres femmes et transpedegouines et donc réduire les risques de subir les blagues et propos sexistes et homophobes des collègues de travail. » La première partie de la phrase montre l'importance de l'isolement dans lequel les putes sont cantonnées. Travailler ensemble, être reconnu·e par ses pairs pour ses compétences, contribue à un mieux-être, ne serait-ce que parce que cela relie aux autres. Citant les travaux de François Sigaut sur les relations de travail, Christophe Dejours souligne la nécessité de la reconnaissance sociale du métier que l'on exerce :

> Si le sujet entretient par son travail un rapport avec le réel, mais que son travail n'est pas reconnu par autrui, même si ce travail est dans un rapport de vérité avec le réel, il est là aussi condamné à la solitude aliénante. […] L'essentiel de la psychopathologie du travail se déploie dans le secteur de l'aliénation sociale.

La solidarité entre professionnel·les du même secteur d'activité est-elle suffisante pour ne pas se sentir aliéné·e socialement ? Cet « autrui » chargé d'attribuer la reconnaissance n'est pas un collègue. C'est celui pour lequel ledit métier est étranger, mystérieux, fantasmé. Il ne l'a jamais pratiqué. Plus ce métier est entaché de représentations sociales dégradantes, moins il a de chances d'être reconnu. Pluma Sumaq décrit ce qu'elle éprouve par rapport à cela : « La vérité est que j'ai fait quelque chose avec mon corps pour pouvoir acquérir des ressources, et que ceci ne soit pas reconnu me fait me sentir comme si mon corps était ignoré. » Il doit être terrible de devoir mentir à ses proches non en raison de ce que l'on est censé·e cacher, mais par crainte qu'ils se fassent porteurs du regard sociétal méprisant envers la pute. Pis encore, qu'ils soient contaminés par le stigmate de putain : savoir que leur femme, leur mère, leur fille, se prostitue les amènera probablement eux aussi à la honte, au mensonge… Alors elle le cache. Cela ne peut que l'isoler davantage.

Pourtant, selon les milieux, la préférence entre côtoyer un psy, une pute ou un curé doit largement varier ! Je ne manque jamais d'assurer à mes patient·es demandant comment on peut exercer mon métier qu'il faut pour cela être bancal, pas net. Les psys ne sont pas des fréquentations convenables. D'autres métiers connaissent le stigma. Parmi les « travailleurs de la mort[1] », une thanatopractrice raconte que, peu à peu, elle ne côtoie plus que ses semblables : « Je pense qu'on en arrive tous plus ou moins là parce qu'on s'éloigne, on fait le vide autour de nous. On vit enfermés dans un monde parallèle. »

---

1. Paul Blondé, « Les travailleurs de la mort », *Philosophie magazine*, n° 114 : « Comment vivre avec l'idée de la mort ? », 2017.

Thanatos d'un côté. Éros de l'autre. Certains sujets posent des questions que l'on préfère ignorer la plupart du temps. Des questions dont on peut parler avec un psy ou un prêtre. Rarement en société.

À côté du vécu individuel de l'isolement, il y a ainsi les aspects sociaux. Lorsqu'une communauté est divisée, éclatée parce que faite de personnalités insoumises, comment prendre place dans un système avide de soumission ? Volontaire de surcroît ? Lorsqu'en plus le système vous rejette comme il rejette les putes, comment s'étonner qu'il mette des bâtons dans les roues de votre développement ? Stéphanie Pryen rappelle que la condamnation du proxénétisme en France implique que « toute manifestation positive d'aide ou d'assistance, jusqu'à l'aide réciproque que peuvent se fournir les prostituées entre elles, peut être punie ». La législation elle-même détermine l'isolement social et affectif des travailleur·euses du sexe.

La pute n'en a que plus besoin de prendre le pouvoir sur sa propre vie, pour travailler dans les meilleures conditions possibles. Selon Françoise Gil, « la réelle maîtrise [dans le rapport avec le client] revient aux femmes, quand elles travaillent dans des conditions favorables ; c'est-à-dire celles qu'elles revendiquent, qui leur permettent de se faire respecter et de faire respecter leurs exigences ». Les expressions utilisées ici me font penser aux discours émanant de psys qui travaillent avec de grandes difficultés en institution. En témoigne la place accordée à ce sujet par le code de déontologie des psychologues – pour n'évoquer que ces psys-là – dès les premiers principes généraux, mais aussi dans l'article 4 du chapitre II : « Le psychologue fait respecter la spécificité de sa démarche et de ses méthodes. » Travailler dans des conditions favorables, pour un psy en institution, signifie a minima

– pour ce que j'en connais – être respecté. Si le psy ne se sent pas respecté par l'institution dans laquelle il exerce, quel type de travail peut-il faire avec le patient ? Le psy *empowered* a besoin d'être maître de son cadre. Lorsque celui-ci est stable, contenant pour les deux protagonistes, l'alliance thérapeutique peut émerger. De la même manière, dans un cadre stable et choisi, la pute pourra elle aussi, au-delà du plaisir sexuel, soigner le client.

Pour le curé, la question ne se pose pas de la même façon puisqu'il fait partie d'un groupe constitué, dont tous les membres doivent respecter des règles communes, et différentes de celles de la société laïque. Le statut du curé le sépare du reste de la population. Il a eu dans l'histoire une place socialement valorisée, mais ce n'est plus le cas, comme l'analyse Céline Béraud : « Dans une société sécularisée et urbanisée, le prêtre ne fait plus partie des notables. Il se trouve en marge des grandes institutions intégratrices que sont le travail et le couple. » Surtout, différence majeure avec le psy ou la pute, n'est-il pas par définition celui qui se destine à un certain isolement ? Au milieu du XVIe siècle, les autorités catholiques détaillent les attitudes à adopter par le curé :

> Le concile de Trente, véritable exaltation du clergé et du sacerdoce, réaffirme dans ses canons la nécessité du caractère irréprochable de la conduite du prêtre, en lien étroit avec le rôle du médiateur qui lui est assigné. Pour atteindre cet objectif, une forte prise de distance par rapport au monde est plus que jamais préconisée.

Pour autant, suffit-il de décider de se détacher du monde pour y parvenir ? Le curé est certes animateur de communauté, il peut être entouré de pairs, mais il vit généralement seul. « Les curés peuvent aussi être courtisés comme ils sont célibataires. Certaines fidèles ont parfois envie d'être l'amie particulière du curé. Et nous, on ne sait pas toujours très bien gérer », confie le père Gérard. Dans un article intitulé « Prêtres en couple, “amantes clandestines” : le tabou de l'Église[1] », le sociologue des religions Jean-Louis Schlegel l'assure : « L'ordre de grandeur qui revient souvent, c'est un prêtre sur trois, voire deux prêtres sur trois, qui aurait une relation physique ou amoureuse avec une femme ou un homme. » Une telle fréquence atteste du poids du tabou, de la règle imposée aux prêtres, assez similaire à celle imposée aux putes. La différence est que l'institution catholique la prescrit aux premiers, alors que c'est la société dans son ensemble, par le biais de la stigmatisation, qui l'exige des secondes. N'y a-t-il pas une nouvelle source de violence et d'isolement dans le secret demandé aussi bien aux curés qu'aux putes ? Remarquons que ce type de secret semble sans équivalent pour le psy, qui ne s'engage pas à être célibataire ni chaste, et n'est pas stigmatisé par la société lorsqu'il est en couple. Dans le cas d'une relation amoureuse psy-patient·e, il vaut sûrement mieux ne pas l'afficher, mais je ne crois pas que le secret soit autant de mise que pour le prêtre ou la pute.

Comment la solitude des prêtres est-elle vécue sur le long terme ? L'Église est réputée pour la lenteur de ses transformations. Entre le concile de Trente – l'un des plus importants de l'histoire du catholicisme (initié en 1545, il a duré dix-huit ans) – et le Vatican II des années 1960, il n'y a eu qu'un concile, Vatican I, en 1869-1870. Céline Béraud évoque la

1. Article de Justine Rodier publié dans *Le Monde*, 3 janvier 2021.

« thématique de l'isolement du prêtre comme cause du malaise sacerdotal, thématique récurrente depuis les années 1930 ». Y aurait-il des aménagements à proposer en soutien à des conditions favorables à la vie du curé, afin qu'il prenne correctement soin de ses fidèles ? Renoncer au monde profane ne signifie pas obligatoirement bien vivre la solitude.

> Père Francis : « Internet prend beaucoup de place dans ma vie, j'ai du mal à gérer la solitude. »
> Père Marc : « Je confesse pas mal de prêtres, mes confrères ont confiance en moi, ils savent que je suis ouvert et pas dans le jugement. Dans 95 % des cas, ils évoquent leur addiction aux sites pornos, leur misère sexuelle. Il y a une vraie frustration, une très grande culpabilité. »
> Père Daniel : « La masturbation revient régulièrement [dans la confession] chez des religieux et prêtres d'un certain âge dans une grande solitude. »

Le prêtre reste un homme, en dépit de l'idéal prôné par le concile de Trente. Le passage par le séminaire, assurant la création d'un groupe où l'on se reconnaît mutuellement, peut être insuffisant pour le prêtre susceptible de souffrir d'isolement. Susan Baur rapporte d'autres conclusions surprenantes de l'étude, déjà citée, menée auprès de prêtres :

> Rice a découvert que les prêtres heureux et efficaces possèdent quatre qualités. Tout d'abord, ils aiment leur travail. Ensuite, ils ont une vie privée dans laquelle ils ont des activités qui ne sont pas en rapport avec leur profession. De plus, ils se distancient du système bureaucratique ecclésiastique, et enfin, ils ont une relation intime avec quelqu'un, un ami ou un confident, un thérapeute, un groupe de prières. Toutes ces qualités pourraient

également aider les cliniciens, et toutes ces qualités paraissent évidentes, sauf l'observation curieuse que les prêtres efficaces prennent de la distance par rapport à l'institution. Rice explique que les prêtres ont besoin de se désolidariser de la partie commerciale ou bureaucratique de l'Église afin de garder leur autonomie. Même s'ils obéissent à leur évêque, les prêtres veulent aussi être libres de prendre seuls des décisions et d'avoir des responsabilités.

Ces curés-là, « heureux et efficaces », à distance de leur hiérarchie, seraient-ils justement les plus solitaires, les plus insoumis, les plus *empowered* ? Cette autonomie, rapporte Françoise Gil, est également plébiscitée par les putes : « Pas de comptes à rendre, sauf à soi-même, pas d'horaires imposés et surtout pas de supérieur hiérarchique qui use et abuse bien souvent de son pouvoir. » Une opinion certainement partagée par les psys en libéral. Pour les prêtres, la communauté reste indispensable. C'est dans ce sens que je lis l'exhortation de l'Église à prendre appui sur ses pairs, au regard des difficultés pouvant attendre le prêtre au cours de sa vie. Parmi celles-ci, selon *La vocation du prêtre*, « l'expérience de la faiblesse personnelle : l'apparition de contradictions qui pourraient encore demeurer dans sa personnalité et qu'il faut nécessairement affronter ». Ou encore « le prêtre ne devra pas s'isoler ; il aura au contraire besoin de soutien et d'accompagnement d'ordre spirituel et/ou psychologique ». La communauté peut prendre diverses formes, parmi lesquelles les rencontres, les retraites, voire les associations sacerdotales et parfois la vie commune. « En particulier dans les moments de difficulté, les prêtres peuvent trouver dans le directeur spirituel un frère qui les aide à discerner l'origine de leurs problèmes et à mettre en œuvre les moyens adaptés pour les affronter. »

Épuisement

Dans les années 1970, le psychologue et psychothérapeute Herbert Freudenberger a élaboré le concept de burn out, qui regroupe les caractéristiques de l'épuisement d'un individu au travail : « Un état de fatigue chronique, de dépression et de frustration apporté par la dévotion à une cause, un mode de vie, ou une relation, qui échoue à produire les récompenses attendues et conduit en fin de compte à diminuer l'implication et l'accomplissement au travail[1]. »

À l'origine, ces observations ont été faites sur du personnel soignant (bénévole de surcroît), mais la propagation du concept dans la société en montre l'intérêt. Pour la psychologue Christina Maslach, créatrice en 1981 du test de référence MBI (Maslach Burnout Inventory), les principales dimensions du burn out sont l'épuisement émotionnel, la dépersonnalisation[2] et la diminution de l'accomplissement personnel. Cet épuisement dépend du degré d'investissement du soignant dans son métier. Selon Dominique Scarfone, psychiatre et psychanalyste :

> Dans un contexte d'individualisme poussé à l'extrême et d'isolement affectif, l'individu attend de plus en plus de son travail des gratifications narcissiques là où auparavant il s'agissait surtout de produire. Le travail, et en particulier les professions relevant d'une « vocation », est donc fortement investi et l'objet d'attentes très élevées. Mettez un individu avec de telles attentes

1. Herbert J. Freudenberger et Geraldine Richelson, *Burn-out: the high cost of high achievement*, Anchor Press, 1980, cité par Didier Truchot, *Épuisement professionnel et burnout. Concepts, modèles, interventions*, Dunod, 2004.
2. La dépersonnalisation qualifie la dimension interpersonnelle du burn out : elle décrit l'incapacité croissante du soignant à être à l'écoute du patient. En être trop proche l'éreinte.

en face de clients, de patients ou d'élèves se comportant comme autant de « trous noirs » qui absorbent l'énergie et n'en émettent aucune en retour, et vous voilà devant un phénomène qui pourrait porter, entre autres noms, celui de burn-out.

Ne jamais atteindre l'idéal que le soignant a de son métier finit par générer, et accumuler, frustration et épuisement. Se détacher de son travail est alors nécessaire pour s'en sortir. En être d'emblée capable protégerait-il contre le burn out ? Peut-être, mais cela ne met pas à l'abri d'autres souffrances : comment ne pourrait-il pas être dommageable de consacrer une grande partie de son existence à une activité dans laquelle on est à peine investi ? Depuis l'identification du burn out sont apparus le *bore out* (épuisement par l'ennui) et le *brown out* (perte de sens). Comment éviter ces écueils et bien vivre son activité professionnelle ?

Christophe Dejours insiste sur le rôle des conditions de travail dans l'émergence de la souffrance. Les pratiques de gestion individuelle de stress passeraient à côté de l'essentiel. Pour la pute, les contraintes de travail sont source permanente de stress. De la loi pour la sécurité intérieure à la pénalisation du client, sans parler de la stigmatisation, la pute ne peut qu'être sur la brèche. « Cette profession nécessite que tu sois en forme, sinon elle te bouffera », lance Pluma Sumaq. Lorsque les conditions de travail sont marquées par l'isolement, la violence, la peur, comment s'étonner que l'épuisement en résulte ? Stéphanie Pryen cite la drogue comme moyen de supporter de travailler dans ces conditions, afin « de s'extraire de son expérience corporelle dans la relation au client pour celles qui ne disposent pas d'autres ressources pour le faire, d'éviter de sentir "le rejet", de faire face à "la haine", et de boire "sa honte" ».

J'ai cité la description par Grisélidis Réal de l'impact physique et nerveux sur le long terme de l'activité prostitutionnelle. L'usure est de toute façon au rendez-vous. « Les moments d'euphorie sont rares et on les paye très cher... Les prostituées vivent les choses au jour le jour. Même quand elles sont fatiguées, amères, elles donnent ce qu'on leur demande, nuit après nuit. » Nous sommes loin des critères théoriques du burn out, même si son témoignage évoque la dépersonnalisation : « À partir d'un certain stade, il y a tellement de répétition quotidienne qu'un brouillard finit par se former dans la tête. Les détails s'estompent, un client ressemble à un autre client. » Son fils aîné, Igor Schimek, souligne la « position sacrificielle » de sa mère et les conséquences sur son existence : « Elle a encaissé la douleur, la souffrance, la misère de milliers d'hommes. [...] Il y a eu des longues phases où elle n'arrivait plus à peindre ni à écrire quoi que ce soit, tellement ça lui bouffait toute son énergie[1]. » Six ans avant sa mort, elle en témoignait dans son propre éloge funèbre, intitulé *Confessions d'une ancienne prostituée.* Dénonçant « les hypocrisies de cette morale malade et inhumaine » dont elle s'est « simplement évadée vers plus de liberté au péril de [sa] vie », Grisélidis Réal clame ultimement son amour :

> Trente ans de prostitution, ça marque, ça use le corps et l'âme et vous donne pourtant un immense amour de la vie, et du respect humain des souffrances de l'Autre, de sa solitude, de son désespoir d'être privé de femme et de tendresse, de ses propres échecs qui rejoignent les vôtres...

1. Film *Sur les traces de Grisélidis*, Natacha Giler et Vanessa Fröchen, 2013.

Je crois cette humanité primordiale tant chez le psy que le curé. Celui-ci rend parfois compte de sa lassitude, tel le père Emmanuel: « La charité est inventive, mais le péché, lui, manque gravement d'imagination. Quand on a confessé deux heures dans sa vie, on a entendu tout ce qu'on entendra jusqu'à sa mort. C'est la triste répétitivité des choses. » Moi aussi, j'entends souvent les mêmes types de problématiques, questionnements, traumatismes… La question n'est pourtant pas là: malgré la banalité de sa souffrance, l'individu face à moi est en difficulté et me consulte parce qu'il a besoin d'aide. Lui. Personne d'autre. Réduire les pénitents à une liste de péchés est un signe de dépersonnalisation. Les contraintes de travail pesant sur le prêtre peuvent aboutir à l'épuisement: il s'engage à vie, il devrait être totalement impliqué au quotidien. Et se réserver des espaces de vie privée, hors travail, est difficile. Sans parler de la pénurie de prêtres, qui aboutit à demander encore plus à ceux qui sont en poste. Le dévouement, dont l'étymologie est commune avec la « vocation », est la pente naturelle sur laquelle glisse le curé, finalement à ses dépens, s'il ne prend garde à préserver son principal outil de travail: lui-même. Céline Béraud se fait témoin des vécus d'épuisement chez les prêtres:

> L'image d'un homme empli de sa fonction peut encore apparaître socialement valorisante: elle rattache le prêtre à un ensemble de professionnels (spécialistes du soin et de l'assistance aux personnes) dont l'importance de la mission interdit de compter les heures. Mais lorsqu'elle est présentée plus négativement, associée à un emploi du temps non maîtrisé et sans bornes, elle est aussi le signe d'une souffrance. De nombreux discours rendent compte d'une expérience d'éclatement et d'épuisement.

La réalité est loin de ce que décrit *La vocation du prêtre*, où sont recommandés le respect de ses propres limites et la maîtrise de soi :

> Le prêtre s'ouvre avec loyauté à la vérité de la vie et aux exigences réelles du ministère, il apprend à écouter le jugement de sa conscience sur les mouvements qui l'habitent et sur les motivations intérieures de ses actions. Ainsi, le prêtre parvient progressivement à la maîtrise spirituelle de soi, dans son âme et dans son corps ; il apprend à reconnaître ce qui peut être fait et ce qu'il ne convient pas de faire ou même ce qui ne doit pas être fait ; il commence à gérer sa vie – ses forces, ses projets, ses engagements – avec discipline, équilibre et conscience claire de ses capacités et de ses limites. On ne peut pas mener à bien ce travail en comptant sur ses seules forces humaines.

L'expression « forces humaines » sous-entend l'existence des forces non humaines, donc divines, sur lesquelles le prêtre est invité à prendre appui. Comment ne pas douter de la capacité des prêtres à « être à la hauteur » ? Céline Béraud relate des témoignages évoquant le stress, le risque de tomber dans une agitation épuisante, le découragement, la lassitude, voire l'usure morale. Vincent Mongaillard en a recueilli également ; tel celui du père Hubert : « J'ai un côté éponge, alors il y a des confessions qui m'empêchent de dormir. [...] À la fin d'une session, j'en ai plein le dos, avec cette impression d'être [aussi] blessé que le pénitent. » Ou du père Alexis : « C'est éreintant d'écouter profondément. Quand je n'en peux plus, je ferme le guichet, je dis gentiment au pénitent qui attend : désolé, je suis épuisé, revenez plus tard. » Le père Serge, manifestant l'importance de la relation dans la pratique de la confession, avoue que son attitude peut changer : « Avec les paroissiens, j'ai une écoute à géométrie variable, je n'ai pas la même bienveillance pour tous, j'ai mes têtes. »

La Conférence des évêques de France a mené en 2020 une étude par questionnaire sur la santé des prêtres en activité. « Cette étude a pour origine les signaux reçus sur les problèmes de santé et d'équilibre de vie qui peuvent exister chez certains prêtres diocésains. » Voici les principales conclusions, tirées du communiqué de presse – avec une réserve méthodologique quant à l'interprétation des résultats : « Une surreprésentation des prêtres plus jeunes avec une possible sous-estimation de problèmes de santé. »

Tout d'abord, presque la moitié des prêtres exercent en paroisse (et non en aumônerie, service diocésain, enseignement, etc.). Ces prêtres ont en moyenne 12,8 clochers à charge[1]. Un nombre en hausse, au fur et à mesure de la désaffection des églises et de la baisse des effectifs.

Les chiffres de l'étude ne distinguent pas les types d'exercice des prêtres, mais je fais l'hypothèse qu'ils sont pertinents pour les prêtres en paroisse. Ils ont en général entre quarante et soixante-quatre ans, et sont ordonnés depuis plus de vingt ans. La grande majorité se considère en assez bonne santé (mais 45 % d'entre eux sont atteints d'une maladie chronique) et pratique une activité physique plusieurs fois par semaine. Plus de la moitié vivent seuls, et plus de la moitié ont une aide-ménagère – on peut imaginer qu'il s'agisse des mêmes prêtres. Ils se sentent soutenus : deux tiers participent

1. Qui dit moyenne dit différences entre paroisses. Par exemple, en 2019, dans l'Oise, les prêtres en activité dans le diocèse ont en moyenne à leur charge entre 20 et 25 clochers (« Oise : une "super paroisse" face à la crise des vocations », *Le Parisien*, 16 mars 2019).

à des groupes de parole et/ou ont un soutien individuel. Ils se considèrent largement entourés (famille, amis, collègues).

Cependant, un nombre significatif de prêtres présentent des troubles psychiques et somatiques. Ils sont presque tous consommateurs d'alcool (avec un « mésusage » pour 40 % d'entre eux, mais pas plus de 8 % seraient frappés d'alcoolisme). Souvent en surpoids (plus de 60 % des répondants), près de 20 % des prêtres montrent des symptômes dépressifs.

Enfin, environ 7 % sont dans un état d'épuisement professionnel (et 2 % en burn out sévère). Seuls 15 % déclarent n'en ressentir aucun. Surtout, 19 % se déclarent en surcharge permanente et 48 % occasionnellement. Avec des conséquences mesurées selon le MBI : 26 % présentent une dépersonnalisation modérée ou élevée, 40 % ont un faible sentiment d'accomplissement personnel. Quelques indicateurs sur leurs conditions de travail sont probablement à relier à l'épuisement :

– S'occuper de plusieurs clochers implique des déplacements routiers : 38 % des prêtres parcourent entre 1 200 et 5 000 kilomètres par mois. Avec des journées de travail de 9,4 heures en moyenne.

– 15 % d'entre eux se reposent plus d'une journée par semaine. 6 % jamais. Les 79 % restants ? Entre une demi-journée et une journée.

– 27 % prennent au moins quatre semaines de vacances annuelles. 23 % ne dépassent pas deux semaines. 5 % ne prennent jamais de vacances.

Le dévouement à l'institution catholique ne peut que contribuer à l'épuisement. Selon Eugène Enriquez, psychologue et psychosociologue :

> Les institutions, en tant que systèmes culturels, symboliques et imaginaires, se présentent donc comme des ensembles

englobants, visant à imprimer leur marque distinctive sur le corps, la pensée et la psyché de chacun de leurs membres. Elles vont favoriser la construction d'individus à leur dévotion, dans la mesure où elles ont réussi à s'instaurer pour eux comme pôle idéal et à les rendre malades de l'idéal.

Le curé, représentant de Dieu, qui a fait des vœux de renoncement difficiles à respecter – peut-être encore plus à notre époque – n'est-il pas écrasé par ce surmoi[1] d'origine divine, par cet idéal de la configuration au Christ ? Céline Béraud rapporte une évolution du rapport au métier chez les prêtres, en particulier chez les jeunes :

> Profondément moderne, ce refus de sacrifier son intimité et son confort est en rupture flagrante avec la figure du bon prêtre du XIXe siècle, immolé, dépossédé, comme celle du curé d'Ars qui, pour confesser ses fidèles qui venaient vers lui en masse, allait selon la légende jusqu'à renoncer à ses heures de sommeil.

Cela ne signifie pas que l'idéal du prêtre ait disparu. J'ai souligné à plusieurs reprises les évolutions historiques, sur certains aspects, de ce métier. La sociologue a identifié la caractéristique centrale et paradoxale, chez les jeunes prêtres, conscients de l'importance de garder du temps pour soi, mais intensément impliqués :

> L'attachement si fort des jeunes prêtres diocésains à la contrainte, voire à l'ascèse, [...] peut être analysé comme l'un des derniers

1. Le « surmoi » désigne une des trois instances psychiques identifiées par Freud (avec le « ça » et le « moi ») : « Son rôle est assimilable à celui d'un juge ou d'un censeur à l'égard du moi » (*Vocabulaire de la psychanalyse*, *op. cit.*).

moyens de renouer avec la figure remarquable et noble du virtuose spirituel dont le moine est l'expression idéale, avec une totalisation devenue aujourd'hui comme impossible.

En outre, la psychologie du prêtre évolue sous l'influence des tendances sociétales : « Le rapport à la contrainte dans ses dimensions sacrificielles, qui s'inscrit actuellement dans le registre de la performance, vise une réalisation et non plus une abolition de soi. » Performance, réalisation de soi ? Voilà des termes modernes, occidentaux, voire capitalistes et individualistes.

***

À la rencontre de l'individuel et du collectif, les risques du métier sont de même nature pour toutes et tous, mais vécus différemment selon chacun·e. Ces risques peuvent être liés à l'usure, la fatigue, qu'elle soit compassionnelle ou physique. Ils résultent généralement de la multiplicité des rencontres avec l'usager, et conduisent à développer certaines compétences individuelles. Françoise Gil estime « les capacités d'observation, de réflexion et de distanciation indispensables à la pratique régulière et maîtrisée de la prostitution ». Ces capacités me paraissent tout aussi incontournables pour le psy et le curé.

Les risques du métier conduisent aussi à la fabrication de stratégies collectives de défense. Elles ont pour fin de pouvoir continuer à exercer son activité. Dans l'acte prostitutionnel, la notion d'*empowerment* me paraît constituer une tentative de renversement d'attitude face aux risques, dans la mesure où elle vise à transformer les rapports de force. Stéphanie Pryen mentionne sous le terme de « culture somatique » ce qui ressemble fort à une telle stratégie collective, dans laquelle « le rapport au corps est davantage instrumental, et la "dureté" et la "résistance" au mal sont particulièrement valorisées ». Je crois que c'est l'inverse dans le champ psy. La stratégie défensive tiendrait plutôt dans la croyance au pouvoir de l'élaboration à propos de ce qui affecte. Elle se formulerait par des mots comme : « C'est par l'acceptation et l'analyse de mes vulnérabilités que j'aurai plus de capacité à aider. » La possibilité de cette attitude est sûrement liée à la différence de nature entre les risques encourus par le psy dans la rencontre avec l'usager et ceux que prend la pute.

Appliquer la notion d'idéologie de métier au curé est presque une évidence, tant les règles à respecter relèvent d'un idéal. Mais le curé n'est pas toujours insensible au monde profane. C'est peut-être ce qui à la fois le sauve, lorsqu'il se permet de vivre « comme tout le monde », et le détruit peu à peu, lorsque les règles du jeu capitaliste se surajoutent à l'éthique institutionnelle catholique de notre époque, voire entrent en conflit avec elle. L'ascèse et l'idéologie sacrificielle observées par Céline Béraud relèvent de la longue tradition cléricale et sont compatibles avec la culture de la compétition et de la performance. En revanche, ces mêmes prêtres « aspirent, comme la plupart de leurs contemporains, à une séparation plus stricte entre le temps professionnel et les autres moments de la vie », et avoir des espaces de vie distincts de leur ministère leur permettrait de se prémunir contre l'épuisement. Oui à l'ascèse, au sacrifice, à la performance. Non à l'épuisement. Non à l'abnégation, qui « trouve l'une de ses limites dans l'hédonisme de la société de loisirs ».

Les idéologies de métier mènent, finalement, à une coupure entre ceux qui en font partie, et les autres. À moins qu'elles ne soient que le reflet de cette coupure. Erving Goffman, sociologue qui a consacré un ouvrage à la question du stigmate, révèle la tension inévitable entre intérieur et extérieur :

> Ce qu'il y a de particulier dans la situation de l'individu stigmatisé, c'est que la société lui dit qu'il fait partie du groupe le plus large, ce qui signifie qu'il est un être humain normal, mais qu'en même temps il est dans une certaine mesure « différent », et qu'il serait vain de nier cette différence.

7
Métiers de marginaux

Dans *Toinou*, autobiographie de sa jeunesse, Antoine Sylvère consacre quelques pages aux putes. Une mère et ses deux filles, les Marin, s'installèrent un jour dans sa ville d'Ambert, au début du XXe siècle. « Si l'utilité des Marin était grande pour de nombreux pères de famille, elle l'était bien plus encore pour leurs fils [...]. Une maison bien pourvue en femmes gaies et faciles leur ouvrait un paradis longtemps rêvé. » Le regard de Toinou et ses amis est d'abord férocement influencé par une certaine foi : « Bras séculier de la Religion et de la Morale offensées, nous agissions avec la tranquillité de conscience que pouvaient avoir les bourreaux espagnols à l'égard des malheureux convaincus d'hérésie par les soins du Saint-Office. » Libres, ces femmes finiront, comme trop souvent, par en payer le prix. Là, par le meurtre de la plus jeune, jamais élucidé. Qui pour se préoccuper du meurtre d'une pute ? Toinou, adolescent, en est bouleversé : « La morale me parut soudain difficile à défendre et je m'en sentis même bientôt tout à fait incapable. »

Son regard détonne, à son époque comme à la nôtre. Pour Gail Pheterson, « le meurtre des putains n'inquiète, ne désole ni ne scandalise la société dominante. Bien plutôt, il permet au public de se dissocier davantage des putains et il renforce l'idée que l'impudicité est un crime qui mérite la peine de mort». Les débats autour du sexe tarifé agitent toujours la société. Françoise Gil rappelle que saint Augustin (354-430) «a été le premier à instituer un rempart entre les femmes honnêtes et les prostituées, en qualifiant la prostitution de "mal nécessaire", eu égard au désir masculin considéré comme irrépressible. Cette vision manichéenne a durablement marqué les esprits».

Malgré la diversité des conditions économiques et sociales au cours de l'histoire, malgré la diversité des visages et perceptions de la prostitution, pute a toujours été, sera probablement toujours, un métier à part et montré du doigt. Comme l'écrit Virginie Despentes, fataliste: «Il faut tenir la prostitution dans la honte et l'obscurité.» On peut dans cette phrase remplacer prostitution par psychiatrie, psychologie... Quoique les temps changent, l'histoire du champ psy reste marqué par la honte, l'isolement derrière les murs de l'hôpital psychiatrique. En commençant le métier de psy en 2011, à l'âge de quarante ans, j'ai eu l'immense surprise de voir le regard social sur ma personne évoluer et ma place dans la société changer radicalement! Souvent, en situation ordinaire, des gens arrêtent de parler en apprenant que je suis psy, ont un mouvement de recul, ou expriment la crainte que j'analyse leurs paroles. Il s'agit de leur honte. C'est pourtant moi qu'elle tente de renvoyer hors du champ social, dans un endroit où je ne pourrais plus les observer par mon regard supposé critique. Ils voient en moi ce qu'ils savent porter en eux et craignent que je le découvre. Le psy doit rester dans son cabinet, tout comme la pute dérange si elle se dévoile hors de son contexte professionnel.

Sentiment de marginalité

Selon Françoise Gil, « le sentiment de marginalité est souvent antérieur à l'entrée dans la prostitution », ce que Grisélidis Réal confirme :

> Toutes les prostituées, j'en suis persuadée depuis toujours, le sont devenues par révolte, non par fatalité, comme les associations de féministes « bien-pensantes » voudraient le faire croire. [...] Le monde marginalisé de la prostitution se présente alors comme l'espace social « naturel », celui qui compenserait le mieux le sentiment de malaise vécu dans le monde dit normal, à savoir là où l'on ne conteste pas l'ordre établi, au moins dans ses pratiques.

Ce sentiment de marginalité est-il également présent dès les origines chez ceux qui deviennent psy ou curé ? À titre personnel, je ne peux qu'acquiescer. Céline Béraud rapporte le témoignage d'un prêtre âgé de trente et un ans, ordonné depuis quatre ans :

> Ce qui me saute aux yeux, c'est l'aspect marginal de notre situation. [...] Je pense qu'il y a des gens qui nous voient un peu, pas comme des martyrs, mais comme des personnes qui ont pris un engagement dont ils ne se sentent pas la force. Il y a une sorte d'héroïsme qui fait que la figure du prêtre reste loin...

Ces analyses mettent le sentiment de marginalité au premier plan et révèlent comment le regard sur soi est construit par ce que l'on attribue au regard de l'autre, celui provenant du monde dit normal. Apparaissent en sus dans ces témoignages la subversion du côté de la pute et l'héroïsme du côté du curé, deux notions se rejoignant quelquefois chez un même individu ou groupe d'individus. Céline Béraud repère que, « au sein de la modernité, la fascination pour la figure de l'aventurier avec laquelle celle du prêtre partage une indéniable proximité, provient du fait qu'il est perçu comme un "extrémiste de soi" ». L'aventurier aussi est, en général, perçu comme un marginal. La chercheuse relève la complexité du positionnement des jeunes prêtres dans la société actuelle :

> Selon un processus assez classique de retournement du stigmate, c'est dans la marginalité même, vécue comme socialement disqualifiante dans les années 1960-1970 et désormais présentée comme rupture prophétique, que les jeunes prêtres trouvent une source de distinction.

Ces métiers de psy, pute et curé, impliquent un rapport à l'autre menant à occuper une place à part dans la société. Ils ont en commun d'accueillir ceux qui se sentent rejetés, même si les raisons peuvent en être différentes. Leur position sociétale renvoie à celle de ceux qu'ils accueillent. Grisélidis Réal donne à voir les tensions inhérentes à son métier :

> Il y a dans la Prostitution deux démarches à la fois contraires et complémentaires : un défi, une autodestruction (car on s'use, on se morcelle terriblement) et une tentative d'échange et de reconstruction des rapports humains sur un mode différent : estime, amitié, complicité et reconnaissance de la même frustration sexuelle chez l'autre, donc fraternité puisqu'on est les victimes et les révoltés de la même injustice.

Ainsi, Françoise Gil parle de la prostitution comme d'un « monde situé en permanence sur la frontière entre l'observance de la norme sociale et son corollaire, la déviance ». Et la psychanalyse ? D'après Marie Romanens :

> La révolution psychanalytique est née de cette rencontre extraordinaire de quelques personnages « hors du commun », c'est-à-dire d'individus en marge du système dominant de l'Occident chrétien. D'un côté, des femmes hystériques, travaillées par leur inconscient et le manifestant bruyamment, mettaient en échec la médecine classique. De l'autre, un médecin juif et ses élèves, juifs aussi pour la plupart, se mettaient à les écouter. Bien que radicalement différents au niveau des apparences, [...] ils avaient tous souffert d'une manière ou d'une autre d'un certain rejet dû à la mise en ordre imposée par la bourgeoisie et l'Église.

La position d'extériorité du psy est un fondement de la thérapie : on le sollicite afin de prendre du recul. Cette extériorité fait écho à sa place marginale dans la société, puisqu'il ne participe pas tout à fait au jeu social. Je crois cet argument valide pour le curé – dans la confession au moins – et la pute. Séparés du reste de la société par leur fonction de réceptacle de ce que celle-ci ne peut métaboliser et évacuer ailleurs, ces trois métiers peuvent être envisagés comme des lieux sociétaux, à travers lesquels il est question de se débarrasser de certaines choses, hors de la vue du plus grand nombre.

Stigmatisation, subversion, autonomisation

Cette distribution entre les sexes, qui permet de maintenir un ordre sexuel et d'assurer la reproduction biologique dans un cadre culturel stable, condamne celles qui sortent de

ce cadre trop ouvertement. C'est pourquoi les femmes qui échappent au contrôle et « pervertissent » l'ordre des rôles sexuels, n'ont pas d'existence légitime et doivent demeurer invisibles et anonymes.
Françoise Gil

Dans le cas de la pute, les conséquences de la stigmatisation déterminent largement l'organisation du travail. Françoise Gil décèle l'ambiguïté du rôle de l'État : « Tantôt permissif, le plus souvent répressif, il ne renonce pas à lever des impôts sur une activité à laquelle il dénie le qualificatif de travail. » « Imposées au titre des bénéfices non commerciaux (BNC), au même titre que les professions libérales », les travailleuses du sexe paient, comme les autres travailleurs, des impôts et des cotisations sociales. Niant que la prostitution puisse être un métier, obligeant les putes à s'enregistrer sous une autre activité, l'État ne crache pourtant pas sur l'argent du sexe. Même lors de l'époque réglementariste des maisons closes (jusqu'en 1946[1]), la moitié de leurs bénéfices revenait à l'État.

Quels sont leurs droits ? Les réglementations sont telles que « les prostitué-es ne jouissent d'aucun statut, ne bénéficient pas des droits sociaux les plus élémentaires et se trouvent donc dans un flou juridique très inconfortable, les obligeant à recourir à des procédés illicites pour nombre d'actes courants de la vie quotidienne ». Pour Françoise Gil, « ces apparentes contradictions législatives ne doivent rien au hasard ni à une

1. L'historien Michel Rouche rappelle que la loi Marthe Richard a été « votée sans discussion le 9 avril 1946 » pour des raisons très particulières : « Comme la prostitution augmente toujours en temps de guerre, le gouvernement de Vichy a légalisé toutes ces pratiques [hôtels de passe, maisons d'abattage…] en les assimilant à des spectacles de troisième catégorie (loi du 31 décembre 1941). »

supposée inconstance du législateur», mais permettent le «contrôle d'une population condamnée à la marginalité».

Chez les prêtres, la marginalité prend la forme de prononciation de voeux, menant à un retrait du monde profane. Ils officient le plus souvent dans des églises, et ces édifices, bien qu'ouverts au public, les éloignent du reste de la société et dissimulent ce qu'il s'y passe. Céline Béraud remarque que «cette profonde singularité est également perceptible dans son caractère totalisant ainsi que dans les ruptures sacrificielles [que celui-ci] exige des clercs par rapport aux réalités intramondaines».

Socialement, la pute aussi paie le prix symbolique de son activité. Elle est souvent obligée de la dissimuler, ne serait-ce que pour accompagner son enfant à l'école, du fait du regard posé sur elle. Pute et mère? Comment ça? Lors d'une enquête sur les prostituées en 2003, Grisélidis Réal, mère de quatre enfants, témoigne que «le mépris et le rejet social sont garantis»:

> J'ai connu des prostituées qu'on a chassées de leur logement, sur plainte des voisins, même si elles se faisaient discrètes et ne dérangeaient personne. La MORALE est toute puissante! À part cela, on peut discriminer vos enfants à l'école, et votre compagnon se fera traiter de «maquereau» ou d'impuissant sexuel, ou d'obsédé sexuel, [au] choix (même s'il est gentil, amoureux, travailleur, étudiant, etc.).

Si le prêtre est condamné à la marginalité, son image est en général positive, associée à celle du dévouement héroïque. C'est l'inverse pour la pute. Une punition pour sa liberté? Conséquence du passage du mariage de raison au mariage d'amour au XIXᵉ siècle, seul l'amour légitime une relation sexuelle, rendant toute autre raison inconvenante.

Même lorsqu'une femme dit choisir d'exercer le métier de pute, cela lui est dénié. Selon l'argument généralement avancé par les abolitionnistes, certaines femmes ont pu être conduites, sous contrainte de survie économique, à se prostituer. Elles se résigneraient à l'horreur. J'ai rapporté les témoignages de putes allant à l'encontre de cette image. De quoi voudrait-on les taxer en surplus ? D'incapacité à penser par elles-mêmes ? Norbert Campagna analyse le discours assignant les putes au rôle de victime :

> Le discours victimisant moderne ne se réfère plus à des caractéristiques naturelles, mais à des faits sociologiques, sociétaux ou familiaux. La prostituée est présentée comme une victime paradigmatique de l'exploitation des femmes par une société patriarcale ou encore comme la victime d'abus sexuels dans son enfance. Elle peut certes s'imaginer qu'elle se prostitue de son plein gré, mais il s'agit là d'une illusion. Elle est donc doublement victime, victime de la violence prostitutionnelle [...] et victime de l'illusion de la liberté. Et c'est en tant que victime de cette illusion qu'elle ne voit pas son statut de victime tout court.

Françoise Gil confirme la violence de ce discours pour celles qui en sont les cibles :

> Leurs discours ne sont jamais entendus, sauf s'ils viennent cautionner la doxa populaire – adhésion ordinaire à l'ordre ordinaire – qui ne voit en elles que des victimes ignorantes des dangers de la domination des hommes sur les femmes et de la perte de dignité qu'ils entraînent. Et quand l'une d'entre elles tente de se faire entendre, tout est fait pour discréditer et invalider sa démarche.

Pourquoi les putes ne pourraient-elles pas prendre part au jeu de la société marchande avec leurs propres moyens ? La virginité a un prix, au sens figuré voire propre, dans nombre de cultures. On sait combien le catholicisme a voulu limiter l'usage du sexe à la procréation. C'est parce qu'il s'agit du sexe féminin, plus que n'importe quelle autre partie du corps, qu'il est si mal vu d'en faire commerce. Françoise Gil dénonce ce « conditionnement idéologique et moral tel qu'il s'avère hors de portée [...] d'envisager la prostitution autrement que sous un jour dramatique et mortifère ». Analysant le propos tenu par Simone de Beauvoir dans *Le Deuxième Sexe*, elle souligne que :

> En constatant, d'une part, l'état de dépendance financière propre à la condition féminine en général et, d'autre part, l'aliénation spécifique dans laquelle se trouve la femme mariée, [la philosophe] voit dans le recours à la prostitution une forme d'autonomie possible pour les femmes, dont la condition sociale ne permet pas l'espérance d'une éventuelle ascension au sein d'une hiérarchie établie à partir de critères exclusivement masculins.

Parue en 1949, la réflexion de Simone de Beauvoir serait-elle différente aujourd'hui ? Quoi qu'il en soit, l'argument de l'autonomisation est avancé par les putes qui se battent pour porter une voix différente dans les médias, revendiquent le droit au travail sexuel, considérant que nombre d'autres travailleur·euses ne sont pas plus libres qu'elles, voire le sont moins. On peut se demander dans quelle mesure on est libre de nos choix, et dans quelle mesure on est lucide lorsqu'on se questionne. C'est une des principales dimensions des demandes des adultes me consultant. Au-delà de la prise en charge des souffrances psychiques, le cabinet du psy peut être un lieu de contestation, de revendication d'être soi-même, en particulier depuis l'émergence à la fin du XIXe siècle de la psychanalyse, qui a largement infiltré le champ psy[1] et la société[2]. La psychanalyse et les approches s'en inspirant revendiquent leur caractère subversif. Elles n'ont pas pour but premier l'adaptation de l'homme à la société. Elles visent à permettre à l'être humain de devenir un sujet, à le faire sortir du statut d'objet auquel la société dans son ensemble tente de le reléguer. Il est tellement difficile de décider pour soi, et tellement facile de penser à la place des autres, pour les autres… C'est probablement ce que font certains curés, et certains psys. Tout comme il se trouve des gens qui préfèrent qu'on leur dise quoi faire, plutôt que de se questionner et de prendre la décision par eux-mêmes. De quel type de relation s'agit-il alors ?

Servitude volontaire

Souvenons-nous du *Discours de la servitude volontaire*, écrit par Étienne de La Boétie au XVIe siècle : « Quelle condition est plus misérable que celle de vivre ainsi, qu'on n'aie rien à soi, tenant d'autrui son aise, sa liberté, son corps et sa vie ! » Étant moi-même ancien salarié d'une grande entreprise, j'ai connu la douleur de la soumission, du non-respect de moi-même pour tenter de rester dans un système que je croyais

1. La psychiatrie en France a été fondée au XVIIIe siècle par Philippe Pinel (1745-1826). Il faut attendre 1947 pour la création d'une licence de psychologie, et 1985 pour la protection du titre de psychologue par diplôme d'État.
2. Il suffit de voir à quel point sont répandus des termes tels que projection, transfert, déni, deuil, complexe (d'Œdipe, d'infériorité…), etc.

incontournable. « Prestataire » était une des appellations de mon métier. « Presqu'à terre » en était un surnom répandu.

Toujours La Boétie : « La première raison pourquoi les hommes servent volontiers, est pour ce qu'ils naissent serfs et sont nourris tels. » Certain·es sont attaché·es à des motifs tels que la sécurité de l'emploi ou la bienveillance de l'entreprise envers ses salarié·es par le biais d'avantages matériels divers. Toutefois, les stratégies des grosses entreprises, focalisées sur la rémunération des actionnaires, font douter de leur philanthropie. Appeler « ressources humaines » ceux qui sont avant tout des outils de travail en voulant y mettre une connotation positive n'y change rien. Surtout, lorsque l'appel de la liberté se fait plus fort, peu importe le prix. La peur éprouvée jusque-là passe à l'arrière-plan. La liberté devient synonyme de survie.

Ceux qui refusent d'entendre que la pute puisse choisir de l'être ne seraient-ils pas, parfois, ceux qui ne supportent, voire ne conçoivent pas qu'une femme puisse choisir ? Peut-on considérer qu'une pute est moins libre qu'un travailleur à la chaîne ? Lorsque j'entends des arguments tels que « on ne peut pas choisir le tapin comme métier, on ne peut pas souhaiter à son propre enfant de faire ce boulot », je me demande qui souhaite à son enfant de servir dans un fast-food ou d'être agent dans un centre d'appel. Chacun·e peut avoir des raisons – notamment économiques – d'exercer un tel métier, mais de là à le concevoir pour sa descendance…

N'est-il pas dégradant de « se vendre » tout court (et encore ne s'agit-il pas à proprement parler de se vendre, mais de vendre son temps et son énergie) ? Je crois admissible de « se vendre » lorsqu'on le fait « librement » : plutôt que de parler de liberté, il vaut mieux parler de contraintes auxquelles chacun·e est plus ou moins soumis·e, contraintes pouvant être exercées par certain·es, et par rapport auxquelles d'autres ont plus ou moins de marge de liberté. Ce n'est pas une question de tout ou rien. Le moment critique est celui où le rapport de force est tel que l'un·e abuse de sa position pour soumettre l'autre et l'utiliser.

Vendre les autres, ou plutôt les contraindre à vendre des prestations est inadmissible. C'est un droit que certains s'arrogent sous prétexte de domination prétendument naturelle, se servant de théories évolutionnistes pour justifier ce qu'ils appellent « la loi du plus fort ». Boris Cyrulnik tance ceux qui ne pensent pas au-delà, révélant de surcroît la difficulté à faire autrement, à être autrement : « Le conformisme de l'inégalité invite les hommes à choisir entre l'honneur de la violence et la honte de la non-violence. »

Frontières sociales

Vouloir être libre ne veut pas dire vouloir être stigmatisé·e. Françoise Gil atteste que « dans leur vie privée, les femmes prostituées sont dans leur grande majorité des épouses ou compagnes tout à fait "conformes" à la norme dominante et des mères soucieuses du devenir de leur enfant ». Réalité inacceptable pour qui veut tracer une frontière infranchissable entre mère et pute. Au curé aussi, il est interdit d'être père. Il se soumet volontairement à des injonctions paraissant intenables, voire suspectes. À commencer par la chasteté. L'ascétisme peut susciter l'incompréhension. Pourquoi un individu choisirait-il de ne pas profiter de ce que la société propose ? Pour des raisons opposées, la pute et le curé se retrouvent dans des positions similaires. Selon Gail Pheterson, « un homme est stigmatisé s'il renonce aux privilèges masculins ou s'il "tombe" en marge de la société, alors qu'une femme est stigmatisée si elle réclame les privilèges réservés aux hommes et si elle s'insère pleinement dans la vie publique».

Nos sociétés ne sont cependant pas faites que de cela: vue comme une performance, la discipline de vie du prêtre pourrait-elle renouveler son image sociale? Céline Béraud admet que «les dimensions sacrificielles de la vocation sacerdotale, qui font du prêtre un homme séparé et exemplaire, se trouvent ainsi valorisées». Un idéal, par définition difficile à approcher, notamment sur toute une vie... Rappelons l'ouvrage publié en 1845 par Francisque Bouvet: *De la confession et du célibat des prêtres*. Sa critique du célibat sacerdotal est sans appel. La préface se termine par ce diagnostic: «On verra comment la loi du célibat se lie à la politique perverse de Rome, la complète et en assure l'exécution. On verra en même temps combien l'homme, la famille, l'État, et le sacerdoce lui-même, ont intérêt à l'abolition de cette étrange institution.»

Le célibat des prêtres était donc déjà dénoncé comme une aberration il y a plus de cent soixante-dix ans. Des termes similaires sont utilisés en août 2018 par Nancy Huston dans *Le Monde*: «C'est l'Église qui est "perverse" dans son refus de reconnaître l'importance de la sexualité et les conséquences désastreuses de son refoulement.» Les témoignages sur la sexualité des religieux ne manquent pourtant pas. Soutenue en 2016, la thèse d'Agathe Roby, intitulée *La prostitution en Midi toulousain à la fin du Moyen Âge (XIIIe-XVIe siècles)*, confirme l'existence de clercs vivant en concubinage (ce qui donnait parfois lieu à descendance) et même fréquentant des prostituées, voire devenant proxénètes.

Des siècles plus tard, la question n'est toujours pas résolue. Que l'on se souvienne du scandale provoqué par Grisélidis Réal dans l'émission *Ciel! mon mardi* en 1990, quand elle a déclaré avoir vu l'abbé Pierre «en fâcheuse posture dans une maison de passe». Sans les juger, elle défend le droit à la sexualité des curés, et va encore plus loin: «J'ai voulu démasquer cette idéologie judéo-chrétienne qui veut que la prostitution soit un péché de la chair, et qu'en même temps on ait besoin des prostituées jusqu'au sein de l'Église.» Le célibat est-il une raison à la baisse des effectifs dans l'Église? Abandonner la règle de chasteté serait-il une solution ? Ce n'est pas à l'ordre du jour pour les jeunes candidats à la prêtrise. Dans un article paru en 2013 sur le site Rue89 et évoquant la réalité de prêtres mariés à l'heure actuelle (dans le cas spécifique de pasteurs protestants ou anglicans, déjà mariés, puis convertis au catholicisme), Chloé Andriès conclut que «même si tous les hommes mariés pouvaient devenir curés, pas sûr qu'ils se bousculeraient au portillon»…

En faire partie, malgré tout ?

Notre société individualiste porte aux nues l'idée de bonheur, l'image de soi… et tout spécialement ce qui permet de les communiquer: la capacité à vendre cette image d'épanouissement, quel que soit le métier que l'on fait. Cela passe par l'appropriation de sa profession, la compétence, l'expertise… Ces valeurs sociétales ont fini par pénétrer l'Église. Céline Béraud en retrace l'évolution historique: «Les mouvements contestataires des années 1960 et 1970, sur fond d'assèchement des vocations et de vagues de départs massifs, reflètent aussi l'aspiration des prêtres à accéder aux valeurs individualistes et hédonistes qui gagnent également le champ religieux.» L'autrice relève surtout que «depuis le début des années 1990, les ouvrages témoignages émanant d'évêques et de jeunes clercs constituent une abondante littérature à cet égard exemplaire. Ils participent d'un véritable marketing du bonheur». Le jeune curé cherche-t-il à faire passer son engagement, sa vocation, pour un choix de bonheur, de la même façon que la pute revendique le choix de sa profession ? Plus de trace de revendication du sacrifice chez le prêtre. Et la pute est *empowered.* Comme dans le reste de la société, il ne fait pas bon se montrer impuissant face à son destin.

Ce « marketing du bonheur » est-il destiné à susciter des vocations ? Que penser de l'enquête sur travail et bonheur de Christian Baudelot et Michel Gollac montrant que « le groupe qui exprime le plus haut degré de satisfaction professionnelle est le clergé » ? Après s'être entretenue avec de jeunes prêtres, Céline Béraud n'hésite pas à pointer leur « volonté d'afficher qu'ils sont des hommes épanouis, équilibrés et heureux, avec une assurance pouvant friser l'arrogance chez certains ». Plus encore :

> [Ils] se définissent tout à la fois en ayant recours à la tradition et en s'appropriant d'autres registres, comme celui de la compétence. Ce sont souvent les mêmes qui portent le col romain, se font appeler « Monsieur l'Abbé », sont attachés à des formes traditionnelles de piété, et qui se déclarent par ailleurs adeptes du management, voire du coaching.

Malgré leur marginalisation, ces professions sont marquées par les injonctions actuelles au bien-être et à l'accomplissement de soi. Les revendications de la pute comme du curé leur font écho. Être en marge, ce n'est pas être exclu, c'est toujours faire partie.

Conclusion

Nous sommes tous malades du même manque
de communication et de liberté d'être. Les maladies ne sont
peut-être que la cristallisation des culpabilités et des solitudes :
le corps malade appelle au secours pour qu'on l'aime
et qu'on le comprenne, et pour qu'on dialogue avec lui.
Grisélidis Réal

Psy, pute, curé. Après toutes ces pages, écrire ces trois mots ensemble provoque toujours de l'inconfort. Je crois avoir démontré que ces métiers sont comparables, et pas aussi éloignés les uns des autres que ce que d'aucun·es voudraient nous persuader. Cela dépend évidemment de l'angle de vue. Du psy au curé, cela avait déjà été dit. Du psy à la pute, on a vu que les putes peuvent considérer leur pratique comme thérapeutique et que les psys, à leur façon, étaient aux prises avec l'intimité la plus secrète de leurs patient·es. Mais de la pute au curé ? Le saut n'est-il pas trop grand pour pouvoir se passer du maillon intermédiaire que serait le psy ? La société peut-elle supporter que soient mis dans un même panier la pute et le curé, culturellement opposés sur l'échelle de la morale? Il faudrait pour cela, a minima, que change le regard porté sur les travailleur·euses du sexe. Une voie est préconisée par Norbert Campagna :

> Il ne s'agit pas de diviniser les personnes prostituées après les avoir diabolisées pendant des siècles, voire des millénaires. Il s'agit tout simplement de les faire réintégrer la sphère humaine, la sphère des sujets, acteurs de leurs choix dans des conditions qui ne sont pas toujours idéales, qui ne permettent pas toujours de gagner sa vie en faisant le métier que l'on souhaiterait, mais où aucune activité, dans la mesure où elle ne nuit pas à autrui et où autrui fait tout son possible pour ne pas nous nuire, n'est intrinsèquement indigne.

Réciproquement, mon intention n'est pas de diaboliser les prêtres après les avoir divinisés pendant des siècles. Eux aussi ont, simplement, à « réintégrer la sphère humaine ». J'espère que ce livre contribuera à modifier les représentations sociales concernant ces trois métiers. Les miennes ont largement évolué au cours de cette investigation. Rapprocher ces métiers me semblait utile, tant je pressentais injustifiés aussi bien le pouvoir attribué au curé et la crainte qu'il suscite que le mépris et la honte associés à la pute. Je crois que ce besoin de comparer ce qui peut a priori difficilement l'être provient de mon allergie aux cases, sans doute parce que ma propre biographie m'a d'emblée jeté hors de celles encensées par le milieu dans lequel j'étais né. Au-delà de ce que je ne pouvais contrôler, d'aussi loin que je me souvienne, j'ai eu le goût – ou la nécessité? – de me placer là où l'on ne m'attendait pas. Si j'ai mené cette réflexion, c'est par besoin de remettre en cause les perceptions communes, de déplacer les lignes de ces trois catégories. Rien de nouveau ne peut émerger d'une catégorisation figée. Penser l'équilibre dynamique entre catégorisation et singularité est une question relationnelle, invitant à se demander quel type de relation nous voulons, ou pouvons, avoir avec les autres.

J'ai l'impression d'avoir posé davantage de questions que je n'ai apporté de réponses, en cela fidèle à la spécificité de ma pratique. Multiplier les niveaux de discours visait à donner l'image la plus complète possible des trois métiers. J'espère ne pas avoir trahi les putes ni les curés en utilisant leurs témoignages afin d'établir des comparaisons, malgré mes biais initiaux les concernant : d'emblée favorables à la pute, défavorables au curé. Ce n'est pas de l'individu que je me méfie, mais de l'institution à laquelle il appartient. Je vois tout dogmatisme comme tentative d'emprise sur l'autre.

À cette époque où le débat sur l'appropriation culturelle pourrait amener à conclure qu'on ne peut parler que de soi-même, je veux plutôt me référer à l'expérience de décentrement, comme dirait Georges Devereux. Je soutiens le droit d'être maladroit dans cette tentative d'approcher la réalité de l'autre, sans possibilité d'y avoir accès. Cette maladresse ne peut être une si grande prise de risque lorsqu'on le fait, autant que possible, pour utiliser les termes de Grisélidis Réal, « tout par la douceur, jamais de blessures, en silence, tout par des caresses, des sourires, une infinie patience. Et une compréhension toujours plus étendue de l'HUMAIN ». Je ne vois pas d'idéal plus important à poursuivre. Cela restera probablement au cœur de mon approche de psy, relationnelle envers et contre toutes les approches – qui lorsqu'elles vantent leurs atours technologiques, ne sont que des pis-aller aux aléas d'une rencontre qui restera incomplète, imparfaite, inachevée.

Épilogue

Il y a longtemps, par une nuit sans nuage, dans un jardin, je cherchais à regarder une étoile particulièrement scintillante. J'étais derrière un arbuste dont le branchage serré m'empêchait de bien voir cette étoile, lorsque mes yeux trouvèrent un petit trou, délimité par quelques branches enchevêtrées, et purent la contempler. Par ce minuscule trou, exigeant mon immobilité, je regardais l'infini.

L'espace entre le trou et l'étoile se mit à vibrer soudainement. J'eus la sensation d'être aspiré. Après un maximum de luminosité jamais imaginé, celle-ci se mit à décroître, progressivement, comme si le point s'éloignait, jusqu'à disparaître complètement. Je suis devenu aveugle dans ce trou de branches, que je persistais à fixer. Le trou par lequel je voyais une étoile si lumineuse était maintenant totalement noir.

Du point de vue anatomique, cette variation de luminosité au fur et à mesure du déplacement de mes yeux vers un centre correspond à la variation de la répartition sur la rétine des récepteurs visuels que sont les cônes et bâtonnets. En convergeant vers l'infini, chacun de mes yeux aurait fini par atteindre sa tache aveugle.

Au-delà de l'expérience sensorielle, que puis-je comprendre ? Un fantasme d'omnipotence du psy n'est-il pas d'atteindre la tache aveugle ? Voir ce qui ne peut être vu par soi-même, observer l'instrument d'observation. Cependant, à cet endroit, je ne voyais plus rien. Alors que je croyais atteindre le point où j'étais capable de me percevoir percevant, je ne percevais plus rien à l'endroit où je cherchais. En revanche, l'espace autour du trou, les branches et leur alentour, devinrent alors tout à fait nets.

Une quinzaine d'années plus tard me sont apparus les aspects conceptuels de cette expérience. Approchant la fin de l'écriture de mon essai *Le psy est-il un cannibale comme les autres ?*, à force de trop vouloir scruter les détails de ma pratique, n'étais-je pas en train d'être frappé du « syndrome de la tache aveugle » ? Bien plus, je commençais à avoir des rêves m'interpelant sur la nécessité de faire évoluer ma pratique. Alors que je croyais en avoir cerné les principaux fondements, les images oniriques, de plus en plus nombreuses et puissantes, annonçaient, requéraient les travaux, voire la destruction de ce que je croyais solide. Il me fallait porter le regard ailleurs. Le présent livre est né.

Bibliographie

Psy

ABELLA Adela, « Différentes conceptions du cadre en psychanalyse et en psychothérapie », *Le Carnet PSY*, n° 194, 2016.

BAUR Susan, *Les relations sexuelles entre psys et patients* [1997], trad. Astrid Moitrieux, Payot & Rivages, 2004.

BELLET Maurice, *L'écoute*, Desclée de Brouwer, 1989.

BENSAID Catherine et LELOUP Jean-Yves, *Qui aime quand je t'aime? De l'amour qui souffre à l'amour qui s'offre*, Albin Michel, 2005 ; Pocket, 2011.

CYRULNIK Boris, *Mourir de dire (la honte)*, Odile Jacob, 2010.

DEVEREUX Georges, *De l'angoisse à la méthode dans les sciences du comportement*, [1967], Flammarion, 1980.

GOYENA José Luis, « L'intime et le secret », *Champ psychosomatique*, vol. 3, n° 27 : « L'Esprit du temps », 2002.

GREEN John, « What is the Origin of the Word "Shrink" for Psychologists? » (https://classroom.synonym.com/origin-word-shrink-psychologists-11814.html).

Inserm (dir.), *Psychothérapie. Trois approches évaluées*, éditions Inserm, 2004.

Ionescu Serban *in* Ghiglione Rodolphe et Richard Jean-François (dir.), *Cours de Psychologie*, t. I, *Origines et bases*, Dunod, [1993], 2020.

Ionescu Serban et Blanchet Alain (dir.), *Psychologie clinique, psychopathologie et psychothérapie*, PUF, 2008.

Jung Carl Gustav, *Dialectique du moi et de l'inconscient* [1933], trad. Roland Cahen, Gallimard, 1964; Folio, 1999.

Kaës René (dir.), Bleger José, Enriquez Eugène, Fornari Franco, Fustier Paul, Roussillon René, Vidal Jean-Pierre, *L'institution et les institutions. Études psychanalytiques*, Dunod, 2000.

Laplanche Jean et Pontalis Jean-Bertrand, *Vocabulaire de la psychanalyse* [1967], PUF, 2002.

Nathan Tobie avec Blanchet Alain, Ionescu Serban, Zajde Nathalie, *Psychothérapies*, Odile Jacob, 1998.

Nguyen Swan, *Comment aider une victime de viol ou d'inceste*, L'Esprit du Temps, 2013.

Ohayon Annick, *L'impossible rencontre. Psychologie et psychanalyse en France (1919-1969)* [1999], La Découverte, 2006.

Selz Monique, « Être ou avoir la honte », *Dialogue*, vol. 4, n° 190, 2010.

Von Franz Marie-Louise, *Psychothérapie. L'expérience du praticien*, Dervy, 2001.

Yalom Irvin, *Thérapie existentielle*, trad. Laurence Richard, Galaade, 2010; Le Livre de Poche, 2017.

—, *Comment je suis devenu moi-même*, Albin Michel, 2018; Le Livre de Poche, 2021.

Films

Être psy, réalisé par Jérôme Blumberg et Daniel Friedmann, Éditions Montparnasse, 2009.

François Tosquelles : une politique de la folie, réalisé par François Pain, 1989 (https://www.revue-chimeres.fr/Francois-Tosquelles-une-politique-de-la-folie#:~:text=Ce%20documentaire%20de%20 54'%20dresse,l'%C5%93uvre%20de%20Fran%C3%A7ois%20 Tosquelles).

Pute

ABSI Pascale, « La professionnalisation de la prostitution. Le travail des femmes (aussi) en question », *L'Homme et la Société*, n° 176-177, L'Harmattan, 2010.

BERNSTEIN Elizabeth, *Temporarily yours: Intimacy, Authenticity, and the Commerce of Sex*, The University of Chicago Press, 2007.

BESENÇON Jean-Blaise, « Grisélidis Réal : Écrire… c'est ma soupape » *L'Époque*, 4 mars 1992.

BOUJUT Michel, « Grisélidis Réal : pourquoi et comment la prostitution », *Femina*, 1975.

CAMPAGNA Norbert, *Prostitution et dignité*, La Musardine, 2008.

CLERC Jocelyne, « L'argent du sexe : Grisélidis Réal », *La femme d'aujourd'hui*, 30 novembre 1988.

—, « Grisélidis Réal : un autre regard sur la prostitution », *La femme d'aujourd'hui*, n° 28, 1990.

CORBIN Alain, « Les prostituées du XIXe siècle et le «vaste effort du néant» », *Communications*, n° 44 : *Dénatalité : l'antériorité française, 1800-1914*, 1986.

DELORY-MOMBERGER Christine, « "La prostitution est un métier". Paroles croisées », *Sociétés*, vol. 1, n° 99, 2008.

DESCHAMPS Catherine, « L'argent, le sens du secret », *Vacarme*, n° 46, 2009 (https://vacarme.org/article1714.html).

DESPENTES Virginie, *King Kong théorie*, Grasset, 2006 ; Le Livre de Poche, 2007.

DUBOL Viviane, « Je suis une prostituée, tu seras un travailleur du sexe. Une filiation impossible. » *Travail, genre et sociétés*, vol. 2, n° 10, 2003.

DUPONT Gaëlle, « Prostitution : la loi qui va tout changer », *Le Monde*, 2016.

—, « Bilan sévère des effets de la loi de 2016 sur la prostitution », *Le Monde*, 2018.

FOSSÉ-POLIAK Claude, « La notion de prostitution. Une "définition préalable" », *Déviance et société*, vol. 3, n° 8, 1984.

GIL Françoise, *Prostitution : fantasmes et réalités*, ESF éditeur, 2012.

HÉRITIER Françoise, *Masculin/Féminin II. Dissoudre la hiérarchie*, Odile Jacob, 2002.

HIRATA Helena, LABORIE Françoise, LE DOARÉ Hélène et SENOTIER Danièle (coord.), *Dictionnaire critique du féminisme*, PUF, 2000 ; réédition 2004.

JELASSI Sarah, « Suisse : dans l'un des plus grands lupanars d'Europe », Café Babel, 2018 (https://cafebabel.com/fr/article/suisse-dans-lun-des-plus-grands-lupanars-deurope-5b8e4807f723b31f408d5a48/).

LAVALLÉE Diane, « La prostitution : profession ou exploitation ? », *Éthique publique*, vol. 2, n° 5 : *Sexe, jeu, drogue. Du moralisme à l'éthique publique*, 2003 (http://journals.openedition.org/ethiquepublique/2078).

MAÎTRESSE NIKITA, SCHAFHAUSER Thierry, *Fières d'être putes*, L'Altiplano, 2007.

MATHIEU Lilian, *La condition prostituée*, Textuel, 2007.

MERTEUIL Morgane, « Je préfère être "escort" plutôt que travailler en usine », *Le Monde*, 2011.

ORAISON Marc, *La prostitution… et alors ?*, Seuil, 1979.

PHETERSON Gail, *Le prisme de la prostitution* [1996], trad. Nicole-Claude Mathieu, L'Harmattan, 2001.

PLUMA SUMAQ, « A disgrace reserved for prostitutes: complicity & the beloved community », *Lies, a journal of materialist feminism*, tome 2, 2015 ; traduction anonyme : « Une disgrâce réservée aux prostituées : complicité et communauté bien-aimée », Breakdown edition, 2018 (https://breakdown.noblogs.org/files/2018/06/disgrace.pdf).

Pryen Stéphanie, *Stigmate et métier. Une approche sociologique de la prostitution de rue*, Presses universitaires de Rennes, 1999.

—, « La prostitution : analyse critique de différentes perspectives de recherche », *Déviance et société*, vol. 4, n° 23, 1999.

Réal Grisélidis, « Moi, une prostituée », interview donnée au journal *La Suisse*, 1975.

—, lettre à André Balland, 25 juin 1976.

—, « Les dragons du sexe », *Marge*, n° 11, 1976.

—, lettre à Jacques Vallet du 11 décembre 1979.

—, « Grisélidis Réal. Interview + cahier noir », *Minuit Plaisir*, n° 17, 1980.

—, *La Passe imaginaire*, Éditions de l'Aire/Manya, 1992 ; réédition Verticales, 2006.

—, « Confessions d'une ancienne prostituée. Mon propre éloge funèbre, écrit avant le jour (ou la nuit) fatidique », 1999 (http://www.archyves.net/html/Documents/enmarge-bis.pdf).

—, réponse à un questionnaire de Cicek Firat, étudiante, au sujet du métier de prostituée, 2003. Consultable au centre d'archives Aspasie (http://archives.aspasie.ch/index.php/la-prostitution-travail-de-diplôme).

Roby Agathe, *La prostitution en Midi toulousain à la fin du Moyen âge (XIIIe-XIVe siècles)*, thèse d'histoire, Université Toulouse le Mirail-Toulouse II, 2016.

Schönfeld Christiane, *Commodities of Desire: The Prostitute in Modern German Literature*, Camden House, 2000.

Welzer-Lang Daniel, Barbossa Odette, Lilian Mathieu, *Prostitution : les uns, les unes et les autres*, Métailié, 1994.

Films et sites internet

Prostitution, réalisé par Jean-François Davy, 1976.

Sur les traces de Grisélidis, Natacha Giler et Vanessa Fröchen, 2013 (https://www.youtube.com/watch?v=YIOdxWSB-fI).

Site officiel du Strass : https://strass-syndicat.org/

Curé

ANDRIÈS Chloé, « Chandail ou col romain, choisis ton camp, curé ! », Rue89, 2012 (tempsreel.nouvelobs.com/rue89/rue89-prions-un-peu/20120528.RUE5324/les-cures-chandail-et-les-cures-col-romain.html).

—, « Il est prêtre et marié mais pas forcément le plus "open" des curés », Rue89, 2013 (http://tempsreel.nouvelobs.com/rue89/rue89-prions-un-peu/20131204.RUE9168/il-est-pretre-et-marie-mais-pas-forcement-le-plus-open-des-cures.html).

BÉRAUD Céline, *Le métier de prêtre : approche sociologique*, Éditions de l'Atelier, 2006.

—, « Prêtres de la génération Jean-Paul II : recomposition de l'idéal sacerdotal et accomplissement de soi », *Archives de sciences sociales des religions*, n° 133, 2006.

BISSON Alexis, « Oise : une "super paroisse" face à la crise des vocations », *Le Parisien*, 2019.

BOBINEAU Olivier, « Pédophilie dans l'Église : "Au séminaire, évoquer une attirance pour les enfants est impossible" », *Le Monde*, 2017.

BOULENGER Auguste, *Abrégé de la doctrine chrétienne* [1926], Librairie catholique Emmanuel Vitte, 6e édition, 1936.

BOUVET Francisque, *De la confession et du célibat des prêtres*, Comptoir des imprimeurs unis, 1845.

CAROTA Peter, « 4 Reasons For Traditional Catholic Confession Behind Screen And Kneeling », Traditional catholic priest, 2017 (www.traditionalcatholicpriest.com/2014/05/29/4-reasons-for-traditional-catholic-confession-behind-screen-and-kneeling/).

CATH.CH, « France : Les évêques ont demandé une étude sur la santé des prêtres », 2020 (https://www.cath.ch/newsf/france-les-eveques-ont-demande-une-etude-sur-la-sante-des-pretres/).

CHIKHBLED Sidahmed, « À l'église, la quête en paiement sans contact », *Le Monde*, 2018.

CONGRÉGATION POUR LE CLERGÉ, *Le prêtre ministre de la miséricorde divine*, Libreria Editrice Vaticana, 2011.

—, *La vocation du prêtre. Ratio Fundamentalis Institutionis Sacerdotalis*, Salvator, 2017.

—, *Directoire pour le ministère et la vie des prêtres*, Libreria Editrice Vaticana, 2013.

Dubet François, *Le déclin de l'institution*, Seuil, 2022.

Gibson Ralph, « Le catholicisme et les femmes en France au XIXe siècle », *Revue d'histoire de l'Église de France*, vol. 79, n° 202, 1993.

Gousset Thomas Marie-Joseph, *Théologie morale à l'usage des curés et des confesseurs*, tomes 1 et 2, Librairie Jacques Lecoffre, 1845-1848.

Hahn Alois [conférence donnée à Cologne en 1982], « Contribution à la sociologie de la confession et autres formes institutionnalisées d'aveu », trad. Robert Guého, *Actes de la recherche en sciences sociales*, n° 62-63 : *L'illusion biographique*, 1986.

Hervieu-Léger Danièle, « La vocation monastique résulte d'une attraction progressive », *Le Monde*, 2017.

Huston Nancy, « "François, arrêtez le massacre" : la supplique de Nancy Huston au pape sur la pédophilie », *Le Monde*, 2018.

Jeanmart Gaëlle, « Genèse de la confession : la découverte de la conscience de soi comme mauvaise conscience », *Horizons philosophiques*, vol. 1, n° 10, 1999.

Mongaillard Vincent, *Je vous pardonne tous vos péchés*, L'Opportun, 2021.

Muller Caroline, « Ce que confessent les journaux intimes : un nouveau regard sur la confession (France, XIXe siècle) », *Circé. Histoire, savoirs, sociétés*, n° 4, Institut d'études culturelles, 2014.

—, *La direction de conscience au XIXe siècle (France, 1850-1914) : contribution à l'histoire du genre et du fait religieux*, thèse d'histoire, Université Lumière Lyon 2, 2017.

—, « Scènes de l'intime. Confession et direction de conscience au XIXe siècle : Les paradoxes de l'intime », *Sensibilités. Histoire, critique et sciences sociales*, Anamosa, 2019.

Rodier Justine, « Prêtres en couple, "amantes clandestines" : le tabou de l'Église », *Le Monde des religions*, 2021.

Romanens Marie, *Le divan et le prie-Dieu*, Desclée de Brouwer, 2000.

SOUCHON Michel, « Pourquoi ne se confesse-t-on pas directement à Dieu ? », *La Croix*, 2021.

VERCELLETTO François, « Les ordinations de prêtres au plus bas en 2016 », *Ouest France*, 2016 (http://religions.blogs.ouest-france.fr/archive/2016/06/22/les-ordinations-de-pretres-au-plus-bas-en-2016-16401.html).

Site internet du Vatican

Catéchisme de l'Église Catholique, 1992 (https://www.vatican.va/archive/FRA0013/_INDEX.HTM).

CONFÉRENCE DES ÉVÊQUES DE FRANCE, *Étude sur la santé des prêtres en activité*, 2020 (communiqué de presse disponible sur https://eglise.catholique.fr/actualites/etude-sante-pretres-activite/).

CONGRÉGATION POUR LE CULTE DIVIN ET LA DISCIPLINE DES SACREMENTS, « Pour redécouvrir le “Rite de la Pénitence” », 2015 (http://www.vatican.va/roman_curia/congregations/ccdds/documents/rc_con_ccdds_notitiae-2015-quaderno-penitenza_fr.html).

PAPE FRANÇOIS, « La grâce de la honte », 2017 (http://www.vatican.va/content/francesco/fr/cotidie/2017/documents/papa-francesco-cotidie_20170321_la-grace-de-la-honte.html).

Autres sources

BALMARY Marie, *Le moine et la psychanalyste*, Albin Michel, 2005.

BEAUVOIR (DE) Simone, *Le Deuxième Sexe*, tomes 1 et 2, Gallimard, 1949.

BLONDÉ Paul, « Les travailleurs de la mort », *Philosophie magazine*, n° 114 : « Comment vivre avec l'idée de la mort ? », 2017.

BOÉTIE (DE LA) Étienne, *Discours de la servitude volontaire* [1574], Éditions Bossard, 1922.

DEJOURS Christophe, *Travail, usure mentale. Essai de psychologie au travail* [1980], 4e édition, Bayard, 2008.

FROMAGET Michel, *Corps-âme-esprit. Introduction à l'anthropologie ternaire* [Albin Michel, 1991], 3e édition, Almora, 2017.

Goffman Erving, *Stigmate. Les usages sociaux des handicaps*, trad. Alain Kihm, Minuit, 1975.

Hughes Everett, «Le drame social du travail», *Actes de la recherche en sciences sociales*, vol. 2, n° 115 : «Les nouvelles formes de domination dans le travail», 1996.

Kelen Jacqueline, *Divine blessure*, Albin Michel, 2005.

Kureishi Hanif, *Quelque chose à te dire*, trad. Florence Cabaret, Christian Bourgois, 2008.

Laplantine François, *Penser l'intime*, CNRS Éditions, 2020.

Le Boterf Guy, *De la compétence. Essai sur un attracteur étrange*, Éditions d'organisation, 1994.

—, *Repenser la compétence*, Eyrolles, 2008.

—, «Évaluer les compétences. Quels jugements ? Quels critères ? Quelles instances ?», *Éducation Permanente*, vol. 2, n° 135, 1988.

Manoukian Alexandre, *La souffrance au travail. Les soignants face au burn-out*, Lamarre, 2009.

Pavese Cesare, *Le métier de vivre* [1952], trad. Michel Arnaud et Martin Rueff, Folio, 2014.

Prades Pierre, *De la conversion à la guérison. Puritanisme, psychothérapies, développement personnel*, thèse de sociologie, Université Paris-Nanterre, 2013.

Romano Claude, «L'authenticité : une esquisse de définition», *Philosophiques*, vol. 1, n° 47, 2020.

Rouche Michel, *Sexualité, intimité et société sous le regard de l'Histoire. Entretien avec Benoît de Sagazan*, CLD, 2002.

Roudinesco Elisabeth, «Lacan, histoire d'un héritage», *Les chemins de la philosophie*, France Culture, 2018.

Scarfone Dominique, «Le syndrome d'épuisement professionnel (burnout) : y aurait-il de la fumée sans feu ?», *Annales médico psychologiques*, n° 143, 1985.

Sylvère Antoine, *Toinou. Le cri d'un enfant auvergnat*, Plon, 1980.

Toupin Louis, «Les facettes de la compétence», *Sciences Humaines*, hors-série n° 24, 1999.

TRUCHOT Didier, *Épuisement professionnel et burnout. Concepts, modèles, interventions*, Dunod, 2004.

ZWEIG Stefan, *Amok ou le Fou de Malaisie* [1922], trad. Alzir Hella, Le Livre de Poche, 1991.

Table des matières

Derniers essais parus

Démocratie ! Hic et Nunc, Jean-François Bouthors et Jean-Luc Nancy
Alexis Tsipras. Une histoire grecque, Fabien Perrier
Une histoire des banlieues françaises, Erwan Ruty
Sri Aurobindo. Le rebelle et le sage, Luc Venet
Vive l'incommunication. La victoire de l'Europe, Dominique Wolton
Les patrons face aux crises. Cent ans d'histoïre du patronat français, François Roche
Les routes du cachemire. Enquête sur une filière cousue d'or, Victor Chevrillon
Mon Vendée Globe. Dans les coulisses d'une course de légende, Denis Horeau
Ma petite entreprise a (encore) connu la crise, Nicolas Doucerain
Boris Johnson. Un Européen contrarié, Tristan de Bourbon-Parme
Le livre noir de la mode. Création, production, manipulation, Audrey Millet
Fenêtre sur l'Iran. Le cri d'un peuple bâillonné, Mahnaz Shirali
Nos champions. Corps et âmes, Virginie Troussier
Climat. Parlons vrai, Jean Jouzel et Baptiste Denis
La France à l'heure nordique, Nicolas Escach
Nuance ! La puissance du dialogue, Julien Lecomte
Les dessous du maillot de bain. Une autre histoire du corps, Audrey Millet
Playtime. Comment le jeu transforme le monde, Aurélien Fouillet

Pour limiter l'empreinte environnementale de leurs livres, Les Pérégrines font le choix de papiers issus de forêts gérées durablement et de sources contrôlées.
Imprimé en France par CPI en novembre 2022 sur du papier Holmen pour l'intérieur et Rives tradition blanc naturel pour la couverture.

IMPRIM'VERT®

Dépôt légal : janvier 2023
N° d'impression : 2068529
ISBN : 979-10-252-0576-1